职业教育"十三五"规划教材
财会专业课证岗一体化教材·校企合作系列

# Excel
# 在会计中的应用

陈添 马靖杰○主编

立信会计出版社
LIXIN ACCOUNTING PUBLISHING HOUSE

图书在版编目(CIP)数据

Excel 在会计中的应用 / 陈添,马靖杰主编.—上海:立信会计出版社,2020.12(2023.8 重印)

ISBN 978-7-5429-6353-6

Ⅰ.①E… Ⅱ.①陈… ②马… Ⅲ.①表处理软件—应用—会计 Ⅳ.①F232

中国版本图书馆 CIP 数据核字(2020)第 248712 号

| | |
|---|---|
| 策划编辑 | 余 榕 |
| 责任编辑 | 余 榕 |
| 封面设计 | 南房间 |

## Excel 在 会 计 中 的 应 用
Excel ZAI KUAIJI ZHONG DE YINGYONG

| | | | |
|---|---|---|---|
| 出版发行 | 立信会计出版社 | | |
| 地　　址 | 上海市中山西路 2230 号 | 邮政编码 | 200235 |
| 电　　话 | (021)64411389 | 传　真 | (021)64411325 |
| 网　　址 | www.lixinaph.com | 电子邮箱 | lixinaph2019@126.com |
| 网上书店 | http://lixin.jd.com | | http://lxkjcbs.tmall.com |
| 经　　销 | 各地新华书店 | | |
| 印　　刷 | 浙江天地海印刷有限公司 | | |
| 开　　本 | 787 毫米×1092 毫米 | 1/16 | |
| 印　　张 | 12.5 | | |
| 字　　数 | 320 千字 | | |
| 版　　次 | 2020 年 12 月第 1 版 | | |
| 印　　次 | 2023 年 8 月第 4 次 | | |
| 书　　号 | ISBN 978-7-5429-6353-6/F | | |
| 定　　价 | 35.00 元 | | |

如有印订差错,请与本社联系调换

# 职业教育"十三五"规划教材
# 财会专业课证岗一体化教材·校企合作系列
# 编委会名单

**主　　　任**　　张红梅　广西金融职业技术学院(广西银行学校)
　　　　　　　　　　　　　副教授
**副　主　任**　　徐建宁　北京东大正保科技有限公司
　　　　　　　　　　　　　(中华会计网校)高级会计师
**参编行业专家**　（排名不分先后）
　　　　　　　　　农初勤　广西南宁海翔会计师事务所所长
　　　　　　　　　　　　　高级会计师
　　　　　　　　　蒋海娟　广西安驰财务管理有限责任公司　总经理
　　　　　　　　　冯雅竹　北京东大正保科技有限公司
　　　　　　　　　　　　　(中华会计网校)会计师
　　　　　　　　　王芳萍　北京东大正保科技有限公司
　　　　　　　　　　　　　(中华会计网校)会计师
**主要编写人员**　（排名不分先后）
　　　　　　　　　韦雁玲　蒙丽容　李　燕　苏　梅　李思静
　　　　　　　　　周平欢　陈素萍　张　祺　陈苗苗　陈　添
　　　　　　　　　朱梅英　麦　海

# GENERAL PREFACE 总　　序

随着"互联网+"的快速发展,教育信息化"十三五"规划提出了职业教育信息化建设的目标任务和重点措施,在线教育、数字化教材已经成为传统教育行业转型的重要方向。开发符合"互联网+"教育的教材,以教育信息化全面推动教育现代化,促进教育公平,提升教育质量,为培养现代化建设所需要的高素质人才提供保障,已成为当前教材建设和改革的重中之重。

广西金融职业技术学院(广西银行学校)作为广西唯一的专门培养财经人才的全日制高等职业教育学校,享有"广西金融人才培养的摇篮"之美誉,其会计专业实力雄厚,有一支业务水平高、教学能力强、专兼结合、双师型结构的优秀教学团队。近年来,学校在大力推进教育教学改革的基础上,在专业建设方面取得明显成效,毕业生就业率达到95%以上,毕业生双证率达到99%以上,地域品牌效应显著,已经成为广西职业院校中会计专业学生规模最大的学校。近年来,学校专任教师依据教学改革成果,结合职业教育人才培养目标和会计专业特点,与中华会计网校合作,带动兄弟学校,在会计专业理事分会的指导下,联合行业企业专家,推出一套基于"互联网+"教育教学改革理念的课证岗融合的高质量的职业教育"十三五"规划教材。

本套教材校企共研,着重体现课证岗融合和产学合作的特点:

(1)从职业岗位能力培养出发,注重学生职业能力的养成。职业能力培养是职业院校教育的培养目标,会计职业能力围绕学生的职业道德素养养成和职业技能训练来开展。本套教材从会计职业能力入手,每个模块把"基础知识""岗位技能""职业素养"等教学目标有机结合,按任务和活动设置职业能力目标,明确工作任务,引导学生有效学习。

(2) 关注学生职业资格证书考试的需求,立体化特色鲜明。当前,会计从业资格证书已经被取消,学生在校能够考取的会计职业资格证书为初级会计师资格证书。本套教材注重初级会计师资格证书相关知识考试的规划和整合,文字通俗易懂,配备各个知识点归纳、比较、总结的图表,以及大量形象化的案例和典型考点等内容,让学生边思边学,边做边学,对于重要事项和考点列有"温馨提示"和"特别提醒"等内容,并配备二维码链接,将教材学习和实训、测试、互动等辅助教学资源紧密结合,实现资源立体化,为教师和学生提供全面的教学支持。

(3) 注重学生可持续发展和继续教育的需求。在突出培养学生动手能力的同时,本套教材充分考虑职业院校学生的职业发展需求和综合能力培养,融合会计专业理论知识的同时兼顾学生继续教育和终身教育的要求,丰富教学资源的内容及其呈现途径,引导学生持续性学习。

(4) 校企合作。为了更好地融合课证岗的知识内容,本套教材由我校与中华会计网校共同组织专业老师编写,融合了学校专职任课老师丰富的教学经验以及中华会计网校老师所提供的大量的题库资源和资深的证书考试指导,校企共同确定教材大纲和编写内容,既满足了学生职业岗位能力培养的需要,又满足了证书考试的需求。

本套教材根据我国现行的企业会计准则体系和最新的税收政策法规编写,不论是课程标准开发,还是项目载体的设计、教学方法的改革和创新,都凝结了编写队伍在会计示范特色专业及实训基地建设中的心血和多年的教学经验。本套教材的出版,将会为财会专业职业教育教材建设的不断发展提供新的助力。

张红梅

2020 年 12 月

# FOREWORD 前　言

　　Excel 是 Microsoft 公司为使用 Windows 和 Apple Macintosh 操作系统的电脑用户编写的一款电子表格软件。直观的界面、出色的计算功能和图表工具，使 Excel 成为最流行的个人计算机数据处理软件。Excel 强大的数据处理能力，给财务人员带来了巨大的帮助。首先，对于一些小微企业来说，Excel 基本上可以替代一套简单的财务软件。购买一套财务软件的费用对于小微企业来说太高，企业会增加许多财务成本。财务人员只需要掌握 Excel 的基础功能，即可完成日常的会计核算（如凭证的录入、工资的核算、报表的编制等），而且所涉及的函数一般也仅限于常用的 10 个左右。其次，对于一般企业来说，它们虽然购买了财务软件，但由于财务软件的专业性和局限性，使其数据直观性、可视化不强。这时就离不开 Excel 的中、高端功能，如数据透视表及图表的高级运用、高级筛选、单变量求解、规划求解和假设分析（模拟运算表）等，有时财务人员还需要编写简单一点的宏代码或自定义函数以及运用数组公式。此时，Excel 就可以让数字自己开口说话，为企业决策层提供强有力的数据支持，解决管理层看不懂专业数据的问题。总而言之，Excel 是财务人员工作中离不开的好帮手。

　　本教材具有如下特点：

　　第一，入门简单，贴近大学生的实际生活。本教材在"模块 1 Excel 基础知识"中引入了学生"成绩单的制作""奖学金的评比"等内容，旨在让学生通过熟悉的事物了解 Excel 的基础知识，掌握其基本操作，顺利完成 Excel 的入门。

第二，公式介绍和操作步骤详细。本教材每个模块下的任务都对应了详细的操作步骤，每个操作步骤都图文并茂，针对步骤里出现的公式，后面都配有详细的文字说明，力求让使用者更容易掌握这些操作。

第三，本教材模拟了在无财务软件的情况下如何完全依靠 Excel 进行日常账务处理。在"模块 2　会计核算应用"中，本教材从日常的记账凭证的编制、各种账簿的建立和登记、报表的生成，完全利用 Excel 的各项功能进行设置。

本教材由高职一线授课教师合作编写完成，陈添和马靖杰担任主编，黄萍和林蕊担任副主编。本教材的具体编写分工如下：林蕊和杜睿云编写模块 1；马靖杰编写模块 2；陈添编写模块 3 和模块 6；黄萍编写模块 4；羌秋璐、刘喆和龙思齐编写模块 5；苏梅和陈素萍编写模拟试题及其答案。陈添负责整本教材的修改和总纂工作。

尽管编者已尽最大的努力，但由于编写时间仓促和水平所限，本教材难免有不当之处，期待各位教师、学生和广大读者提出建议，并及时反馈给我们，我们会高度重视，及时修改。谢谢！

2020 年 12 月<br>编　　者

模拟试题一

模拟试题二

模拟试题一
参考答案

模拟试题二
参考答案

## CONTENTS 目　录

**模块 1　Excel 基础知识** ······································································· 1
　任务 1.1　Excel 在会计中应用的意义 ······················································ 1
　任务 1.2　Excel 的基本操作 ································································· 2
　任务 1.3　成绩单的制作 ···································································· 12
　任务 1.4　奖学金的评定 ···································································· 22
　任务 1.5　男、女生学习情况的分析 ······················································ 25
　模块测试 ······················································································ 34

**模块 2　会计核算应用** ········································································ 36
　任务 2.1　凭证的编制 ······································································· 36
　任务 2.2　账表的编制 ······································································· 52
　模块测试 ······················································································ 79

**模块 3　工资薪酬管理** ········································································ 81
　任务 3.1　基本表格的建立与数据录入 ··················································· 81
　任务 3.2　职工工资结算单的创建 ······················································· 100
　任务 3.3　工资条的生成 ·································································· 110
　任务 3.4　工资总额汇总表的创建 ······················································· 118
　模块测试 ···················································································· 122

**模块 4　固定资产管理** ······································································ 129
　任务 4.1　固定资产卡片的建立 ·························································· 129
　任务 4.2　固定资产的增减变动 ·························································· 137
　任务 4.3　固定资产折旧的计算 ·························································· 140
　模块测试 ···················································································· 143

## 模块 5　往来账款管理 ·············································································· 145
### 任务 5.1　应收款项表的创建 ······························································ 146
### 任务 5.2　应收账款账龄分析表的创建 ················································ 151
### 任务 5.3　应收票据账期金额分析图的创建 ········································ 156
### 任务 5.4　应付款项表的创建 ······························································ 160
### 任务 5.5　应付账款账龄分析表的创建 ················································ 164
### 任务 5.6　应付款账期金额分析图的创建 ············································ 167
### 模块测试 ······························································································ 171

## 模块 6　业绩分析 ······················································································ 172
### 任务 6.1　趋势分析 ·············································································· 172
### 任务 6.2　财务数据分析 ······································································ 176
### 模块测试 ······························································································ 184

## 主要参考文献 ······························································································ 188

# 模块 1

# Excel 基础知识

**[考核目标]**
1. 认知 Excel 在会计中应用的意义。
2. 认知 Excel 在学生日常活动中的应用。
3. 认知 Excel 与会计相关的简单操作。

**[实践目标]**
1. 掌握 Excel 的基本操作。
2. 掌握案例中的相关操作。
3. 了解 Excel 在会计中的具体应用。

**[知识点思维导图]**

Excel 基础知识
- Excel 在会计中应用的意义
- Excel 的基本操作
- 成绩单的制作
- 奖学金的评定
- 男、女生学习情况的分析

## 任务 1.1　Excel 在会计中应用的意义

Excel 是 Microsoft 公司开发的一款电子表格处理软件,是 Office 办公软件的核心应用程序之一。它功能强大,操作简单,使用范围广,不仅能够制作日常工作中的各种表格,而且还可以普遍应用于报表处理、数学运算、工程计算、财务处理、统计分析、图表制作等方面。此外,它还提供了丰富的财务函数、数据库管理函数以及数据分析工具。

通过运用这些功能,会计人员可以进行会计处理、财务分析、统计分析、线性预测,并制作各种数据分析表、编制各种分析模型。在会计信息化过程中,Excel 有其独特的不可取代的作用。

会计信息化是会计未来发展的方向,它不仅推动了会计工作的现代化进程,而且使得会计工作在社会经济发展中的地位和作用得到极大的提高。同时,会计处理手段及技术的现代化,极大地提高了会计信息的及时性、准确性、科学性。Excel 作为专业的数据处理系统，其功能是无可比拟的，它在实现基本的会计数据处理的基础上，进一步对会计信息进行分析，从而为经营管理提供更为有效、准确的决策支持。相对昂贵的大型财务软件而言，Excel 更适合中小企业处理日常会计业务的需要。

## 任务 1.2　Excel 的基本操作

### 一、知识要点

#### （一）创建并保存文档

创建一个 Excel 文档，并保存文档，其操作步骤如下：

（1）双击 Excel 快捷方式，或点击"开始"→"所有程序"→"Microsoft Office"→"Microsoft Excel 2010"，系统将自动创建一个新的电子表格文档。Excel 2010 工作界面如图 1-1 所示，下面的空白表格是工作表编辑区，可以在每个单元格里录入字符；上面的功能区包括各种命令。

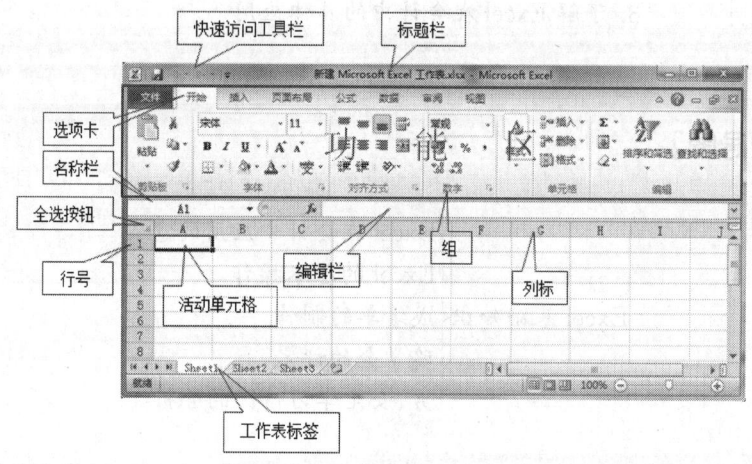

图 1-1　Excel 2010 工作界面

双击任意一个选项卡，可以隐藏功能区，在隐藏状态下，可通过单击某选项卡来查看功能区并选择其中的命令，再次双击选项卡，功能区恢复显示状态。

Excel 2010 工作界面中各对象的说明如表 1-1 所示。

表 1-1　　　　　　　　　　　Excel 2010 工作界面说明

| 序号 | 对象名称 | 对象说明 |
| --- | --- | --- |
| 1 | 快速访问工具栏 | 位于工作界面的左上角，包含一组用户使用频率较高的工具，如"保存""撤销""恢复"等。用户可单击快速访问工具栏右侧的倒三角按钮，在展开的列表中选择要在其中显示或隐藏的工具按钮 |

(续表)

| 序号 | 对象名称 | 对象说明 |
|---|---|---|
| 2 | 功能区 | 位于标题栏的下方,是一个由 8 个选项卡组成的区域。Excel 2010 工作界面将用于处理数据的所有命令组织在不同的选项卡中。单击不同的选项卡标签,可切换功能区中显示的工具命令。在每个选项卡中,命令又被分类放置在不同的组中。组的右下角通常都会有一个对话框启动器按钮,用于打开与该组命令相关的对话框,以便用户对要进行的操作做更进一步的设置 |
| 3 | 编辑栏 | 主要用于输入和修改活动单元格中的数据。当在工作表的某个单元格中输入数据时,编辑栏会同步显示输入的内容 |
| 4 | 全选按钮 | 单击可选中所有单元格 |
| 5 | 列标 | 列的编号,依次用字母 A,B,…,IV 表示,共有 256 列,单击列标可以选择该列 |
| 6 | 行号 | 行的编号,单击行号可以选择该行 |
| 7 | 活动单元格 | 当前被选中的单元格 |
| 8 | 工作表标签 | 位于工作簿窗口的左下角,默认名称为 Sheet1、Sheet2、Sheet3 …单击不同的工作表标签,可在工作表间进行切换 |

(2)单击快速访问工具栏上的"保存"按钮(" "图标),也可按快捷键"Ctrl"+"S",在弹出的"另存为"对话框中选择好文件保存的位置,并保存文件名为"学生成绩表.xlsx",如图 1-2 所示。

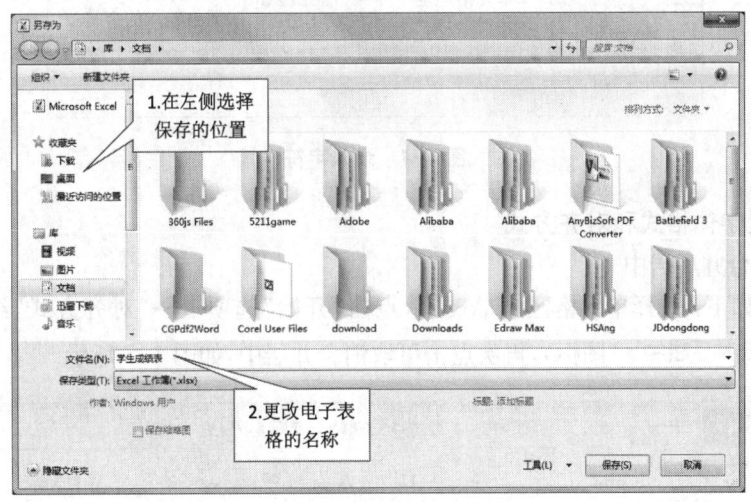

图 1-2 保存电子表格

## (二)输入表格标题及相关文本

参照图 1-3 输入表格标题及相关文本,其操作步骤如下:

图 1-3 输入学生成绩表

（1）选取单元格。如需在单元格内输入数据，用户先要选择单元格，选择的方法如表 1-2 所示。

表 1-2　　　　　　　　　　　选择单元格的方法

| 序号 | 选择对象 | 操作方法 |
| --- | --- | --- |
| 1 | 某个单元格 | 鼠标左击该单元格 |
| 2 | 连续的单元格 | 鼠标左击拖动 |
| 3 | 不连续的单元格 | 选取第一个区域后，按住"Ctrl"键，再拖曳选择其他单元格 |
| 4 | 一整行或一整列 | 单击行号或列标 |
| 5 | 选择连续的行或列 | 单击行号或列标然后拖动 |
| 6 | 全部单元格 | 单击全选按钮，或按"Ctrl"+"A"键 |

（2）输入字符。输入的字符将出现在用户所选择的活动单元格里，若用户选择了多个单元格，则所选择的第一个单元格为活动单元格，如图 1-4 所示。录入完某个单元格的字符后，用户可利用键盘的"↑""↓""←""→"键或"Tab"键选择下一个单元格，以提高录入速度。

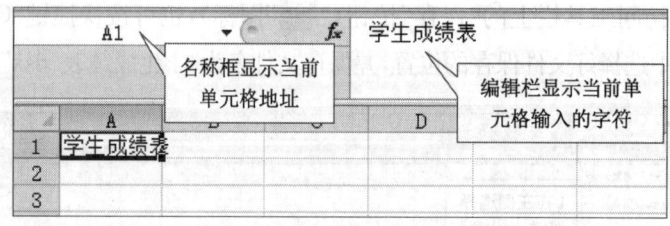

图 1-4　录入字符

### （三）设置字体格式和对齐方式

1. 将标题合并后居中

操作步骤如下：选择单元格区域 A1:F1，点击"开始"选项卡→"对齐方式"组→"合并后居中"按钮（"合并后居中"图标），再次点击可取消合并居中，如图 1-5 所示。

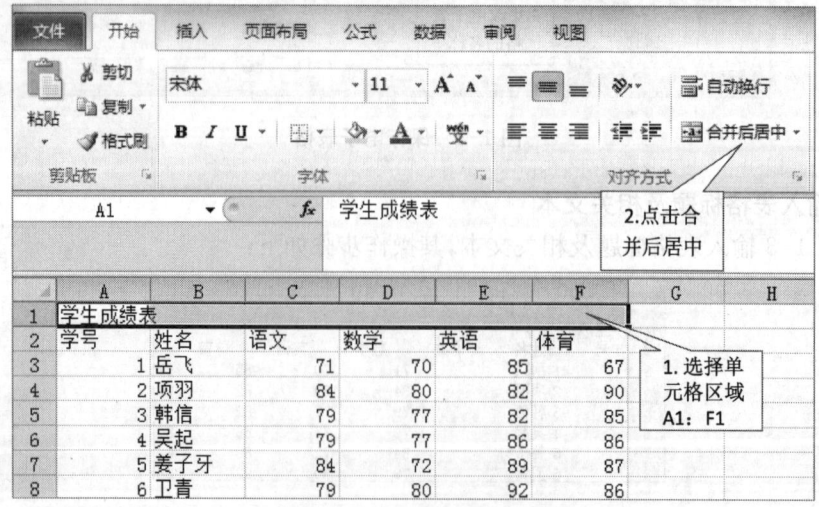

图 1-5　合并后居中单元格

若要合并的多个单元格里都有文本,点击"合并"按钮后,系统会跳出警告,如图 1-6 所示,合并后只会保留最左上角单元格的内容。

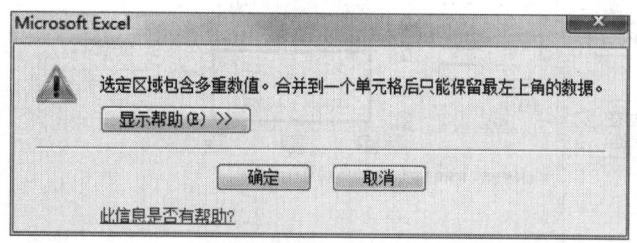

图 1-6　合并多重数值警告

2. 设置字体格式

操作步骤如下:

(1) 点击"开始"选项卡→"字体"组,为标题设置字体格式为 18 号宋体、加粗。字体组按钮功能如图 1-7 所示。

(2) 设置标题下一行单元格区域 A2:F2 字体格式为 14 号黑体。

(3) 设置区域单元格 A3:F8 字体格式为 12 号仿宋。

3. 设置对齐方式

操作步骤如下:选择除了标题的其他表格内容,点击"开始"选项卡→"对齐方式"组上的"垂直居中"按钮和"水平居中"按钮,使单元格内容处于单元格的正中间。对齐方式组按钮功能如图 1-8 所示。

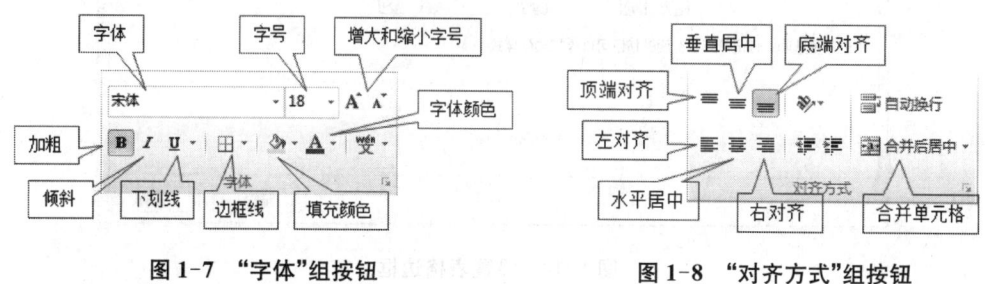

图 1-7　"字体"组按钮　　　　　　　　图 1-8　"对齐方式"组按钮

(四) 设置表格边框

操作步骤如下:

(1) 选中单元格区域 A2:F8,鼠标右击,选择"设置单元格格式"命令,在弹出的"设置单元格格式"对话框中,单击"边框"选项卡,如图 1-9 所示。

(2) 在"样式"列表框中选择粗实线,单击"预置"栏中的"外边框"按钮,可为所选的单元格区域设置粗实线外框,如图 1-10 所示。

(3) 采用同样的方法,在"样式"列表框中选择虚线,单击"预置"栏中的"内部"按钮,可为所选的单元格区域设置虚线内边线。设置完毕后,单击"确定"按钮。

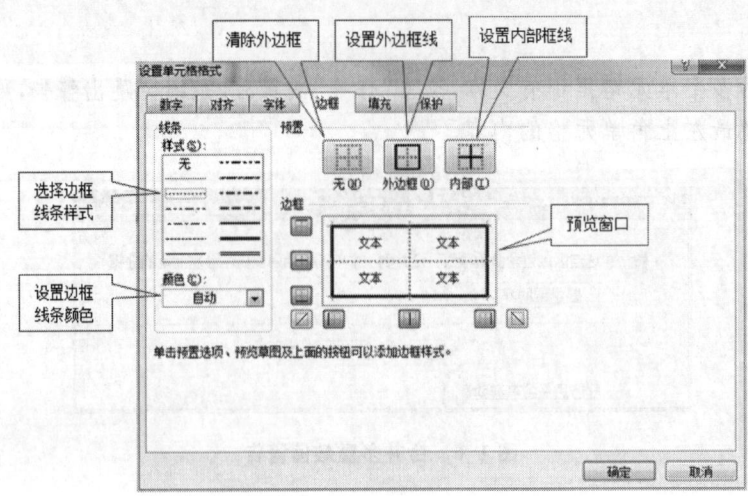

图 1-9 设置边框

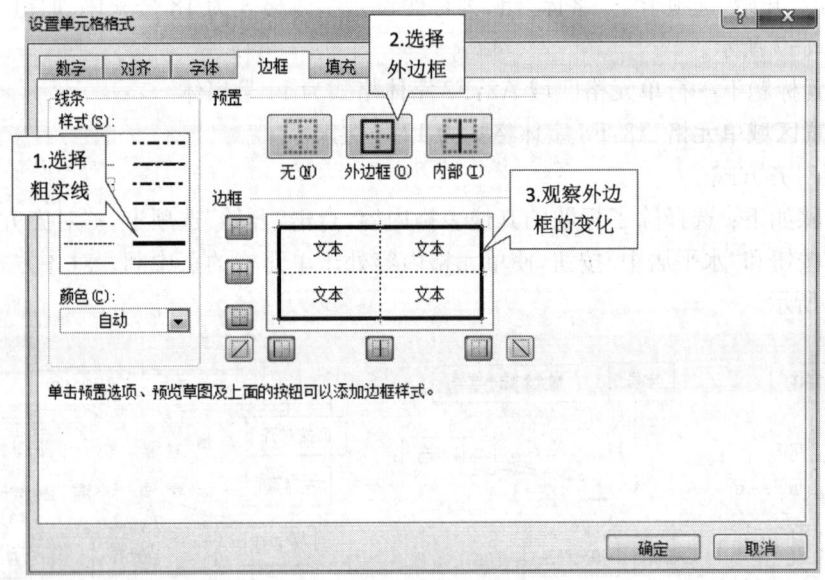

图 1-10 设置表格边框

（4）选中单元格区域 A2:F2，鼠标右击，选择"设置单元格格式"命令，单击"边框"选项卡，在"样式"列表中选择粗实线，单击"边框"栏中的"下边框"按钮，可为所选的单元格区域设置粗实线下框线，如图 1-11 所示。

在"边框"栏中有 8 个按钮可对选定的单元格或单元格区域做具体某条边或某几条边的设置，选中单元格区域后，直接单击相对应的边框按钮进行设置。除此以外，我们还可以利用"开始"选项卡下"字体"组中的"边框"按钮进行边框设置。

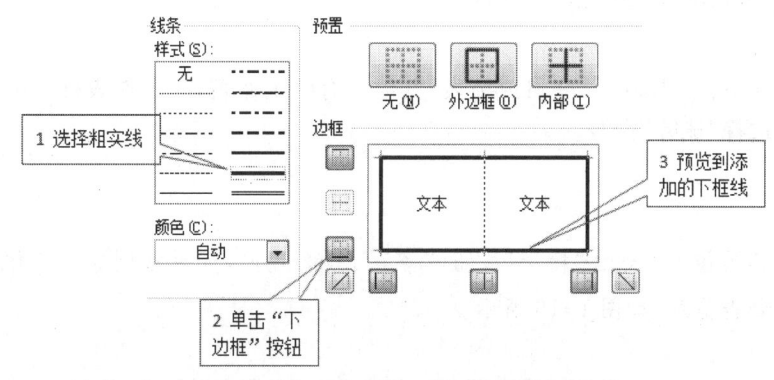

图 1-11　为所选单元格区域设置下框线

**(五) 设置表格底纹**

操作步骤如下：

选中单元格区域 A2:F2，点击"开始"选项卡→"字体"组→"填充颜色"按钮→"茶色，背景2，深色25%"，如图 1-12 所示。

**(六) 调整表格的行高和列宽**

操作步骤如下：

(1) 点击第 1 行的行号向下拖，选中第 1、第 2 行，在选中的区域里鼠标右击，选择"行高"命令，在弹出的"行高"对话框中设定行高值为"35"，如图 1-13 所示，单击"确定"按钮，完成设置。

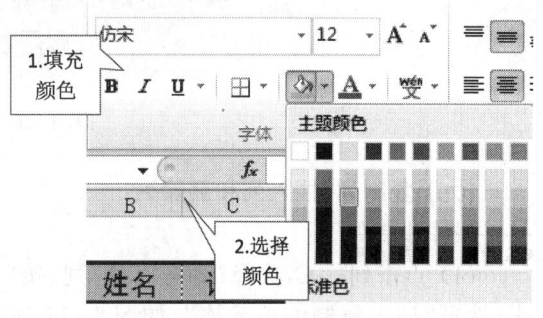

图 1-12　添加茶色底纹

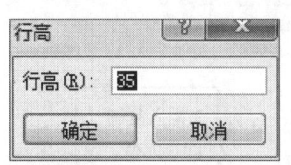

图 1-13　设置行高

图 1-14　设置列宽

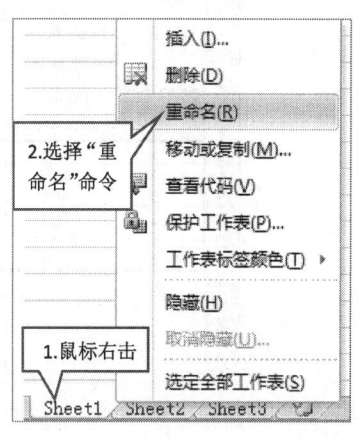

图 1-15　重命名工作表标签

(2) 点击 A 列的列标向右拖，选中 A:F 列，在选中的区域里鼠标右击，选择"列宽"命令，在弹出的"列宽"对话框中设定列宽值为"11"，如图 1-14 所示，单击"确定"按钮，完成设置。

**(七) 重命名工作表标签**

鼠标右击工作表标签"Sheet1"，在弹出的菜单中选择"重命名"命令，将"Sheet1"工作表标签重命名为"一班成绩表"，输入汉字后，点击表格任意单元格完成命名，如图 1-15 所示。

**(八) 新增和删除工作表**

1. 新增工作表

操作步骤如下：点击工作表最右边的"插入工作表"标签（" "图标），可快速插入一张新的空白表(也可按快捷键"Shift"+"F11")。

2. 删除工作表

操作步骤如下：选择除了"一班成绩表"其他所有的工作表，在工作表标签上鼠标右击，在弹出的菜单中选择"删除"命令。

删除工作表操作无法通过"撤销"按钮(" "图标)还原，如果被删除的工作表里有数据，则系统会弹出警告信息，如图1-16所示。

图 1-16　警告信息

**(九) 复制列、插入列和删除列**

操作步骤如下：

(1) 点击列标C，选择"语文成绩"列，按"Ctrl"+"C"键进行复制，在E列列标上鼠标右击，选择"插入复制的单元格"，如图1-17所示。此时E列的左侧会插入一个新的"语文成绩"列。

图 1-17　插入复制的单元格

(2) 选择C列，鼠标右击，在弹出的菜单中选择"删除"命令。

**(十) 页面设置**

1. 设置纸张及纸张方向

操作步骤如下：

(1) 点击"页面布局"选项卡→"页面设置"组右下方的" "图标，系统弹出"页面设置"对话框。

（2）在"页面"选项卡中，设置纸张大小为"A4"，纸张方向为"横向"，如图1-18所示。

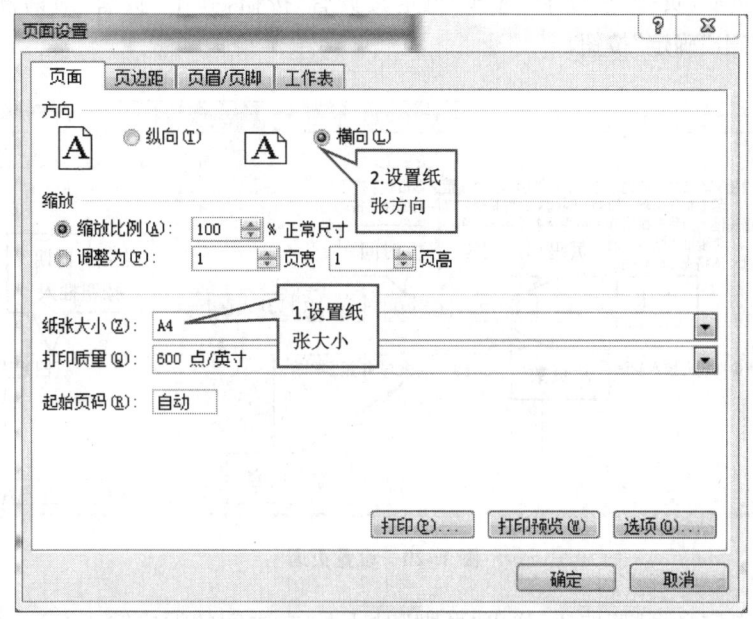

图 1-18　选择纸张方向

2. 设置页边距及表格的居中方式

操作步骤如下：单击"页边距"选项卡，设置页边距上、下、左、右都为"3"，居中方式栏勾选"水平"和"垂直"，如图1-19所示。

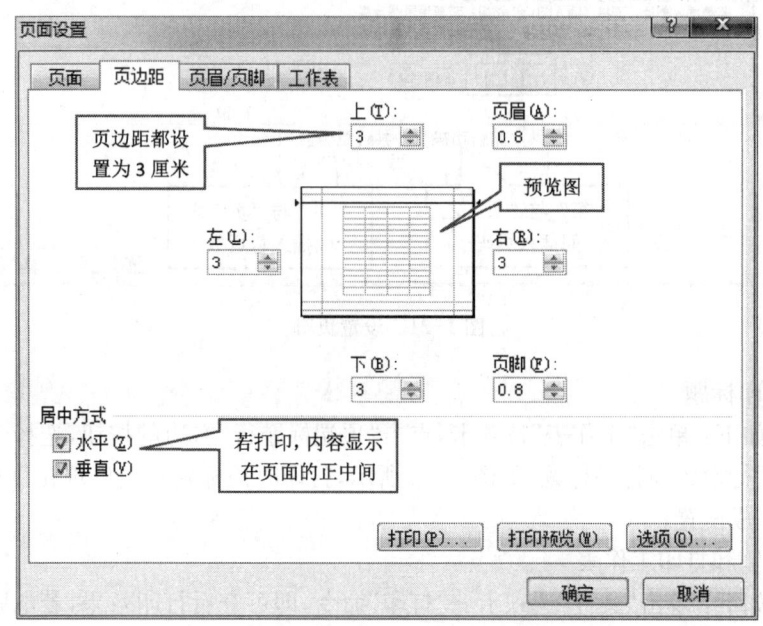

图 1-19　设置页边距及表格的居中方式

**3. 设置页眉/页脚**

操作步骤如下：

（1）单击"页眉/页脚"选项卡，选择"自定义页眉"按钮，弹出"页眉"对话框，输入文字如图 1-20 所示，点击"确定"按钮。

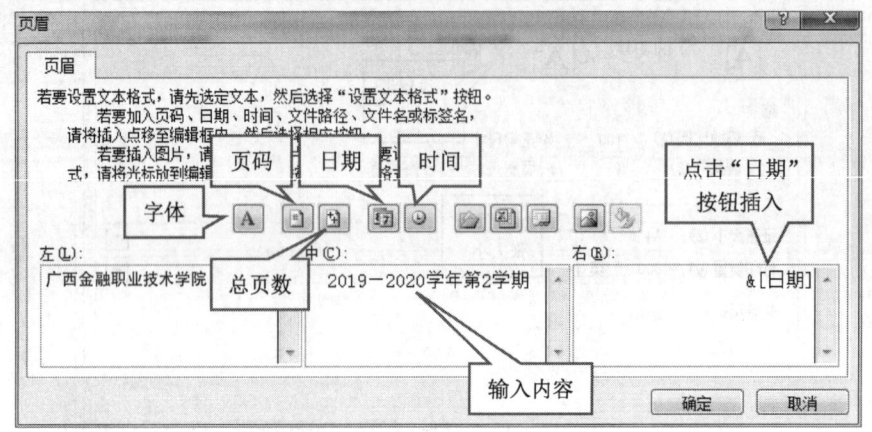

图 1-20　设置页眉

（2）点击"自定义页脚"按钮，弹出"页脚"对话框，在中间的框内输入"第　页　共　页"，在如图 1-21 所示位置点击按钮插入"页码"和"总页数"，点击"确定"按钮。

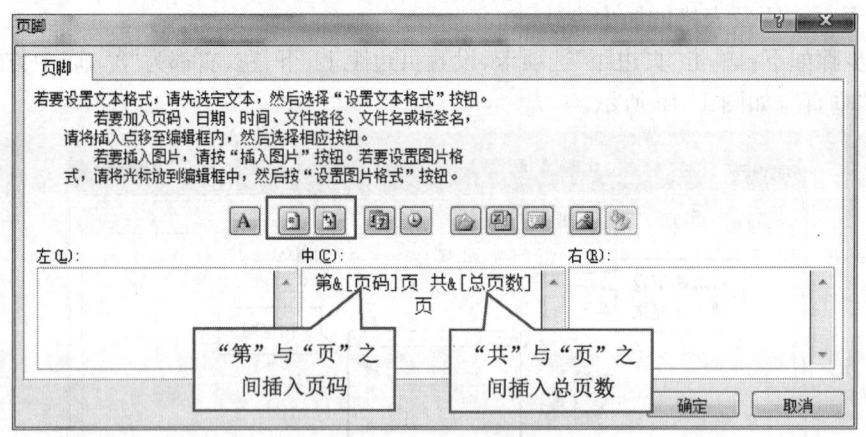

图 1-21　设置页脚

**4. 设置打印标题**

操作步骤如下：单击"工作表"选项卡，点击"顶端标题行"右边的按钮，选择表格第二行标题行，可将标题行设置为打印标题，如图 1-22 所示，打印时该标题将会出现在每页前面。单击"确定"按钮，完成设置。

**5. 打印预览和打印工作表**

操作步骤如下：单击"文件"选项卡→"打印"命令，即可查看打印效果，若电脑已经连上了打印机，单击"打印"按钮，如图 1-23 所示，即可将表格打印出来。

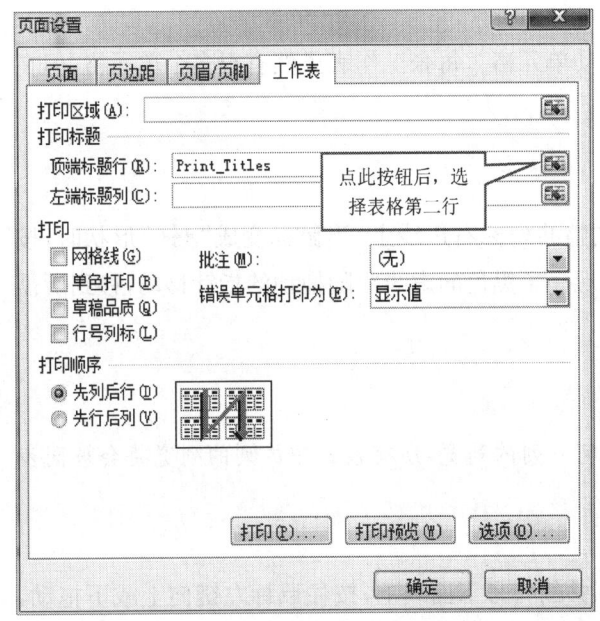

图 1-22　设置打印标题

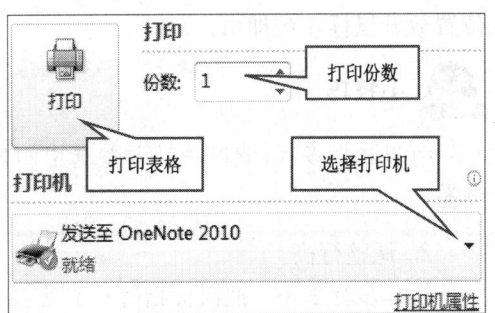

图 1-23　打印文档

## 二、知识链接

### （一）工作簿

Excel 文档就是工作簿，它是 Excel 工作区中一个或多个工作表的集合，其扩展名为".xlsx"。每一个工作簿可以拥有许多不同的工作表，工作簿中最多可建立 255 个工作表。

### （二）工作表

工作表是显示在工作簿窗口中的表格。一个工作表可以由 1048576 行和 256 列构成，行的编号从 1 到 1048576，列的编号依次用字母 A，B，…，IV 表示。Excel 默认一个工作簿有三个工作表，用户可以根据需要添加工作表。

### （三）单元格

单元格是表格中行与列的交叉部分。它是组成表格的最小单位，可拆分或者合并。单个数据的输入和修改都是在单元格中进行的。

### （四）单元格地址

单元格地址由单元格所在列标和行号组成。例如，单元格 B3 表示 B 列第 3 行的单元格。单元格地址这种表示方式也称为单元格的相对地址。

### （五）绝对地址

单元格地址的行号、列标前加上"＄"，即为绝对地址。例如，＄D＄5 表示 D 列第 5 行单元格的绝对地址。在复制包含有绝对地址的公式时，Excel 不会调整公式中的地址，而如果包含的是相对地址，Excel 将自动调整公式中的地址。

### （六）单元格区域地址

单元格区域地址由"左上角单元格地址：右下角单元格地址"来表示。例如，单元格区域 A1:C4 表示从单元格 A1 到单元格 C4 的单元格区域。

### (七)活动单元格

单击某个单元格,这个单元格就成为活动单元格。每张工作表虽然有很多个单元格,但在某一时刻只有一个活动单元格。

### (八)手动调整列宽、行高

#### 1. 调整列宽

操作步骤如下:把鼠标指针移到需要调整的列标右边线上,当鼠标变成"✣"形状时,按住鼠标左键向左或右拖动交界线,此时会出现一条黑色的虚线跟随拖动的指针移动,移到所需位置放开鼠标左键即可。

**小·技巧**

可以选择多列,此时手动调整选中的任何一列的列宽,所有被选中的列的列宽将会被同步调整。

#### 2. 调整行高

操作步骤如下:把鼠标指针移到需要调整的行号下面线上,按住鼠标左键向上或下拖动,其余操作跟调整列宽同理。

### (九)自动调整行高、列宽

操作步骤如下:
(1)选中需要调整的行。
(2)单击"开始"选项卡→"单元格"组→"格式"→"自动调整行高"命令。
(3)自动调整列宽跟行高操作同理。

## 任务1.3 成绩单的制作

### 活动1.3.1 成绩单的录入

#### 一、知识要点

Excel在日常工作中应用非常广泛,特别是会计工作中,我们更是需要熟练掌握各项操作。成绩单作为学生成绩记录的载体,是学生日常接触最多的表格。

#### 二、岗位任务

根据表1-3进行成绩单的录入。要求:"学号"列录入的数据为文本格式。

表1-3 成绩汇总表

会计1801班第一学期成绩汇总表

| 学号 | 姓名 | 财务会计 | 会计电算化 | 体育 | 投资理财 | 旅游服务会计 | 会计综合实训 | 金融基础 |
| --- | --- | --- | --- | --- | --- | --- | --- | --- |
| 2018010101 | 曾小英 | 78 | 91 | 83 | 89 | 90 | 77 | 80 |
| 2018010102 | 黄芳萍 | 69 | 95 | 90 | 79 | 82 | 75 | 72 |

(续表)

| 学号 | 姓名 | 财务会计 | 会计电算化 | 体育 | 投资理财 | 旅游服务会计 | 会计综合实训 | 金融基础 |
|---|---|---|---|---|---|---|---|---|
| 2018010103 | 刘珊凤 | 71 | 92 | 82 | 83 | 91 | 61 | 65 |
| 2018010104 | 陆晓景 | 71 | 98 | 82 | 82 | 70 | 75 | 81 |
| 2018010105 | 陆兰清 | 80 | 91 | 87 | 80 | 90 | 76 | 76 |
| 2018010106 | 王迪笑 | 75 | 96 | 90 | 83 | 90 | 75 | 77 |
| 2018010107 | 韦露婷 | 73 | 87 | 82 | 77 | 85 | 71 | 80 |
| 2018010108 | 谢小琼 | 77 | 95 | 76 | 84 | 90 | 70 | 72 |
| 2018010109 | 邓丽娟 | 67 | 97 | 95 | 78 | 82 | 77 | 75 |
| 2018010110 | 赵秋连 | 73 | 96 | 94 | 81 | 91 | 83 | 80 |
| 2018010111 | 刘艺恒 | 64 | 96 | 91 | 83 | 86 | 80 | 80 |
| 2018010112 | 凌 恒 | 76 | 97 | 83 | 82 | 90 | 81 | 80 |
| 2018010113 | 凌玉梅 | 80 | 97 | 86 | 82 | 76 | 76 | 76 |
| 2018010114 | 倪明艳 | 67 | 95 | 93 | 85 | 90 | 76 | 80 |
| 2018010115 | 李思熠 | 79 | 97 | 84 | 85 | 90 | 80 | 73 |
| 2018010116 | 马旋旋 | 84 | 96 | 84 | 88 | 89 | 76 | 76 |
| 2018010117 | 韦 巧 | 79 | 90 | 85 | 87 | 88 | 78 | 71 |
| 2018010118 | 涂 婕 | 78 | 93 | 87 | 86 | 93 | 64 | 83 |
| 2018010119 | 黄玉玲 | 77 | 95 | 78 | 81 | 88 | 77 | 75 |
| 2018010120 | 林小群 | 92 | 97 | 81 | 85 | 91 | 76 | 75 |
| 2018010121 | 黄 焱 | 92 | 93 | 93 | 74 | 90 | 84 | 76 |
| 2018010122 | 闭慧芳 | 78 | 84 | 87 | 58 | 86 | 75 | 71 |
| 2018010123 | 李金娥 | 45 | 73 | 80 | 78 | 70 | 33 | 62 |
| 2018010124 | 何玲玲 | 72 | 88 | 90 | 76 | 90 | 76 | 70 |
| 2018010125 | 黄秋莹 | 78 | 97 | 58 | 73 | 80 | 84 | 70 |
| 2018010126 | 岑丹丹 | 93 | 97 | 74 | 82 | 88 | 88 | 80 |
| 2018010127 | 何 莎 | 71 | 94 | 80 | 83 | 90 | 77 | 75 |
| 2018010128 | 莫小园 | 82 | 92 | 90 | 87 | 90 | 80 | 73 |
| 2018010129 | 叶秀耀 | 39 | 40 | 73 | 82 | 80 | 44 | 61 |
| 2018010130 | 施嘉华 | 42 | 51 | 70 | 79 | 70 | 41 | 61 |

### 三、操作步骤

操作步骤如下：

（1）双击打开Excel，直接进入一个新工作簿，在单元格区域A2:I2中分别录入"学号""姓名"以及各相关课程名称（"财务会计""会计电算化""体育""投资理财""旅游服务会计""会计综合实训""金融基础"），在单元格J2和单元格K2分别录入"总分"和"平均分"，如图1-24所示。

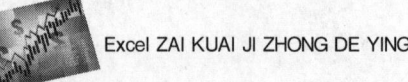

图 1-24　新工作簿模板

（2）选择单元格区域 A1:K1，点击菜单栏"开始"卡片中的"合并后居中"图标，并直接双击该单元格，直接录入"会计 1801 班第一学期成绩汇总表"，再点击"B"图标，加粗字体，使标题更醒目，如图 1-25 所示。

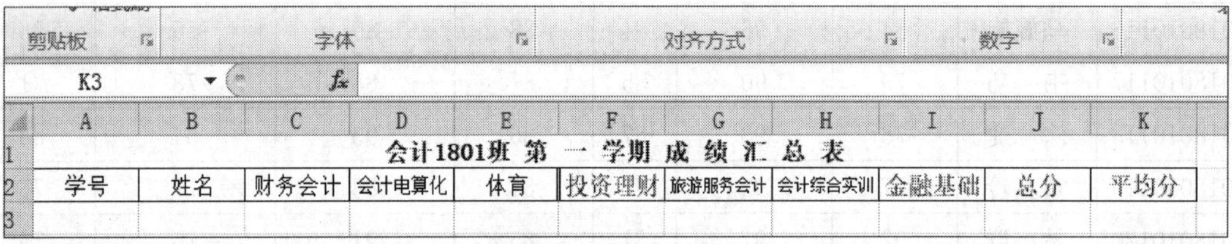

图 1-25　表头模板

（3）根据表 1-3 录入各学生的学号，因为学号有规律，可以使用填充功能。选择 A 列，点击鼠标右键，选择"设置单元格格式"，格式为"文本"，如图 1-26 所示。

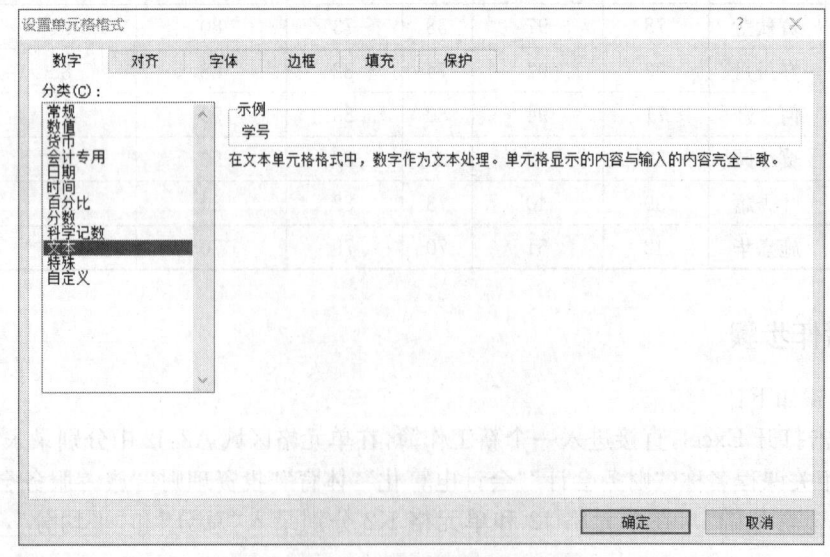

图 1-26　设置单元格格式对话框

(4) 在单元格 A3 录入第一个学号"2018010101",在单元格 A4 录入第二个学号"2018010102",选择 A3、A4 单元格,当鼠标图案变成黑色十字,即可点击鼠标左键开始进行填充,如图 1-27 所示。

图 1-27 学生学号模板

(5) 根据表 1-3 完成姓名和各课程成绩的录入,如图 1-28 所示。

图 1-28 各科成绩模板

## 活动 1.3.2 成绩单处理

### 一、知识要点

总分、平均分、排名、凸显不及格成绩是成绩单中必然会反映的信息。所涉及的主要函数及其说明如下。

### （一）SUM 函数

**1. 概念**

SUM 函数是指返回某一单元格区域中数字、逻辑值及数字的文本表达式之和。如果参数中有错误值或为不能转换成数字的文本，求和结果将会导致错误。

**2. 使用介绍**

SUM 函数是一个数学和三角函数，可将值相加，可以将单个值、单元格引用或是区域相加，或者将三者的组合相加。

（1）语法：SUM(number1,[number2],...)。其中：

number1（必需参数）为要相加的第一个数字。该数字可以是数字，或 Excel 中单元格 A1 之类的引用或单元格区域 B2:B9 之类的范围。

number2 为要相加的第二个数字。

（2）说明：①逻辑值及数字的文本表达式将被计算。②如果参数为数组或引用，只有其中的数字将被计算，数组或引用中的空白单元格、逻辑值、文本将被忽略。③如果参数中有错误值或为不能转换成数字的文本，将会导致错误。

### （二）AVERAGE 函数

**1. 概念**

AVERAGE 函数是 Excel 表格中的计算平均值函数，参数可以是数字，或者是涉及数字的名称、数组或引用。

**2. 使用介绍**

（1）语法：AVERAGE(number1,[number2],...)。其中：

Number1（必需参数）为要计算平均值的第一个数字、单元格引用或单元格区域。

Number2,...（可选参数）为要计算平均值的其他数字、单元格引用或单元格区域，最多可包含 255 个。

（2）说明：①如果填写的数组或单元格引用参数中有文字、逻辑值或空单元格，则忽略其值；如果单元格包含零值，则计算在内。②AVERAGE 函数在对单元格中的数值求平均时，应牢记空单元格与含零值单元格的区别，尤其在"选项"对话框中的"视图"选项卡上已经清除了"零值"复选框的条件下，空单元格不计算在内，但计算零值。若要查看"选项"对话框，单击"工具"菜单中的"选项"命令。

## 二、岗位任务

根据表 1-3 计算每个同学的总分、平均分，然后排名。要求：表格中的"总分""平均分""名次"数据均为系统自动生成（其结果见表 1-4）。

表 1-4　　　　　　　　　会计 1801 班第一学期成绩汇总表

| 学号 | 姓名 | 财务会计 | 会计电算化 | 体育 | 投资理财 | 旅游服务会计 | 会计综合实训 | 金融基础 | 总分 | 平均分 | 名次 |
|---|---|---|---|---|---|---|---|---|---|---|---|
| 2018010101 | 曾小英 | 78 | 91 | 83 | 89 | 90 | 77 | 80 | 587 | 84 | 9 |
| 2018010102 | 黄芳萍 | 69 | 95 | 90 | 79 | 82 | 75 | 72 | 563 | 80 | 20 |
| 2018010103 | 刘珊凤 | 71 | 92 | 82 | 83 | 91 | 61 | 65 | 545 | 78 | 25 |

(续表)

| 学号 | 姓名 | 财务会计 | 会计电算化 | 体育 | 投资理财 | 旅游服务会计 | 会计综合实训 | 金融基础 | 总分 | 平均分 | 名次 |
|---|---|---|---|---|---|---|---|---|---|---|---|
| 2018010104 | 陆晓景 | 71 | 98 | 82 | 82 | 70 | 75 | 81 | 559 | 80 | 23 |
| 2018010105 | 陆兰清 | 80 | 91 | 87 | 80 | 90 | 76 | 76 | 580 | 83 | 13 |
| 2018010106 | 王迪笑 | 75 | 96 | 90 | 83 | 90 | 75 | 77 | 585 | 84 | 11 |
| 2018010107 | 韦露婷 | 73 | 87 | 82 | 77 | 85 | 71 | 80 | 554 | 79 | 24 |
| 2018010108 | 谢小琼 | 77 | 95 | 76 | 84 | 90 | 70 | 72 | 563 | 80 | 21 |
| 2018010109 | 邓丽娟 | 67 | 97 | 95 | 78 | 82 | 77 | 75 | 571 | 82 | 17 |
| 2018010110 | 赵秋连 | 73 | 96 | 94 | 81 | 91 | 83 | 80 | 598 | 85 | 3 |
| 2018010111 | 刘艺恒 | 64 | 96 | 91 | 83 | 86 | 80 | 80 | 580 | 83 | 14 |
| 2018010112 | 凌恒 | 76 | 97 | 83 | 82 | 90 | 81 | 80 | 588 | 84 | 8 |
| 2018010113 | 凌玉梅 | 80 | 97 | 86 | 82 | 76 | 76 | 76 | 573 | 82 | 16 |
| 2018010114 | 倪明艳 | 67 | 95 | 93 | 85 | 90 | 76 | 80 | 586 | 84 | 10 |
| 2018010115 | 李思熠 | 79 | 97 | 84 | 85 | 90 | 80 | 73 | 588 | 84 | 7 |
| 2018010116 | 马旋旋 | 84 | 96 | 84 | 88 | 89 | 76 | 76 | 593 | 85 | 6 |
| 2018010117 | 韦巧 | 79 | 90 | 85 | 87 | 88 | 78 | 71 | 577 | 82 | 15 |
| 2018010118 | 涂婕 | 78 | 93 | 87 | 86 | 93 | 64 | 83 | 583 | 83 | 12 |
| 2018010119 | 黄玉玲 | 77 | 95 | 78 | 81 | 88 | 77 | 75 | 570 | 81 | 18 |
| 2018010120 | 林小群 | 92 | 97 | 81 | 85 | 91 | 76 | 75 | 597 | 85 | 4 |
| 2018010121 | 黄焱 | 92 | 93 | 93 | 74 | 90 | 84 | 76 | 602 | 86 | 1 |
| 2018010122 | 闭慧芳 | 78 | 84 | 87 | 58 | 86 | 75 | 71 | 540 | 77 | 26 |
| 2018010123 | 李金娥 | 45 | 73 | 80 | 78 | 70 | 33 | 62 | 440 | 63 | 28 |
| 2018010124 | 何玲玲 | 72 | 88 | 90 | 76 | 90 | 76 | 70 | 561 | 80 | 22 |
| 2018010125 | 黄秋莹 | 78 | 97 | 58 | 73 | 80 | 84 | 70 | 539 | 77 | 27 |
| 2018010126 | 岑丹丹 | 93 | 97 | 74 | 82 | 88 | 88 | 80 | 601 | 86 | 2 |
| 2018010127 | 何莎 | 71 | 94 | 80 | 83 | 90 | 77 | 75 | 570 | 81 | 19 |
| 2018010128 | 莫小园 | 82 | 92 | 90 | 87 | 90 | 80 | 73 | 595 | 85 | 5 |
| 2018010129 | 叶秀耀 | 39 | 40 | 73 | 82 | 80 | 44 | 61 | 418 | 60 | 29 |
| 2018010130 | 施嘉华 | 42 | 51 | 70 | 79 | 70 | 41 | 61 | 413 | 59 | 30 |

## 三、操作步骤

操作步骤如下：

（1）求总分。先选中单元格区域 C3：I3，再单击工具栏中的"自动求和"按钮（" Σ 自动求和 ·"图标），便可计算出单元格 J3 的数值，然后再选中单元格 J3，当该单元格右下角的鼠标标识由箭头变成实心十字后，向下拖动该列，得出所有学生的总分；或者使用 SUM 函数，在单元格 J3 中输入"＝SUM(C3：I3)"后，按"Enter"键即可；或者使用插入函数，在任务栏中点击" fx "图标，选择"SUM"函数，点击"确定"按钮后进入 SUM 参数对话框，在"Number1"组合框中录入"C3：I3"，点击"确定"按钮即可，如图 1-29 和图 1-30 所示。

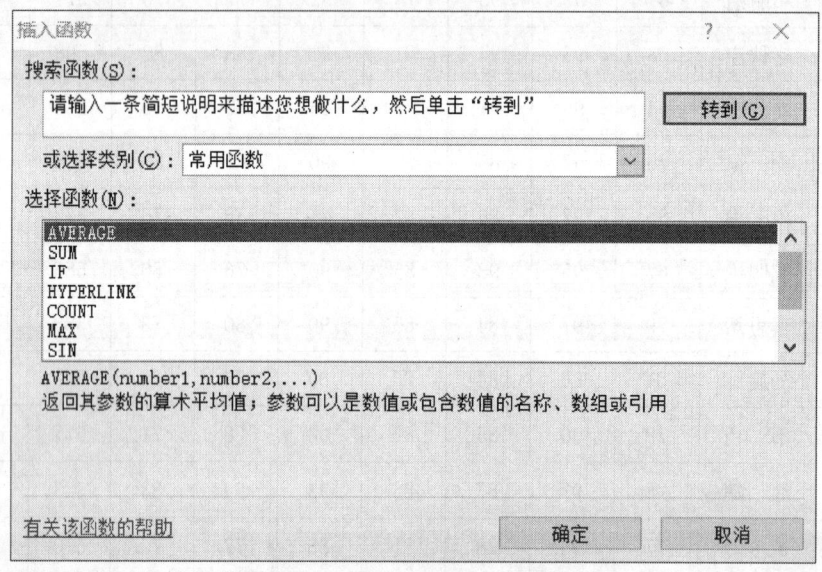

图 1-29 "插入函数"对话框

图 1-30 "函数参数"对话框

（2）求平均分。将光标移到单元格 K3，单击工具栏中的插入函数按钮"$f_x$"，系统弹出"插入函数"对话框，选取"AVERAGE"函数，并按"确定"按钮，系统将会弹出关于 AVERAGE 函数的"参数函数"对话框，如图 1-31 所示。

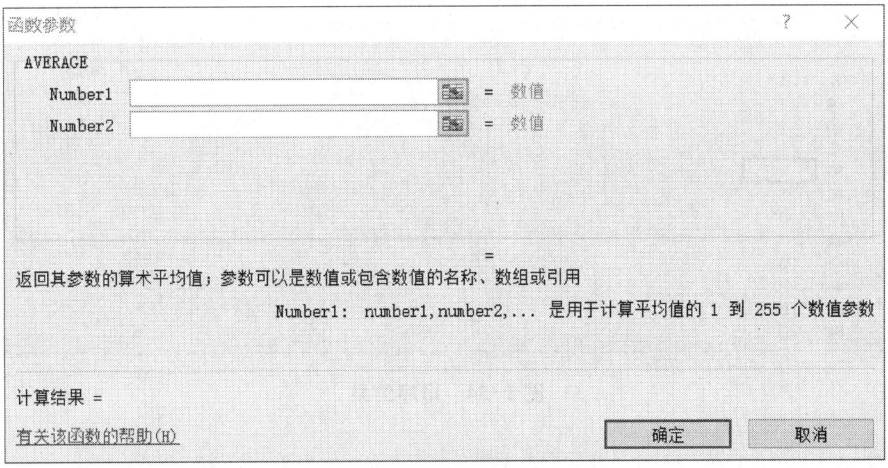

**图 1-31　"函数参数"对话框**

点击"Number1"组合框中的数据选择区"▦"图标，录入"C3:I3"，再次点击"▦"图标，回到函数参数设置对话框，点击"确定"按钮，计算出单元格 K3 的数值，如图 1-32 所示。选中单元格 K3，用鼠标向下拖动填充至单元格 K32，便可求出该列各单元格的平均值；也可直接使用 AVERAGE 函数，在单元格 L2 中输入"＝AVERAGE(D3:K3)"后按"Enter"键即可，如图 1-33 所示。

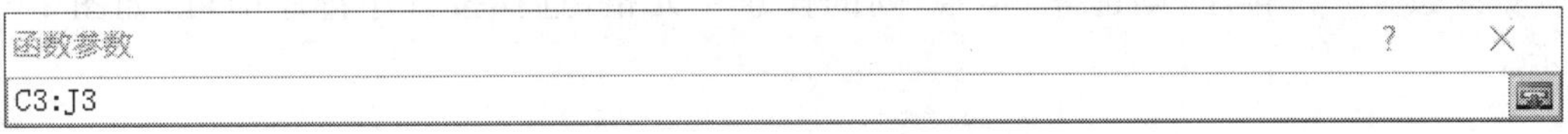

**图 1-32　参数范围选择框**

| 会计电算化 | 体育 | 投资理财 | 旅游服务会计 | 会计综合实训 | 金融基础 | 总分 | 平均分 |
|---|---|---|---|---|---|---|---|
| 91 | 83 | 89 | 90 | 77 | 80 | 587 | 84 |
| 95 | 90 | 79 | 82 | 75 | 72 | 563 | 80 |
| 92 | 82 | 83 | 91 | 61 | 65 | 545 | 78 |
| 98 | 82 | 82 | 70 | 75 | 81 | 559 | 80 |

（会计1801班 第一学期 成绩汇总表）

**图 1-33　平均分结果**

（3）排名。以"总分"为例（其他项目步骤与"总分"一致），先选定"总分"列任一单元格，单击工具栏中"排序和筛选"按钮（"↓"图标），选择"降序"的按钮（"↓"图标），如图 1-34 所示；然后在单元格 L3 中输入"1"，在单元格 L4 中输入"2"，再用鼠标向下拖动填充其他单元格，即可得出排名结果，如图 1-35 所示。

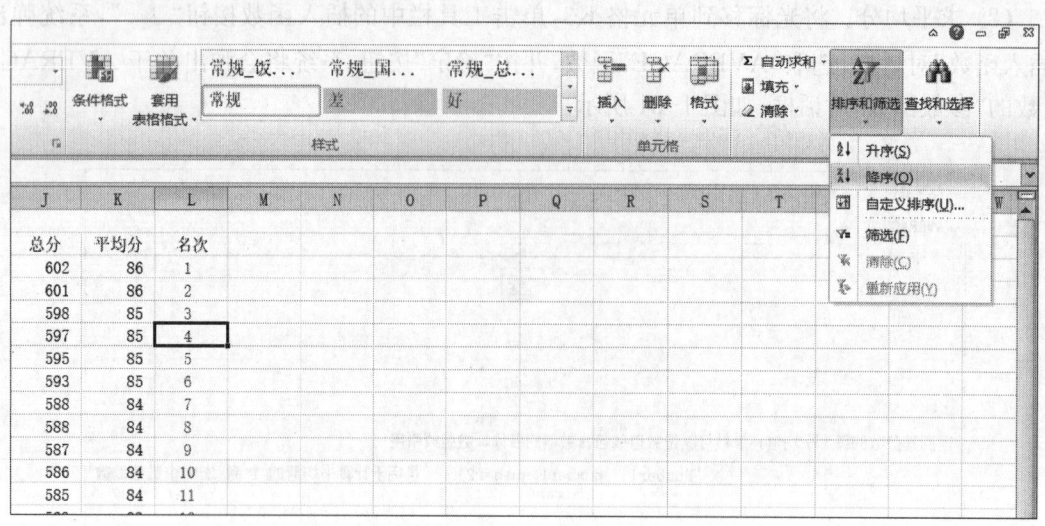

图 1-34 排序结果

| 学号 | 姓名 | 财务会计 | 会计电算化 | 体育 | 投资理财 | 旅游服务会计 | 会计综合实训 | 金融基础 | 总分 | 平均分 | 名次 |
|---|---|---|---|---|---|---|---|---|---|---|---|
| | 会计1801班 第一学期 成绩汇总表 |||||||||||
| 2018010121 | 黄焱 | 92 | 93 | 93 | 74 | 90 | 84 | 76 | 602 | 86 | 1 |
| 2018010126 | 岑丹丹 | 93 | 97 | 74 | 82 | 88 | 88 | 80 | 601 | 86 | 2 |
| 2018010110 | 赵秋连 | 73 | 96 | 94 | 81 | 91 | 83 | 80 | 598 | 85 | 3 |
| 2018010120 | 林小群 | 92 | 97 | 81 | 85 | 91 | 76 | 75 | 597 | 85 | 4 |
| 2018010128 | 莫小园 | 82 | 92 | 90 | 87 | 90 | 80 | 73 | 595 | 85 | 5 |
| 2018010116 | 马旋旋 | 84 | 96 | 84 | 88 | 89 | 76 | 76 | 593 | 85 | 6 |

图 1-35 按名次排序的成绩单

如果按"学号"排序,则选择"学号"列的任意单元格,选择按升序排序即可,如图 1-36 所示。

| | A | B | C | D | E | F | G | H | I | J | K | L |
|---|---|---|---|---|---|---|---|---|---|---|---|---|
| 1 | | 会计1801班 第一学期 成绩汇总表 |||||||||||
| 2 | 学号 | 姓名 | 财务会计 | 会计电算化 | 体育 | 投资理财 | 旅游服务会计 | 会计综合实训 | 金融基础 | 总分 | 平均分 | 名次 |
| 3 | 2018010101 | 曾小英 | 78 | 91 | 83 | 89 | 90 | 77 | 80 | 587 | 84 | 9 |
| 4 | 2018010102 | 黄芳萍 | 69 | 95 | 90 | 79 | 82 | 75 | 72 | 563 | 80 | 20 |
| 5 | 2018010103 | 刘珊凤 | 71 | 92 | 82 | 83 | 91 | 61 | 65 | 545 | 78 | 25 |
| 6 | 2018010104 | 陆晓景 | 71 | 98 | 82 | 82 | 70 | 75 | 81 | 559 | 80 | 23 |
| 7 | 2018010105 | 陆兰清 | 80 | 91 | 87 | 80 | 90 | 76 | 76 | 580 | 83 | 13 |
| 8 | 2018010106 | 王迪笑 | 75 | 96 | 90 | 83 | 90 | 75 | 77 | 585 | 84 | 11 |
| 9 | 2018010107 | 韦露婷 | 73 | 87 | 82 | 77 | 85 | 71 | 80 | 554 | 79 | 24 |
| 10 | 2018010108 | 谢小琼 | 77 | 95 | 76 | 84 | 90 | 70 | 72 | 563 | 80 | 21 |

图 1-36 按学号排序的成绩单

(4) 筛选。若想查看"财务会计"成绩在 90 分以上和 60 分以下的信息,先选择数据列表中的任一单元格;然后单击工具栏中的"排序和筛选"按钮,从中选择"筛选"的按钮" ",如图 1-37 所示;再点击"财务会计"列右侧的下拉箭头,在下拉列表中选择"数字筛选""自定义"命令,弹出的对话框如图 1-38 所示。

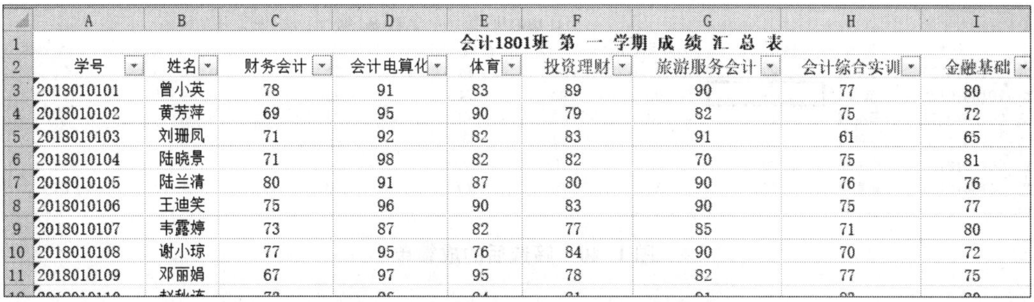

图 1-37 打开筛选功能的成绩单

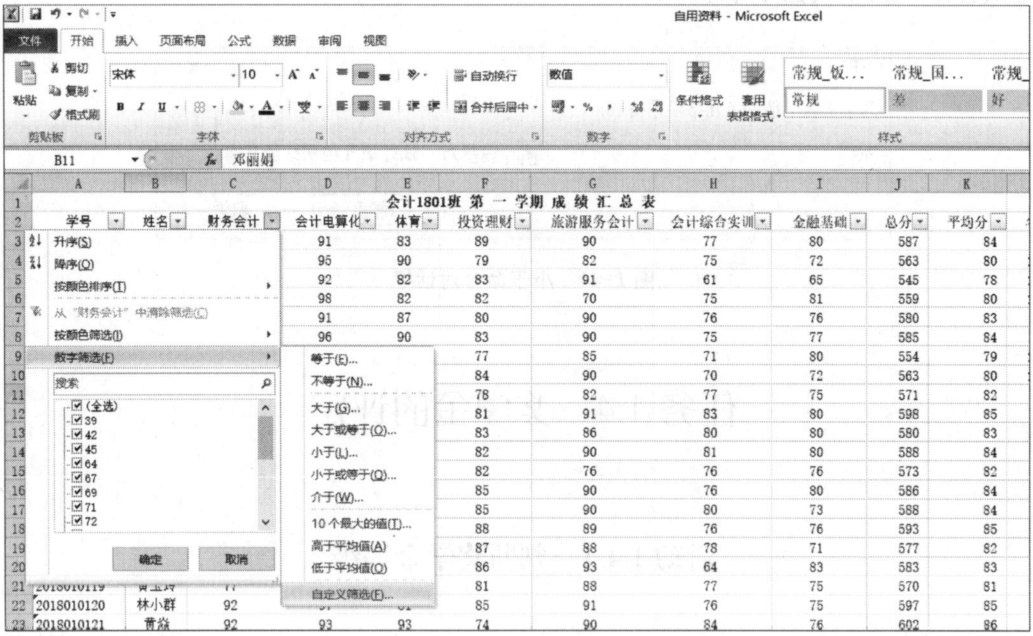

图 1-38 筛选下拉列表

根据实际情况选择运算符和数据，单击"确定"按钮即可。若想恢复数据表原样，只需再点击一次"筛选"按钮（" ▽ "图标），或者点击 Excel 快速工具栏中的"撤回"按钮（" ↶ "图标），如图 1-39 和图 1-40 所示。

图 1-39 自定义自动筛选方式对话框

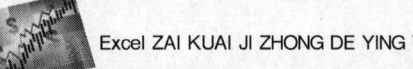

| | A | B | C | D | E | F | G | H | I |
|---|---|---|---|---|---|---|---|---|---|
| 1 | | | | | 会计1801班 第一学期 成绩汇总表 | | | | |
| 2 | 学号 | 姓名 | 财务会计 | 会计电算化 | 体育 | 投资理财 | 旅游服务会计 | 会计综合实训 | 金融基础 |
| 22 | 2018010120 | 林小群 | 92 | 97 | 81 | 85 | 91 | 76 | 75 |
| 23 | 2018010121 | 黄焱 | 92 | 93 | 93 | 74 | 90 | 84 | 76 |
| 25 | 2018010123 | 李金娥 | 45 | 73 | 80 | 78 | 70 | 33 | 62 |
| 28 | 2018010126 | 岑丹丹 | 93 | 97 | 74 | 82 | 88 | 88 | 80 |
| 31 | 2018010129 | 叶秀耀 | 39 | 40 | 73 | 82 | 80 | 44 | 61 |
| 32 | 2018010130 | 施嘉华 | 42 | 51 | 70 | 79 | 70 | 41 | 61 |

图 1-40 筛选后的成绩单

(5) 将不及格的成绩标红。选定单元格区域 C3:I3，选择"开始"→"样式"→"突出显示单元格规则"→"小于"命令，系统弹出对话框，如图 1-41 所示。在对话框中选择条件值为"60"，颜色设置为"浅红填充色深红色文本"。

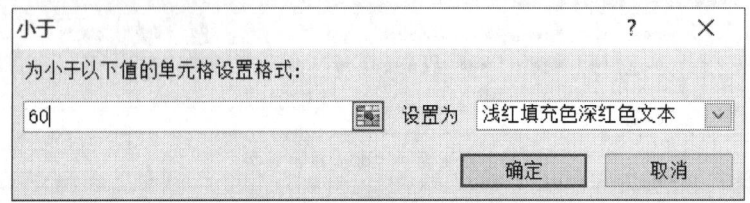

图 1-41 小于命令对话框

# 任务 1.4　奖学金的评定

## 活动 1.4.1　判断奖学金等级

### 一、知识要点

如何快速地判断出奖学金等级，这是评定奖学金时同学们十分关心的问题。

### 二、岗位任务

根据表 1-5 筛选出获得奖学金的同学及其等级和奖金。要求：设置好相关公式后，奖学金等级自动显示。

表 1-5　　　　　　　　　　奖学金评选规则

| 序号 | 奖励级别 | 奖励范围 | 奖金数 |
|---|---|---|---|
| 1 | 一等奖学金 | 总平均分在 85 分以上，每个单科成绩都在 80 分以上 | ￥500.00 |
| 2 | 二等奖学金 | 总平均分在 80 分以上，每个单科成绩都在 75 分以上 | ￥300.00 |
| 3 | 三等奖学金 | 总平均分在 75 分以上，每个单科成绩都在 70 分以上 | ￥200.00 |

### 三、操作步骤

操作步骤如下：

(1) 打开表 1-4，在单元格 M2 输入"奖学金"，并在单元格 M3 里输入公式"=IF(AND(K3>=85,COUNTIF(C3：I3,">=80")=7),"一等",IF(AND(OR(K3>=80),COUNTIF(C3：I3,">=75")=7),"二等",IF(AND(OR(K3>=75),COUNTIF(C3：I3,">=70")=7),"三等","")))"。

(2) 将 M 列剩下的单元格直接用鼠标向下拖动填充的方式完成，如图 1-42 所示。

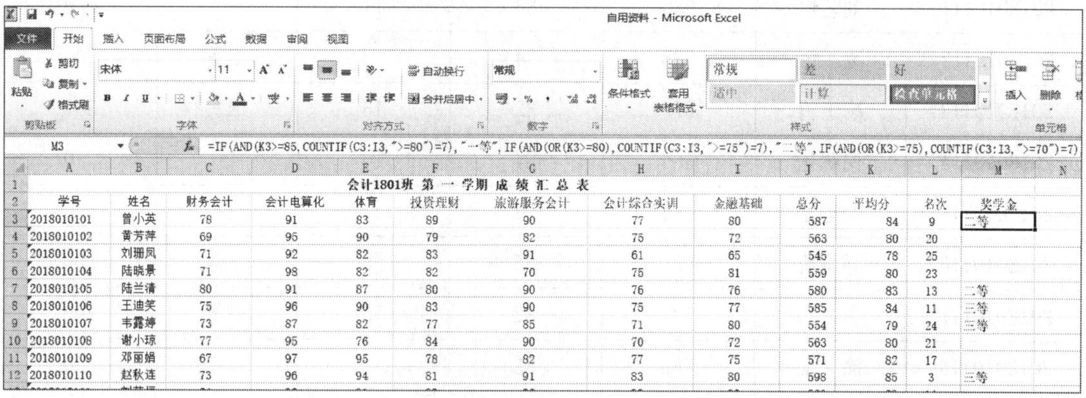

图 1-42  录入公式

## 活动 1.4.2  计算奖学金金额

### 一、知识要点

计算出奖学金金额是学校做奖学金发放预算时十分关心的问题。

### 二、岗位任务

根据表 1-5 筛选出获得奖学金的同学及其等级。要求：设置好相关公式后，与奖学金等级相对应的奖金数自动显示（其结果见表 1-6）。

表 1-6　　　　　　　　　会计 1801 班第一学期成绩汇总表

| 学号 | 姓名 | 总分 | 平均分 | 名次 | 奖学金 | 奖金额 |
| --- | --- | --- | --- | --- | --- | --- |
| 2018010101 | 曾小英 | 587 | 84 | 9 | 二等 | 300 |
| 2018010102 | 黄芳萍 | 563 | 80 | 20 |  | 0 |
| 2018010103 | 刘珊凤 | 545 | 78 | 25 |  | 0 |
| 2018010104 | 陆晓景 | 559 | 80 | 23 |  | 0 |
| 2018010105 | 陆兰清 | 580 | 83 | 13 | 二等 | 300 |

（续表）

| 学号 | 姓名 | 总分 | 平均分 | 名次 | 奖学金 | 奖金额 |
|---|---|---|---|---|---|---|
| 2018010106 | 王迪笑 | 585 | 84 | 11 | 三等 | 200 |
| 2018010107 | 韦露婷 | 554 | 79 | 24 | 三等 | 200 |
| 2018010108 | 谢小琼 | 563 | 80 | 21 |  | 0 |
| 2018010109 | 邓丽娟 | 571 | 82 | 17 |  | 0 |
| 2018010110 | 赵秋连 | 598 | 85 | 3 | 三等 | 200 |
| 2018010111 | 刘艺恒 | 580 | 83 | 14 |  | 0 |
| 2018010112 | 凌恒 | 588 | 84 | 8 | 二等 | 300 |
| 2018010113 | 凌玉梅 | 573 | 82 | 16 | 二等 | 300 |
| 2018010114 | 倪明艳 | 586 | 84 | 10 |  | 0 |
| 2018010115 | 李思熠 | 588 | 84 | 7 | 三等 | 200 |
| 2018010116 | 马旋旋 | 593 | 85 | 6 | 二等 | 300 |
| 2018010117 | 韦巧 | 577 | 82 | 15 | 三等 | 200 |
| 2018010118 | 涂婕 | 583 | 83 | 12 |  | 0 |
| 2018010119 | 黄玉玲 | 570 | 81 | 18 | 三等 | 200 |
| 2018010120 | 林小群 | 597 | 85 | 4 | 三等 | 200 |
| 2018010121 | 黄焱 | 602 | 86 | 1 | 三等 | 200 |
| 2018010122 | 闭慧芳 | 540 | 77 | 26 |  | 0 |
| 2018010123 | 李金娥 | 440 | 63 | 28 |  | 0 |
| 2018010124 | 何玲玲 | 561 | 80 | 22 | 三等 | 200 |
| 2018010125 | 黄秋莹 | 539 | 77 | 27 |  | 0 |
| 2018010126 | 岑丹丹 | 601 | 86 | 2 | 三等 | 200 |
| 2018010127 | 何莎 | 570 | 81 | 19 | 三等 | 200 |
| 2018010128 | 莫小园 | 595 | 85 | 5 | 三等 | 200 |
| 2018010129 | 叶秀耀 | 418 | 60 | 29 |  | 0 |
| 2018010130 | 施嘉华 | 413 | 59 | 30 |  | 0 |

## 三、操作步骤

操作步骤如下：

（1）打开表1-3，在单元格N2输入"奖金额"，并在单元格M3里输入公式"＝IF(M3="一等",500,IF(M3="二等",300,IF(M3="三等",200,0)))"。

（2）将N列剩下的单元格直接用鼠标向下拖动填充的方式完成，如图1-43所示。

| 会计1801班 第一学期 成绩汇总表 | | | | | | | | | |
|---|---|---|---|---|---|---|---|---|---|
| 体育 | 投资理财 | 旅游服务会计 | 会计综合实训 | 金融基础 | 总分 | 平均分 | 名次 | 奖学金 | 奖金额 |
| 83 | 89 | 90 | 77 | 80 | 587 | 84 | 9 | 二等 | 300 |
| 90 | 79 | 82 | 75 | 72 | 563 | 80 | 20 | | 0 |
| 82 | 83 | 91 | 61 | 65 | 545 | 78 | 25 | | 0 |
| 82 | 82 | 70 | 75 | 81 | 559 | 80 | 23 | | 0 |
| 87 | 80 | 90 | 76 | 76 | 580 | 83 | 13 | 二等 | 300 |
| 90 | 83 | 90 | 75 | 77 | 585 | 84 | 11 | 三等 | 200 |
| 82 | 77 | 85 | 71 | 80 | 554 | 79 | 24 | 三等 | 200 |
| 76 | 84 | 90 | 70 | 72 | 563 | 80 | 21 | | |
| 95 | 78 | 82 | 77 | 75 | 571 | 82 | 17 | | |
| 94 | 81 | 91 | 83 | 80 | 598 | 85 | 3 | 三等 | 200 |
| 91 | 83 | 86 | 80 | 80 | 580 | 83 | 14 | | |
| 83 | 82 | 90 | 81 | 80 | 588 | 84 | 8 | 二等 | 300 |
| 86 | 82 | 76 | 76 | 76 | 573 | 82 | 16 | 二等 | 300 |
| 93 | 85 | 90 | 70 | 80 | 586 | 84 | 10 | | |
| 84 | 85 | 90 | 80 | 73 | 588 | 84 | 7 | 三等 | 200 |
| 84 | 88 | 89 | 76 | 76 | 593 | 85 | 6 | 二等 | 300 |

图 1-43　录入公式后的结果

# 任务 1.5　男、女生学习情况的分析

## 一、知识要点

成绩可以直观地反映出男、女生在各科学习上的不同，及时帮助老师做出相应的教学计划。本任务涉及的函数及其说明如下。

### （一）IF 函数

**1. 概念**

IF 函数一般是指程序设计或 Excel 等软件中的条件函数，根据指定的条件来判断其"真"（TRUE）、"假"（FALSE），根据逻辑计算的真、假值，从而返回相应的内容。IF 函数可用于对数值和公式进行条件检测。

**2. 使用介绍**

（1）语法：IF(logical_test, value_if_true, value_if_false)。其中：

logical_test 表示计算结果为 TRUE 或 FALSE 的任意值或表达式。例如，A10＝100 就是一个逻辑表达式，如果单元格 A10 中的值等于 100，表达式即为 TRUE，否则为 FALSE。本参数可使用任何比较运算符［＝（等于）、＞（大于）、＞＝（大于等于）、＜＝（小于等于等运算符）］。

value_if_true 表示 logical_test 为 TRUE 时返回的值。例如，如果本参数为文本字符串"预算内"而且 logical_test 参数值为 TRUE，则 IF 函数将显示文本"预算内"；如果 logical_test 为 TRUE 而 value_if_true 为空，则本参数返回 0；如果要显示 TRUE，则请为本参数使用逻辑值 TRUE。value_if_true 也可以是其他公式。

value_if_false 表示 logical_test 为 FALSE 时返回的值。例如，如果本参数为文本字符串

"超出预算"而且 logical_test 参数值为 FALSE,则 IF 函数将显示文本"超出预算";如果 logical_test 为 FALSE 且忽略了 value_if_false(即 value_if_true 后没有逗号),则会返回逻辑值 FALSE;如果 logical_test 为 FALSE 且 value_if_false 为空(即 value_if_true 后有逗号,并紧跟着右括号),则本参数返回 0。value_if_false 也可以是其他公式。

(2) 功能:IF 函数是条件判断函数。如果指定条件的计算结果为 TRUE,IF 函数将返回某个值;如果该条件的计算结果为 FALSE,则返回另一个值。例如,IF(测试条件,结果 1,结果 2),即如果满足"测试条件",则计算结果显示"结果 1";如果不满足"测试条件",则计算结果显示"结果 2"。

(3) 说明:在 Excel 2003 中,函数 IF 可以嵌套七层,在 Excel 2007 中可以嵌套 64 层,用 value_if_false 及 value_if_true 参数可以构造复杂的检测条件。

在计算参数 value_if_true 和 value_if_false 后,函数 IF 返回相应语句执行后的返回值。

如果函数 IF 的参数包含数组(用于建立可生成多个结果或可对在行和列中排列的一组参数进行运算的单个公式。数组区域共用一个公式;数组常量是用作参数的一组常量),则在执行 IF 语句时,数组中的每一个元素都将计算。

### (二) COUNTIF 函数

1. 概念

COUNTIF 函数是 Excel 中对指定区域中符合指定条件的单元格计数的一个函数。

2. 使用介绍

(1) 语法:COUNTIF(range,criteria)。其中:

range 为要计算其中非空单元格数目的区域。

criteria 为以数字、表达式或文本形式定义的条件。

(2) 说明:①求真空单元格个数的公式为"=COUNTIF(数据区,"")"。②求非真空单元格个数的公式为"=COUNTIF(数据区,"<>")"。③求特定值单元格个数的公式为"=COUNTIF(数据区,"该特定值或特定值所在单元格")"。

(3) 各种统计方法:

其一,求各种类型单元格的个数。

A. 求真空单元格个数:其公式为"=COUNTIF(数据区,"")"。

B. 非真空单元格个数:其公式为"=COUNTIF(数据区,"<>")",相当于 COUNTA 函数。

C. 文本型单元格个数:其公式为"=COUNTIF(数据区,"*")",假空单元格也是文本型单元格。

D. 区域内所有单元格个数:其公式为"=COUNTIF(数据区,"<>""")",如果数据区内有"",该公式不成立。

E. 逻辑值为 TRUE 的单元格数量:其公式为"=COUNTIF(数据区,TRUE)"。

其二,求大于或小于某个值的单元格个数。

A. 大于 50:其公式为"=COUNTIF(数据区,">50")"。

B. 等于 50:其公式为"=COUNTIF(数据区,50)"。

C. 小于 50:其公式为"=COUNTIF(数据区,"<50")"。

D. 大于或等于 50:其公式为"=COUNTIF(数据区,">=50")"。

E. 小于或等于50：其公式为"＝COUNTIF(数据区,"＜＝50")"。
F. 大于单元格 E5 的值：其公式为"＝COUNTIF(数据区,"＞"＆＄E＄5)"。
G. 等于单元格 E5 的值：其公式为"＝COUNTIF(数据区,＄E＄5)"。
H. 小于单元格 E5 的值：其公式为"＝COUNTIF(数据区,"＜"＆＄E＄5)"。
I. 大于或等于单元格 E5 的值：其公式为"＝COUNTIF(数据区,"＞＝"＆＄E＄5)"。
J. 小于或等于单元格 E5 的值：其公式为"＝COUNTIF(数据区,"＜＝"＆＄E＄5)"。

其三，等于或包含某 N 个特定字符的单元格个数。
A. 两个字符：其公式为"＝COUNTIF(数据区,"??")"。
B. 两个字符并且第 2 个字符是 B：其公式为"＝COUNTIF(数据区,"? B")"。
C. 包含 B 字符：其公式为"＝COUNTIF(数据区,"＊B＊")"。
D. 第 2 个字符是 B：其公式为"＝COUNTIF(数据区,"? B＊")"。
E. 等于"你好"：其公式为"＝COUNTIF(数据区,"你好")"。
F. 包含单元格 D3 的内容：其公式为"＝COUNTIF(数据区,"＊"＆D3＆"＊")"。
G. 第 2 个字符是单元格 D3 的内容：其公式为"＝COUNTIF(数据区,"?"＆D3＆"＊")"。

注：COUNTIF 函数对英文字母不区分大小写，通配符只对文本有效。

其四，两个条件求个数。
A. ＞10 并且＜＝15：其公式为"＝SUM(COUNTIF(数据区,"＞"＆{10,15})＊{1,－1})或者＝SUM(COUNTIF(数据区,"＜＝"＆{10,15})＊{－1,1})"。
B. ＞＝10 并且＜15：其公式为"＝SUM(COUNTIF(数据区,"＞＝"＆{10,15})＊{1,－1})或者＝SUM(COUNTIF(数据区,"＜"＆{10,15})＊{－1,1})"。
C. ＞＝10 并且＜＝15：其公式为"＝SUM(COUNTIF(数据区,{"＞＝10","＞15"})＊{1,－1})"。
D. ＞10 并且＜15：其公式为"＝SUM(COUNTIF(数据区,{"＞10","＞＝15"})＊{1,－1})"，或者公式为"＝SUM(COUNTIF(数据区,{"＞10","＜15"}))－样本数"。

注：一般多条件计数使用 SUMPRODUCT 函数，以上方法较少使用，仅供参考。

其五，三个区域计数。例如，三个区域中＞＝60，其公式为"＝SUM(COUNTIF(INDIRECT({"A46：A48","B48：B50","C47：C48"}),"＞＝60"))"。

(4) 集合运算法。例如，统计范围为 5＜＝x＜＝7，可以分解为(x＞＝5)－(x＞7)，其公式为"＝COUNTIF(range,"＞＝5")－COUNTIF(range,"＞7")"。这样就可以利用集合运算法来实现上面两个条件求个数相同的目的，并且更简单易于理解。

### (三) AND 函数

1. 概念

AND 函数是指当所有参数的逻辑值为真时，返回 TRUE，只要有一个参数的逻辑值为假，即返回 FALSE 的一个函数。用比较通俗的话来说，就是做多选题，必须所有选项都符合才是对，否则就是错。

2. 使用说明

语法：AND(logical1, logical2, …)。其中：

logical1, logical2, …表示待检测的 1 到 30 条件值，各条件值可为 TRUE 或 FALSE。

参数必须是逻辑值 TRUE 或 FALSE，或者包含逻辑值的数组(用于建立可生成多个结果或可对在行和列中排列的一组参数进行运算的单个公式,数组区域共用一个公式;数组常量是用作参数的一组常量)或引用。

如果数组或引用参数中包含文本或空白单元格,则这些值将被忽略。

如果指定的单元格区域内包括非逻辑值,则 AND 函数将返回错误值♯VALUE!。

## 二、岗位任务

根据表 1-4 对男、女生成绩进行分类汇总。要求:得出表 1-7 的结果。

表 1-7　　　　　　　　　　男、女生成绩汇总分析表

| 学号 | 姓名 | 性别 | 财务会计 | 会计电算化 | 体育 | 投资理财 | 旅游服务会计 | 会计综合实训 | 金融基础 | 总分 | 平均分 |
|---|---|---|---|---|---|---|---|---|---|---|---|
| 2018010104 | 陆晓景 | 男 | 71 | 98 | 82 | 82 | 70 | 75 | 81 | 559 | 80 |
| 2018010105 | 陆兰清 | 男 | 80 | 91 | 87 | 80 | 90 | 76 | 76 | 580 | 83 |
| 2018010108 | 谢小琼 | 男 | 77 | 95 | 76 | 84 | 90 | 70 | 72 | 563 | 80 |
| 2018010111 | 刘艺恒 | 男 | 64 | 96 | 91 | 83 | 86 | 80 | 80 | 580 | 83 |
| 2018010112 | 凌恒 | 男 | 76 | 97 | 83 | 82 | 90 | 81 | 80 | 588 | 84 |
| 2018010115 | 李思熠 | 男 | 79 | 97 | 84 | 85 | 90 | 80 | 73 | 588 | 84 |
| 2018010120 | 林小群 | 男 | 92 | 97 | 81 | 85 | 91 | 76 | 75 | 597 | 85 |
| 2018010128 | 莫小园 | 男 | 82 | 92 | 90 | 87 | 90 | 80 | 73 | 595 | 85 |
| 2018010129 | 叶秀耀 | 男 | 39 | 40 | 73 | 82 | 80 | 44 | 61 | 418 | 60 |
| 2018010130 | 施嘉华 | 男 | 42 | 51 | 70 | 79 | 70 | 41 | 61 | 413 | 59 |
| 2018010106 | 王迪笑 | 男 | 75 | 96 | 90 | 83 | 90 | 75 | 77 | 585 | 84 |
| 2018010117 | 韦巧 | 男 | 79 | 90 | 85 | 87 | 88 | 78 | 71 | 577 | 82 |
| 2018010121 | 黄焱 | 男 | 92 | 93 | 93 | 74 | 90 | 84 | 76 | 602 | 86 |
| 2018010126 | 岑峰 | 男 | 93 | 97 | 74 | 82 | 88 | 88 | 80 | 601 | 86 |
| 2018010127 | 何佳 | 男 | 71 | 94 | 80 | 83 | 90 | 77 | 75 | 570 | 81 |
| | | 男汇总 | 1 111 | 1 324 | 1 240 | 1 236 | 1 290 | 1 105 | 1 110 | | |
| 2018010110 | 赵秋连 | 女 | 73 | 96 | 94 | 81 | 91 | 83 | 80 | 598 | 85 |
| 2018010101 | 曾小英 | 女 | 78 | 91 | 83 | 89 | 90 | 75 | 80 | 587 | 84 |
| 2018010102 | 黄芳萍 | 女 | 69 | 95 | 90 | 79 | 82 | 75 | 72 | 563 | 80 |
| 2018010103 | 刘珊凤 | 女 | 71 | 92 | 82 | 83 | 91 | 61 | 65 | 545 | 78 |
| 2018010107 | 韦露婷 | 女 | 73 | 87 | 82 | 77 | 85 | 71 | 80 | 554 | 79 |
| 2018010109 | 邓丽娟 | 女 | 67 | 97 | 95 | 78 | 82 | 77 | 75 | 571 | 82 |
| 2018010113 | 凌玉梅 | 女 | 80 | 97 | 86 | 82 | 76 | 76 | 76 | 573 | 82 |
| 2018010114 | 倪明艳 | 女 | 67 | 95 | 93 | 85 | 90 | 76 | 80 | 586 | 84 |

（续表）

| 学号 | 姓名 | 性别 | 财务会计 | 会计电算化 | 体育 | 投资理财 | 旅游服务会计 | 会计综合实训 | 金融基础 | 总分 | 平均分 |
|---|---|---|---|---|---|---|---|---|---|---|---|
| 2018010116 | 马旋旋 | 女 | 84 | 96 | 84 | 88 | 89 | 76 | 76 | 593 | 85 |
| 2018010118 | 涂 婕 | 女 | 78 | 93 | 87 | 86 | 93 | 64 | 83 | 583 | 83 |
| 2018010119 | 黄玉玲 | 女 | 77 | 95 | 78 | 81 | 88 | 77 | 75 | 570 | 81 |
| 2018010122 | 闭慧芳 | 女 | 78 | 84 | 87 | 58 | 86 | 75 | 71 | 540 | 77 |
| 2018010123 | 李金娥 | 女 | 45 | 73 | 80 | 78 | 70 | 33 | 62 | 440 | 63 |
| 2018010124 | 何玲玲 | 女 | 72 | 88 | 90 | 76 | 90 | 76 | 70 | 561 | 80 |
| 2018010125 | 黄秋莹 | 女 | 78 | 97 | 58 | 73 | 80 | 84 | 70 | 539 | 77 |
| | | 女汇总 | 1 090 | 1 376 | 1 268 | 1 193 | 1 282 | 1 081 | 1 112 | | |
| | | 总计 | 2 201 | 2 700 | 2 508 | 2 429 | 2 572 | 2 186 | 2 222 | | |

## 三、操作步骤

操作步骤如下：

（1）打开表1-4，选择单元格区域A3：L32，点击"数据"→"选项卡"，点击"排序"，打开"排序"对话框，如图1-44所示。

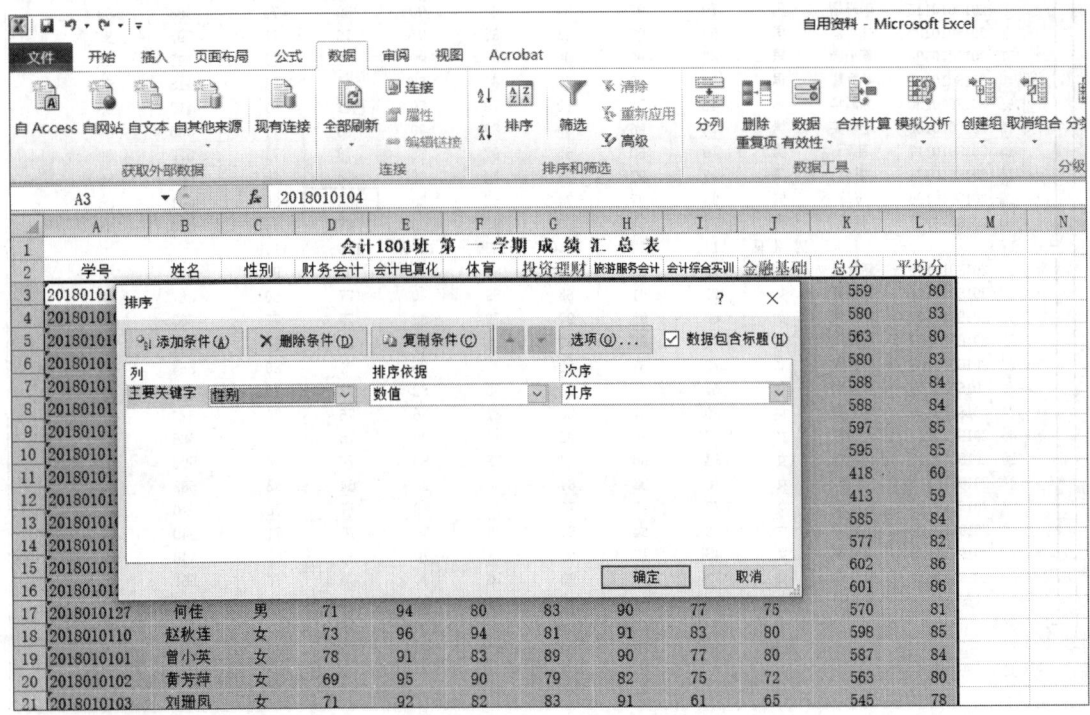

图1-44 "排序"对话框

在"排序"对话框中,"主要关键字"选择"性别","排序依据"选择"数值","次序"选择"升序",点击"确定"按钮即可。

(2)分类汇总。单击"数据"选项卡,选择"分类汇总"(""图标),打开"分类汇总"对话框,在"分类字段"中选择"性别",在"汇总方式"中选择"求和",在"选定汇总项"中选择"财务会计""会计电算化""体育"等7门课程,点击"确定"按钮即可,如图1-45所示。

如果想只看男、女生的汇总数据,点击页面最左边的"—"图标,收起个别同学数据,只留汇总数据,如图1-46至图1-48所示。

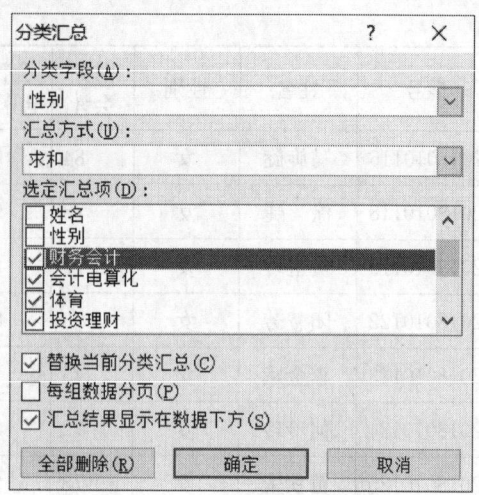

图1-45 "分类汇总"对话框

| | A | B | C | D | E | F | G | H | I | J | K | L |
|---|---|---|---|---|---|---|---|---|---|---|---|---|
| 1 | 学号 | 姓名 | 性别 | 财务会计 | 会计电算化 | 体育 | 投资理财 | 旅游服务训 | 会计综合实训 | 金融基础 | 总分 | 平均分 |
| 2 | 2018010104 | 陆晓景 | 男 | 71 | 98 | 82 | 82 | 70 | 75 | 81 | 559 | 80 |
| 3 | 2018010105 | 陆兰清 | 男 | 80 | 91 | 87 | 80 | 90 | 76 | 76 | 580 | 83 |
| 4 | 2018010108 | 谢小琼 | 男 | 77 | 95 | 76 | 84 | 90 | 70 | 72 | 563 | 80 |
| 5 | 2018010111 | 刘艺恒 | 男 | 64 | 96 | 91 | 83 | 86 | 80 | 80 | 580 | 83 |
| 6 | 2018010112 | 凌恒 | 男 | 76 | 97 | 83 | 82 | 90 | 81 | 80 | 588 | 84 |
| 7 | 2018010115 | 李思煜 | 男 | 79 | 97 | 84 | 85 | 90 | 80 | 73 | 588 | 84 |
| 8 | 2018010120 | 林小群 | 男 | 92 | 97 | 81 | 85 | 91 | 76 | 75 | 597 | 85 |
| 9 | 2018010128 | 莫小园 | 男 | 82 | 92 | 90 | 87 | 90 | 80 | 73 | 595 | 85 |
| 10 | 2018010129 | 叶秀耀 | 男 | 39 | 40 | 73 | 82 | 80 | 44 | 61 | 418 | 60 |
| 11 | 2018010130 | 施嘉华 | 男 | 42 | 51 | 70 | 79 | 70 | 41 | 61 | 413 | 59 |
| 12 | 2018010106 | 王迪笑 | 男 | 75 | 96 | 90 | 87 | 90 | 75 | 77 | 585 | 84 |
| 13 | 2018010117 | 韦巧 | 男 | 79 | 90 | 85 | 87 | 88 | 78 | 71 | 577 | 82 |
| 14 | 2018010121 | 黄焱 | 男 | 92 | 93 | 93 | 74 | 90 | 84 | 76 | 602 | 86 |
| 15 | 2018010126 | 岑峰 | 男 | 93 | 97 | 74 | 82 | 88 | 88 | 80 | 601 | 86 |
| 16 | 2018010127 | 何佳 | 男 | 71 | 94 | 80 | 83 | 90 | 77 | 75 | 570 | 81 |
| 17 | | | 男 汇总 | 1111 | 1324 | 1240 | 1236 | 1290 | 1105 | 1110 | | |
| 18 | 2018010110 | 赵秋连 | 女 | 73 | 96 | 94 | 81 | 91 | 83 | 80 | 598 | 85 |
| 19 | 2018010101 | 曾小英 | 女 | 78 | 91 | 83 | 89 | 90 | 77 | 80 | 587 | 84 |
| 20 | 2018010102 | 黄芳萍 | 女 | 69 | 95 | 90 | 79 | 82 | 75 | 72 | 563 | 80 |
| 21 | 2018010103 | 刘珊凤 | 女 | 71 | 92 | 82 | 83 | 91 | 61 | 65 | 545 | 78 |
| 22 | 2018010107 | 韦露婷 | 女 | 73 | 87 | 82 | 77 | 85 | 71 | 80 | 554 | 79 |
| 23 | 2018010109 | 邓丽娟 | 女 | 67 | 97 | 95 | 78 | 82 | 77 | 75 | 571 | 82 |
| 24 | 2018010113 | 凌玉梅 | 女 | 80 | 97 | 86 | 82 | 76 | 76 | 76 | 573 | 82 |
| 25 | 2018010114 | 倪明艳 | 女 | 67 | 95 | 93 | 85 | 90 | 76 | 80 | 586 | 84 |
| 26 | 2018010116 | 马旋旋 | 女 | 84 | 96 | 84 | 88 | 89 | 76 | 76 | 593 | 85 |
| 27 | 2018010118 | 涂婕 | 女 | 78 | 93 | 87 | 86 | 93 | 64 | 83 | 583 | 83 |
| 28 | 2018010119 | 黄玉玲 | 女 | 77 | 95 | 78 | 81 | 88 | 77 | 75 | 570 | 81 |
| 29 | 2018010122 | 闭慧芳 | 女 | 78 | 84 | 87 | 58 | 86 | 75 | 71 | 540 | 77 |
| 30 | 2018010123 | 李金娥 | 女 | 45 | 73 | 80 | 78 | 70 | 33 | 62 | 440 | 63 |
| 31 | 2018010124 | 何玲玲 | 女 | 72 | 88 | 90 | 90 | 76 | 76 | 70 | 561 | 80 |
| 32 | 2018010125 | 黄秋堂 | 女 | 78 | 97 | 58 | 73 | 80 | 84 | 70 | 539 | 77 |
| 33 | | | 女 汇总 | 1090 | 1376 | 1268 | 1193 | 1282 | 1081 | 1112 | | |
| 34 | | | 总计 | 2201 | 2700 | 2508 | 2429 | 2572 | 2186 | 2222 | | |

图1-46 分类汇总结果

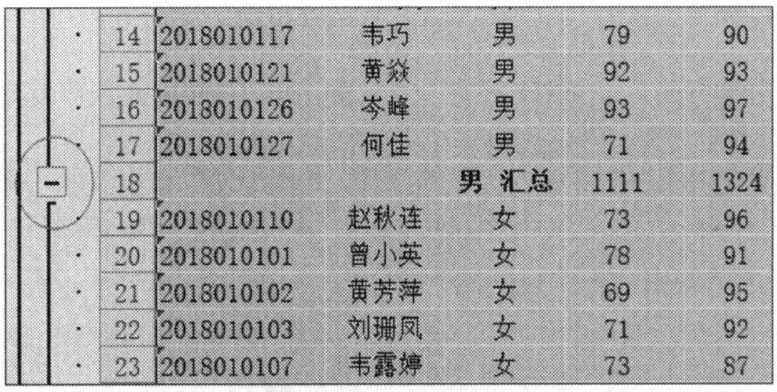

图 1-47 汇总收起

图 1-48 汇总数据

（3）按下"Ctrl"+"G"组合键，打开"定位"对话框，点击"定位条件"按钮，打开"定位条件"对话框，选择"可见单元格"，单击"确定"按钮，如图 1-49 和图 1-50 所示。

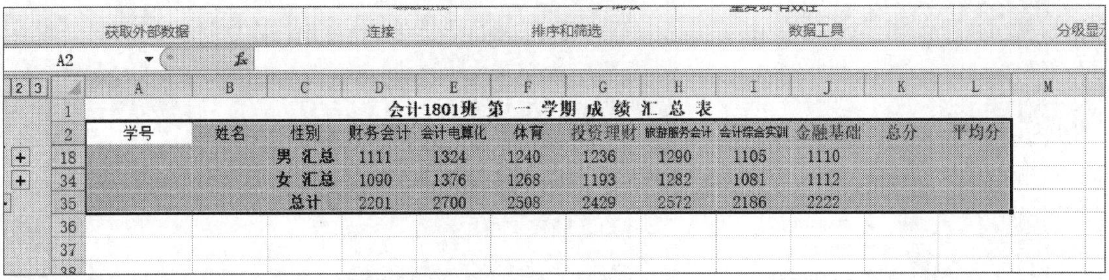

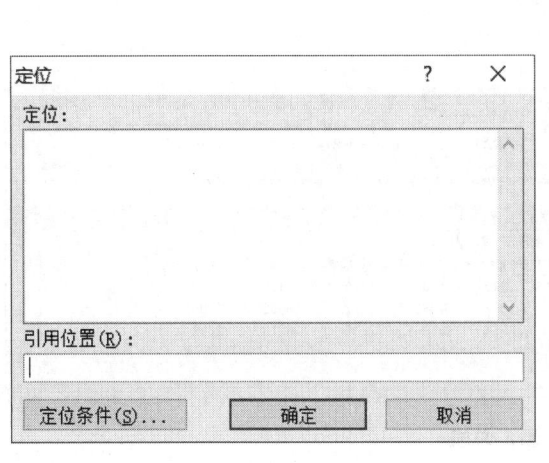

图 1-49 "定位"对话框

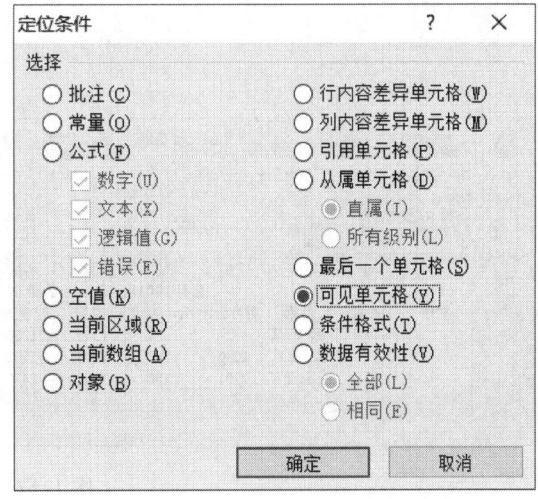

图 1-50 "定位条件"对话框

页面会呈现全选的状态，点击鼠标右键选择"复制"，打开一个新的工作表，点击鼠标右键选择"复制"，即可形成一张新的汇总表格，如图 1-51 和图 1-52 所示。

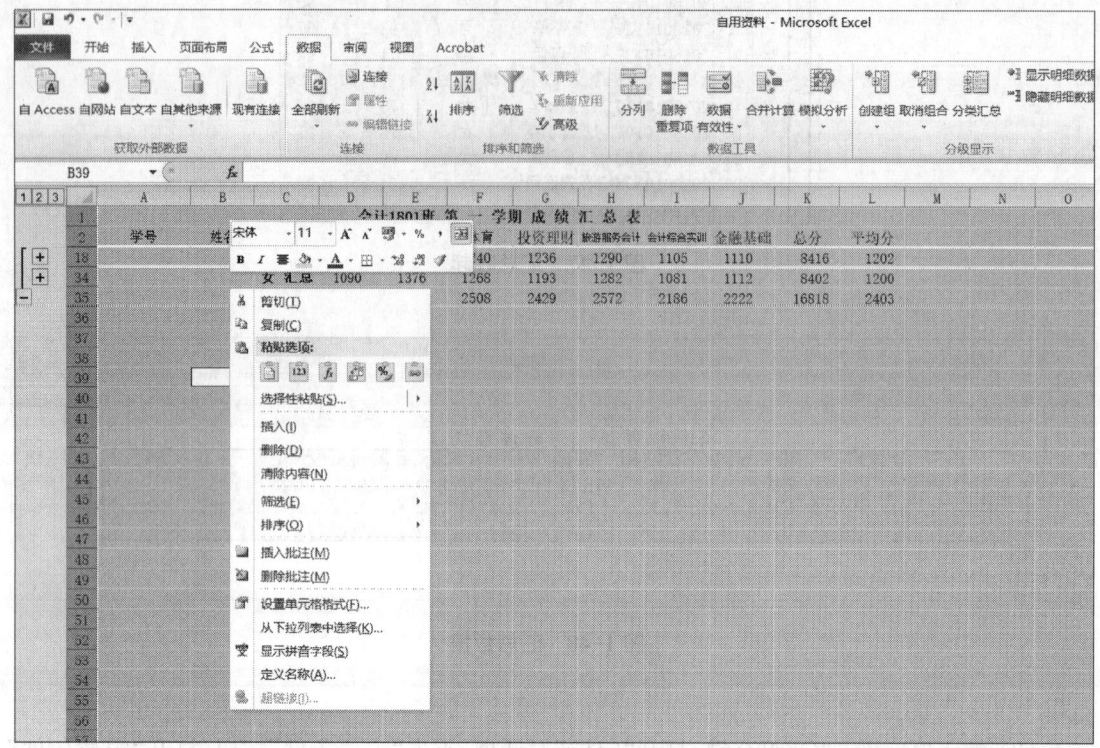

图 1-51　复制汇总表

图 1-52　新汇总表

选择单元格区域 C2：L4，单击"插入"选项卡，选择"图表"工具组中的"柱形图"，选择"二维柱形图"，即可插入图表，比较男、女生成绩情况，如图 1-53 和图 1-54 所示。

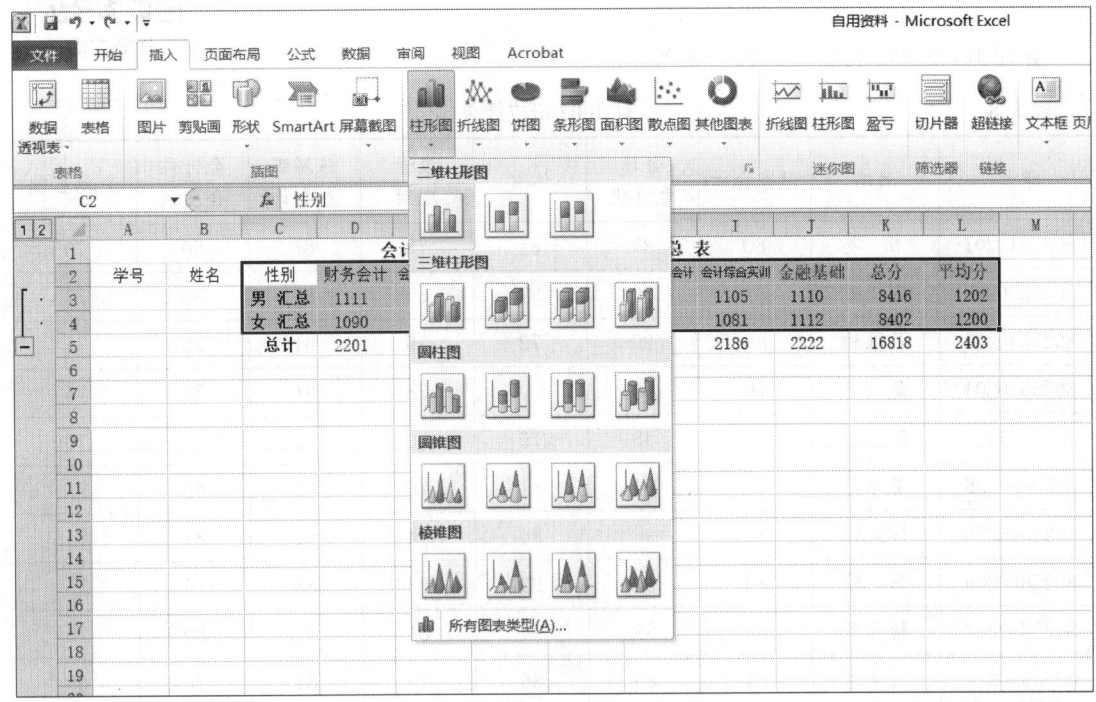

图 1-53 柱形图下拉框

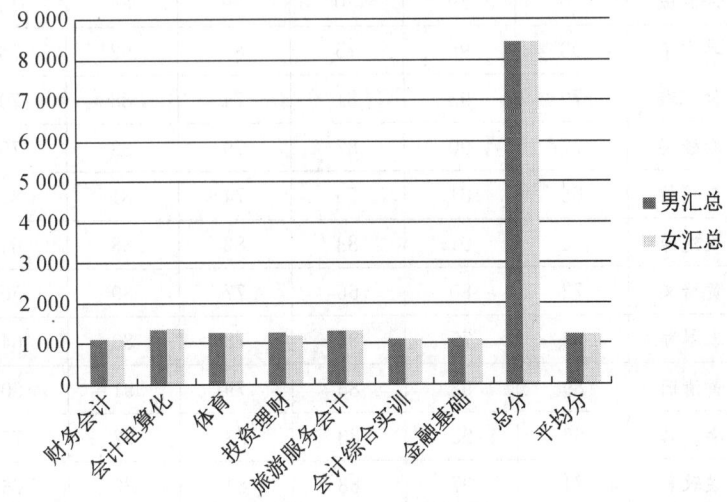

图 1-54 二维柱形图

## 模块测试

参考答案

会计1802班的成绩单如表1-8所示。

表1-8　　　　　　　　　　会计1802班成绩单

| 学号 | 姓名 | 财务会计 | 会计电算化 | 体育 | 投资理财 | 旅游服务会计 | 会计综合实训 | 金融基础 |
|---|---|---|---|---|---|---|---|---|
| 8025510201 | 韦 英 | 80 | 87 | 81 | 75 | 87 | 80 | 70 |
| 8025530202 | 周晓芳 | 82 | 96 | 87 | 80 | 85 | 80 | 77 |
| 8025540203 | 吴桂柳 | 85 | 89 | 72 | 79 | 91 | 75 | 71 |
| 8025550204 | 吴 恋 | 76 | 96 | 70 | 78 | 91 | 78 | 75 |
| 8025570205 | 张 丽 | 76 | 93 | 76 | 80 | 81 | 75 | 70 |
| 8025600206 | 黄春花 | 79 | 91 | 81 | 76 | 92 | 66 | 75 |
| 8025640208 | 谭惠敏 | 88 | 96 | 84 | 74 | 94 | 84 | 81 |
| 8025660209 | 覃 桢 | 80 | 97 | 93 | 83 | 88 | 75 | 75 |
| 8025680210 | 杨雪凤 | 83 | 83 | 94 | 81 | 91 | 80 | 75 |
| 8025690211 | 刘慧倩 | 85 | 86 | 86 | 79 | 84 | 76 | 66 |
| 8025700212 | 孔凡梅 | 82 | 69 | 83 | 81 | 92 | 82 | 75 |
| 8025710213 | 苏开薇 | 83 | 98 | 85 | 81 | 96 | 79 | 75 |
| 8025720214 | 梁诗敏 | 83 | 92 | 85 | 75 | 95 | 76 | 75 |
| 8025740215 | 许丽敏 | 70 | 89 | 80 | 79 | 84 | 76 | 70 |
| 8025750216 | 卓少华 | 93 | 98 | 75 | 81 | 92 | 76 | 78 |
| 8025790217 | 付 璇 | 79 | 93 | 81 | 74 | 88 | 70 | 71 |
| 8025800218 | 谢桂英 | 77 | 90 | 87 | 79 | 88 | 79 | 76 |
| 8025820219 | 韦 柳 | 68 | 81 | 75 | 74 | 81 | 81 | 67 |
| 8025840220 | 梁建萍 | 64 | 91 | 83 | 82 | 88 | 64 | 75 |
| 8025850221 | 黄绪文 | 72 | 80 | 66 | 77 | 89 | 50 | 70 |
| 8025900222 | 零翠萍 | 63 | 75 | 86 | 78 | 80 | 64 | 75 |
| 8025910223 | 黄清丽 | 89 | 98 | 85 | 79 | 91 | 80 | 75 |
| 8025920224 | 李 露 | 66 | 93 | 83 | 83 | 92 | 75 | 70 |
| 8025940226 | 梁敏莉 | 71 | 97 | 83 | 84 | 80 | 76 | 63 |
| 8025950227 | 梁北妹 | 78 | 87 | 91 | 80 | 80 | 66 | 66 |
| 8025960228 | 陈 芳 | 58 | 81 | 81 | 77 | 87 | 75 | 71 |

(续表)

| 学号 | 姓名 | 财务会计 | 会计电算化 | 体育 | 投资理财 | 旅游服务会计 | 会计综合实训 | 金融基础 |
|---|---|---|---|---|---|---|---|---|
| 8025990230 | 谢秦花 | 57 | 90 | 82 | 78 | 90 | 77 | 70 |
| 8026000231 | 张艳丽 | 76 | 93 | 87 | 79 | 89 | 76 | 75 |
| 8026010232 | 周日娇 | 64 | 89 | 67 | 76 | 76 | 60 | 63 |
| 8026020233 | 黄彩艳 | 69 | 85 | 70 | 74 | 78 | 80 | 62 |
| 8026060234 | 韦 莹 | 69 | 89 | 82 | 76 | 90 | 71 | 70 |
| 8026110235 | 刘春芳 | 71 | 95 | 85 | 74 | 78 | 80 | 65 |

要求：

(1) 完成成绩单的录入，并计算出每个同学的"总分""平均分""名次"。

(2) 根据表1-9所给的奖学金评选规则，筛选出该份成绩单中能获得奖学金的同学，并确定其奖励级别和金额。

表1-9　　　　　　　　　　奖学金评选规则

| 序号 | 奖励级别 | 奖励范围 | 奖金数 |
|---|---|---|---|
| 1 | 一等奖学金 | 总平均分在90分以上，每个单科成绩都在85分以上 | ￥1 000.00 |
| 2 | 二等奖学金 | 总平均分在80分以上，每个单科成绩都在75分以上 | ￥500.00 |
| 3 | 三等奖学金 | 总平均分在75分以上，每个单科成绩都在70分以上 | ￥300.00 |

# 模块 2

# 会计核算应用

[考核目标]
1. 运用 Excel 表格功能建立会计凭证和账表样式框架。
2. 运用 Excel 表格公式建立简捷账务处理数据联动系统。

[实践目标]
1. 理解从经济业务发生到生成会计报表数据间内在关联的关系。
2. 掌握利用 Excel 表格功能来建立会计凭证和账表样式框架的操作方法。
3. 掌握利用 Excel 表格公式来实现简捷账务处理数据联动系统的设置方法。

[知识点思维导图]

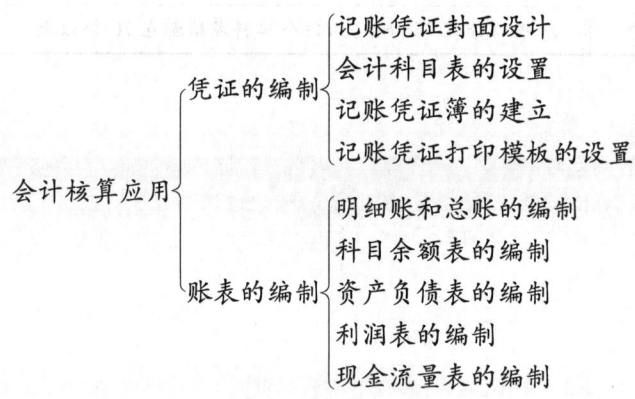

## 任务 2.1 凭证的编制

### 活动 2.1.1 记账凭证封面设计

#### 一、知识要点

记账凭证封面用于凭证册的保管和信息记录。记账凭证封面的完整填写,便于让工作人员在日后的工作中进行凭证的查阅,找到相关的凭证。此任务需在 Excel 工作簿中编制记账凭证封面。

## 二、岗位任务

设计一张记账凭证封面,如图 2-1 所示。

|  | A | B | C | D | E | F | G | H | I | J | K |
|---|---|---|---|---|---|---|---|---|---|---|---|
| 1 | | | | | | | | | | | |
| 2 | | | | | | 记账凭证 | | | | | |
| 3 | | | | | | | | | | | |
| 4 | | 单位名称 | | | | | | | | | |
| 5 | | 凭证类别 | □ | 收款凭证 | | □ | 付款凭证 | | □ | 转账凭证 | | □ | 通用凭证 |
| 6 | | 凭证起止时间 | 自 | | 年 | | 月 | | 日 | 至 | 年 | 月 | 日 |
| 7 | | 凭证册数 | 本月共 | | | 册 | | | 本册是 | | 册 | |
| 8 | | 凭证号数 | 本册自第 | | | 号至第 | | | 号 | 本册共有 | | 号 | |
| 9 | | 财务主管 | | | | | 经办会计 | | | | |
| 10 | | 保管年限 | | | | | 装订人 | | | | |

图 2-1 记账凭证封面

## 三、操作步骤

操作步骤如下:

(1)建立"会计核算应用"工作簿,修改"sheet1"的工作表名为"记账凭证封面"。

(2)选中单元格区域 B2:J3,单击"开始"选项卡上"合并后居中"按钮("□"图标),在该区域录入"记账凭证"字样,并将字体设置为宋体、18 号字、加粗,如图 2-2 所示。

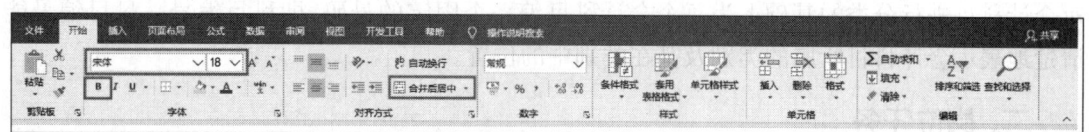

图 2-2 "开始"选项卡设置

(3)依次在单元格 B4 至 B10 录入"单位名称""凭证类别""凭证起止时间""凭证册数""凭证号数""财务主管""保管年限"等字样;然后选中表格第 4 至第 10 行,在该区域点击鼠标右键点击"行高"选项,设置行高"35",之后点击"确定"按钮,如图 2-3 所示。接着选中表格 B 列,在该区域点击鼠标右键,点击"列宽"选项,设置列宽"15",之后点击"确定"按钮。

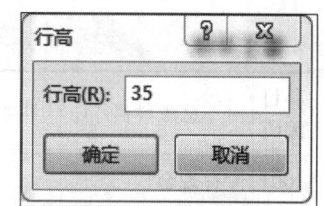

图 2-3 行高设置

(4)在"凭证类别"行的单元格 C5 点击"插入"选项卡中的"符号",在子集下拉列表选中

"几何图形符",选取"□"符号,之后点击"插入"按钮,如图2-4所示。

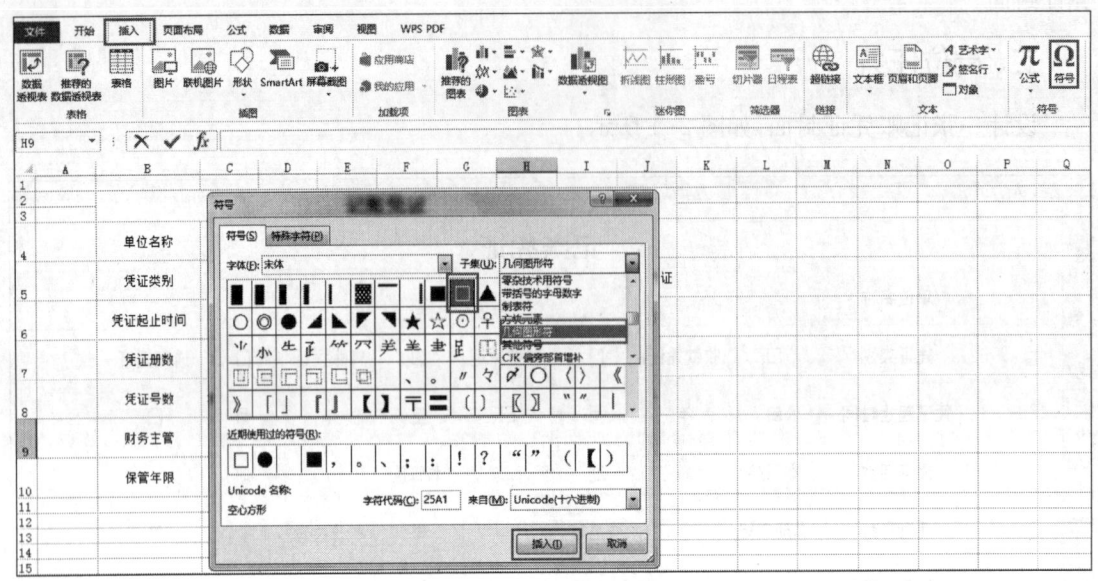

图 2-4　几何图形符设置

（5）参照图 2-1,依照上述方法录入记账凭证封面的其他内容,录入完后选中单元格区域 B2:J10,单击"开始"选项卡上"居中"按钮（" "图标）。

## 活动 2.1.2　会计科目表的设置

### 一、知识要点

会计科目表是指按照经济业务的内容和经济管理的要求,对会计要素的具体内容进行分类核算的会计科目所构成的集合。为了便于编制记账凭证、登记账簿、查阅账目,用户还应在对会计科目进行分类的基础上为每个会计科目编一个固定的号码,即科目编号。科目编号能清楚地表示会计科目所属的类别及其在类别中的位置。

### 二、岗位任务

设计一张会计科目表,如表 2-1 所示。

表 2-1　　　　　　　　　　　　会计科目表

| 科目编码 | 总账科目 | 明细1 | 明细2 | 明细3 | 明细4 | 明细5 | 明细6 | 明细7 | 明细8 |
| --- | --- | --- | --- | --- | --- | --- | --- | --- | --- |
| 1001 | 库存现金 | | | | | | | | |
| 1002 | 银行存款 | 交通银行 | 建设银行 | | | | | | |
| 1015 | 其他货币资金 | 银行本票 | | | | | | | |

(续表)

| 科目编码 | 总账科目 | 明细1 | 明细2 | 明细3 | 明细4 | 明细5 | 明细6 | 明细7 | 明细8 |
|---|---|---|---|---|---|---|---|---|---|
| 1101 | 交易性金融资产 | | | | | | | | |
| 1121 | 应收票据 | | | | | | | | |
| 1122 | 应收账款 | 公司一 | 公司二 | | | | | | |
| 1123 | 预付账款 | | | | | | | | |
| 1131 | 应收股利 | | | | | | | | |
| 1231 | 其他应收款 | | | | | | | | |
| 1241 | 坏账准备 | | | | | | | | |
| 1401 | 材料采购 | | | | | | | | |
| 1403 | 原材料 | A材料 | B材料 | | | | | | |
| 1404 | 材料成本差异 | | | | | | | | |
| 1406 | 库存商品 | 甲产品 | 乙产品 | | | | | | |
| 1407 | 发出商品 | | | | | | | | |
| 1411 | 周转材料 | 纸箱 | 尼龙绳 | | | | | | |
| 1481 | 持有待售资产 | | | | | | | | |
| 1505 | 债权投资 | | | | | | | | |
| 1506 | 债权投资减值准备 | | | | | | | | |
| 1507 | 其他债权投资 | | | | | | | | |
| 1511 | 长期股权投资 | | | | | | | | |
| 1528 | 其他权益工具投资 | | | | | | | | |
| 1601 | 固定资产 | | | | | | | | |
| 1602 | 累计折旧 | | | | | | | | |
| 1606 | 固定资产清理 | | | | | | | | |
| 1701 | 无形资产 | | | | | | | | |
| 1702 | 累计摊销 | | | | | | | | |
| 1801 | 长期待摊费用 | | | | | | | | |
| 1811 | 递延所得税资产 | | | | | | | | |
| 1901 | 待处理财产损溢 | | | | | | | | |
| 2001 | 短期借款 | | | | | | | | |

(续表)

| 科目编码 | 总账科目 | 明细1 | 明细2 | 明细3 | 明细4 | 明细5 | 明细6 | 明细7 | 明细8 |
|---|---|---|---|---|---|---|---|---|---|
| 2201 | 应付票据 | | | | | | | | |
| 2202 | 应付账款 | 企业一 | 企业二 | | | | | | |
| 2205 | 预收账款 | | | | | | | | |
| 2211 | 应付职工薪酬 | 工资 | 应付福利费 | 社会保险 | 公积金 | 教育经费 | 工会经费 | | |
| 2221 | 应交税费 | 应交增值税（进项税额） | 应交增值税（销项税额） | 应交增值税（转出增值税） | 未交增值税 | 应交城市维护建设税 | 应交教育费附加 | 应交地方教育费附加 | 应交个人所得税 |
| 2232 | 应付利息 | | | | | | | | |
| 2241 | 其他应付款 | | | | | | | | |
| 2245 | 持有待售负债 | | | | | | | | |
| 2601 | 长期借款 | | | | | | | | |
| 2602 | 应付债券 | | | | | | | | |
| 2901 | 递延所得税负债 | | | | | | | | |
| 4001 | 实收资本 | | | | | | | | |
| 4002 | 资本公积 | | | | | | | | |
| 4101 | 盈余公积 | | | | | | | | |
| 4103 | 本年利润 | | | | | | | | |
| 4104 | 利润分配 | 未分配利润 | | | | | | | |
| 4105 | 其他综合收益 | | | | | | | | |
| 4106 | 其他权益工具 | | | | | | | | |
| 4301 | 专项储备 | | | | | | | | |
| 5001 | 生产成本 | 直接材料 | 直接人工 | 制造费用 | | | | | |
| 5101 | 制造费用 | | | | | | | | |
| 6001 | 主营业务收入 | 甲产品 | 乙产品 | | | | | | |
| 6051 | 其他业务收入 | | | | | | | | |
| 6111 | 投资损益 | | | | | | | | |
| 6301 | 营业外收入 | | | | | | | | |
| 6401 | 主营业务成本 | 甲产品 | 乙产品 | | | | | | |

(续表)

| 科目编码 | 总账科目 | 明细1 | 明细2 | 明细3 | 明细4 | 明细5 | 明细6 | 明细7 | 明细8 |
|---|---|---|---|---|---|---|---|---|---|
| 6402 | 其他业务成本 | | | | | | | | |
| 6403 | 税金及附加 | | | | | | | | |
| 6601 | 销售费用 | | | | | | | | |
| 6602 | 管理费用 | 办公费 | 其他 | | | | | | |
| 6603 | 财务费用 | 手续费 | 利息收入 | | | | | | |
| 6711 | 营业外支出 | | | | | | | | |
| 6801 | 所得税费用 | | | | | | | | |

### 三、操作步骤

为了凭证录入的准确和快捷，我们应建立"会计科目表"，并且以列表的形式直接录入记账凭证簿。

操作步骤如下：

（1）在"会计核算应用"工作簿中，修改"sheet2"工作表名为"会计科目表"，在单元格区域B2:K66依次录入如图2-5所示内容。

| | A | B | C | D | E | F | G | H | I | J | K |
|---|---|---|---|---|---|---|---|---|---|---|---|
| 1 | | | | | | | | | | | |
| 2 | | 科目编码 | 总账科目 | 明细1 | 明细2 | 明细3 | 明细4 | 明细5 | 明细6 | 明细7 | 明细8 |
| 3 | | 1001 | 库存现金 | | | | | | | | |
| 4 | | 1002 | 银行存款 | 交通银行 | 建设银行 | | | | | | |
| 5 | | 1015 | 其他货币资金 | 银行本票 | | | | | | | |
| 6 | | 1101 | 交易性金融资产 | | | | | | | | |
| 7 | | 1121 | 应收票据 | | | | | | | | |
| 8 | | 1122 | 应收账款 | A公司 | B公司 | | | | | | |
| 9 | | 1123 | 预付账款 | | | | | | | | |
| 10 | | 1131 | 应收股利 | | | | | | | | |
| 11 | | 1231 | 其他应收款 | | | | | | | | |
| 12 | | 1241 | 坏账准备 | | | | | | | | |
| 13 | | 1401 | 材料采购 | | | | | | | | |
| 14 | | 1403 | 原材料 | A材料 | B材料 | | | | | | |
| 15 | | 1404 | 材料成本差异 | | | | | | | | |
| 16 | | 1406 | 库存商品 | 甲产品 | 乙产品 | | | | | | |
| 17 | | 1407 | 发出商品 | | | | | | | | |
| 18 | | 1411 | 周转材料 | 纸箱 | 尼龙绳 | | | | | | |
| 19 | | 1481 | 持有待售资产 | | | | | | | | |
| 20 | | 1505 | 债权投资 | | | | | | | | |

图2-5　会计科目表

（2）为使在后续录入"记账凭证簿"中输入总账科目后可采用下拉选项方式录入明细科目，需先将明细科目定义名称，名称为其所属的总账科目名称。选中会计科目全部单元格区域C2:K66，单击"公式"选项卡上"名称管理器"组中的"根据所选的内容创建"按钮（"根据所选内容创建"图标），如图2-6所示，选择"最左列"后，单击"确定"按钮即可。

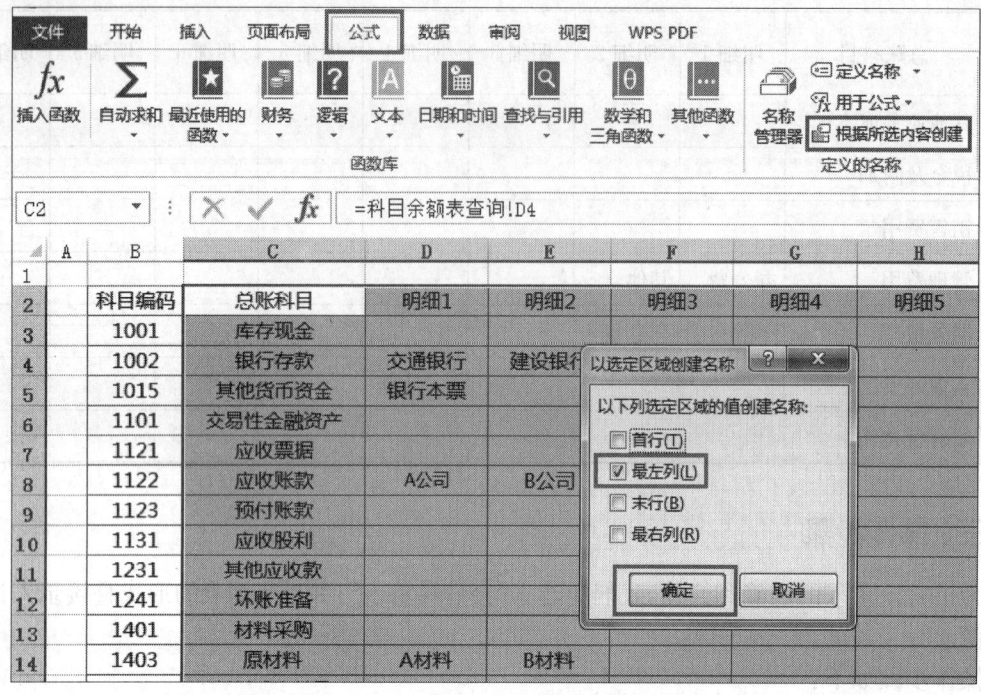

图 2-6　明细科目的定义名称

## 活动 2.1.3　记账凭证簿的建立

### 一、知识要点

记账凭证是将各项经济业务发生后所产生的内容纷繁复杂、格式不一的原始凭证用会计语言进行统一的记账依据,是为后续账簿和报表编制的数据来源。在实务工作中,记账凭证必须经过审核、记账等程序才能用于登记账簿和编制报表。此任务需在 Excel 工作簿中运用公式设置完成的简易快捷账务处理系统。

本任务所涉及的函数主要有 COUNTIF 函数和 INDIRECT 函数。由于 COUNTIF 函数已在任务 1.5 中予以介绍,此处仅介绍 INDIRECT 函数。

(一) 概念

INDIRECT 函数为间接引用,对引用立即进行计算,并显示其内容。当需要更改公式中单元格的引用,而不更改公式本身时,使用此函数。

(二) 使用介绍

语法：INDIRECT(ref_text,[a1])。其中：

ref_text 为对单元格的引用,此单元格可以包含 A1-样式的引用、R1C1-样式的引用、定义为引用的名称或对文本字符串单元格的引用。如果 ref_text 不是合法的单元格的引用,函数 INDIRECT 返回错误值"♯REF!"或"♯NAME?"。如果 ref_text 是对另一个工作簿的引用(外部引用),则工作簿必须被打开。如果源工作簿没有打开,函数 INDIRECT 返回错误值

#REF!。

a1 为一逻辑值,指明包含在单元格 ref_text 中的引用的类型。如果 a1 为 TRUE 或省略,ref_text 被解释为 A1-样式的引用;如果 a1 为 FALSE,ref_text 被解释为 R1C1-样式的引用。

## 二、岗位任务

某企业 20××年 1 月发生的经济业务如下:

(1) 1 日,从交通银行提取备用金 2 500 元。
(2) 2 日,向 A 公司销售甲产品一批,开出的增值税专用发票上注明的价款为 20 000 元,增值税额为 2 600 元,款项尚未收到。
(3) 5 日,购入 B 材料一批,增值税专用发票上注明的价款为 12 000 元,增值税额为 1 560 元,材料已验收入库,全部款项以交通银行存款支付。
(4) 10 日,管理部门采购办公用品一批,以现金支付采购款 500 元。
(5) 12 日,收到 A 公司前欠采购款 22 600 元,款项已存入交通银行。
(6) 15 日,以交通银行存款支付上月职工薪酬 16 500 元。
(7) 18 日,购入软件升级包一套,以交通银行存款支付货款 12 000 元。
(8) 22 日,收到交通银行存款结息 50 元。
(9) 31 日,结转本月未交增值税。
(10) 31 日,结转本月期间损益。

要求:根据以上经济业务完成记账凭证簿的登记。

## 三、操作步骤

操作步骤如下:

(1) 修改"sheet3"工作表名为"记账凭证簿"。在工作表中选择单元格区域 B1:N1,单击"开始"选项卡中"合并后居中"按钮,在此区域输入"记账凭证簿"字样并加粗;自单元格 B2 起依次录入表格表头项目后,选中单元格区域 B2:N29,单击"开始"选项卡中"边框"下拉按钮,选择"所有框线"选项,如图 2-7 所示。

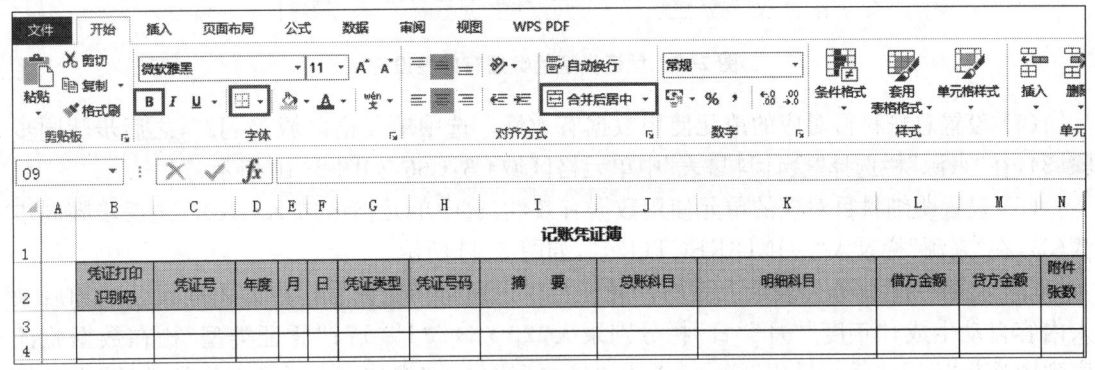

图 2-7 记账凭证簿标题及表头设置

(2) 设置"凭证打印识别码"和"凭证号"。设置"凭证打印识别码"是为方便后续凭证查询和打印而建立的定位字段,选择单元格 B3,输入公式"=C3&COUNTIF($C$3:C3,C3)"。设置"凭证号"是同一张凭证的标志,也是"凭证打印识别码"生成的过渡字段,选择单元格 C3,输入公式"=D3&E3&G3&H3"。然后选中单元格区域 B3:C3,用鼠标向下拖拽,使上述两公式覆盖单元格区域 B3:C29。

(3) 设置凭证类型对应的单元使用数据有效性。选中单元格区域 G3:G27,单击"数据"选项卡上"数据验证",在其窗口"设置"选项卡"允许"栏下选择"序列"选项,在"来源"栏录入"收,付,转,记",如图 2-8 和图 2-9 所示。

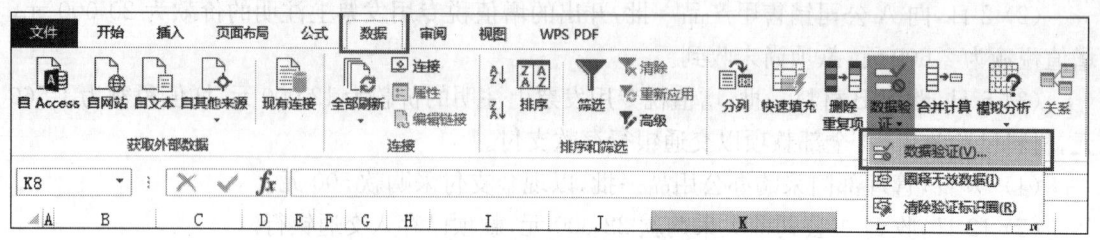

图 2-8　数据验证设置

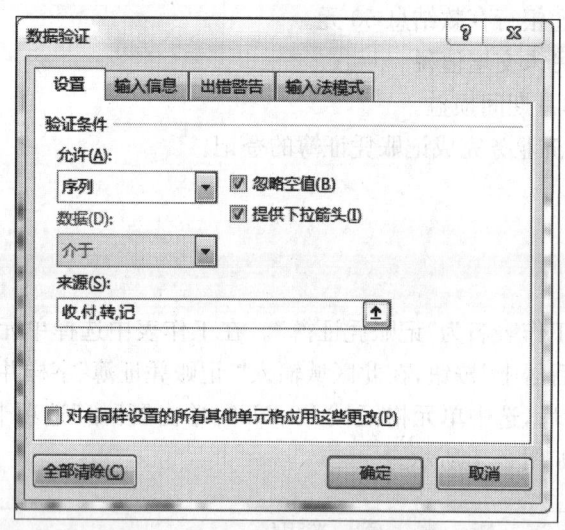

图 2-9　凭证类型的数据有效性设定

(4) 设置总账科目对应的单元使用数据有效性。选中单元格区域 J3:J27,之后步骤同步骤(3),在"来源"栏选择"会计科目表"中单元格区域 C3:C66,如图 2-10 所示。

(5) 设置明细科目对应的单元使用数据有效性,选中单元格区域 K3:K27,之后步骤同步骤(3),在"来源"栏录入"=INDIRECT(J3)",如图 2-11 所示。

(6) 将第一笔业务分录录入表格。凭证打印识别码和凭证号栏内容由前设公式和后录入内容自动生成;"年度""月""日"栏分别录入"20××""1""1";"凭证类型"栏在数据验证序列中选择"记";"凭证号码"栏录入"1";"摘要"栏录入"提取备用金";"总账科目"栏在数据验证序列中分别选择"库存现金""银行存款",且"银行存款"的明细科目在数据验证序列中选择"交通银行";"借方金额""贷方金额"栏根据总账科目性质分别录入"2 500";"附件张数"栏录入"1"。

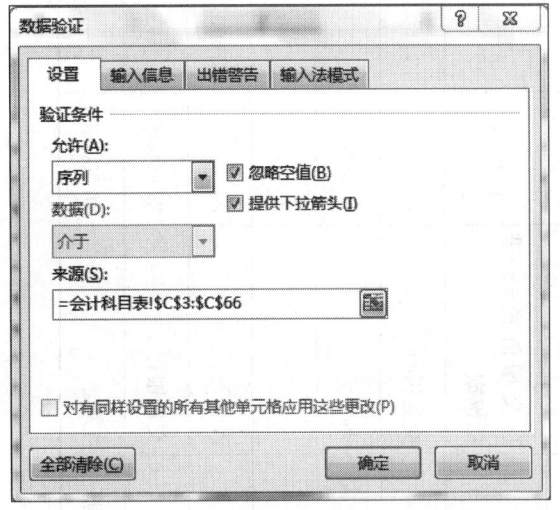

图 2-10　总账科目的数据有效性设定

图 2-11　明细科目的数据有效性设定

（7）在录入贷方行时,"年度""月""日""凭证类型""凭证号码""摘要""借方金额""贷方金额""附件张数"等栏可采用"="号来获取与上行重复的数据。参照表 2-2,根据上述步骤完成本月业务的会计分录录入。

（8）继续录入表 2-2,注意使用"="（获取）和下拉菜单进行录入,录入完成后可在"公式"选项卡中点击"显示公式"来查看公式设置效果,如图 2-12 所示。

图 2-12　记账凭证公式设置

表 2-2　记账凭证簿

| 凭证打印识别码 | 凭证号 | 年度 | 月 | 日 | 凭证类型 | 凭证号码 | 摘要 | 总账科目 | 明细科目 | 借方金额 | 贷方金额 | 附件张数 |
|---|---|---|---|---|---|---|---|---|---|---|---|---|
| 20××1记11 | 20××1记1 | 20×× | 1 | 1 | 记 | 1 | 提取备用金 | 库存现金 | | 2 500.00 | | 1 |
| 20××1记12 | 20××1记1 | 20×× | 1 | 1 | 记 | 1 | 提取备用金 | 银行存款 | 交通银行 | | 2 500.00 | 1 |
| 20××1记21 | 20××1记2 | 20×× | 1 | 2 | 记 | 2 | 销售商品款未收 | 应收账款 | A公司 | 22 600.00 | | 3 |
| 20××1记22 | 20××1记2 | 20×× | 1 | 2 | 记 | 2 | 销售商品款未收 | 主营业务收入 | 甲产品 | | 20 000.00 | 3 |
| 20××1记23 | 20××1记2 | 20×× | 1 | 2 | 记 | 2 | 销售商品款未收 | 应交税费 | 应交增值税——销项税额 | | 2 600.00 | 3 |
| 20××1记31 | 20××1记3 | 20×× | 1 | 5 | 记 | 3 | 采购原材料 | 原材料 | B材料 | 12 000.00 | | 4 |
| 20××1记32 | 20××1记3 | 20×× | 1 | 5 | 记 | 3 | 采购原材料 | 应交税费 | 应交增值税——进项税额 | 1 560.00 | | 4 |
| 20××1记33 | 20××1记3 | 20×× | 1 | 5 | 记 | 3 | 采购原材料 | 银行存款 | 交通银行 | | 13 560.00 | 4 |
| 20××1记41 | 20××1记4 | 20×× | 1 | 10 | 记 | 4 | 购买办公用品 | 管理费用 | 办公费 | 500.00 | | 2 |
| 20××1记42 | 20××1记4 | 20×× | 1 | 10 | 记 | 4 | 购买办公用品 | 库存现金 | | | 500.00 | 2 |
| 20××1记51 | 20××1记5 | 20×× | 1 | 12 | 记 | 5 | 收回前欠货款 | 应收账款 | A公司 | | 22 600.00 | 1 |
| 20××1记52 | 20××1记5 | 20×× | 1 | 12 | 记 | 5 | 收回前欠货款 | 银行存款 | 交通银行 | 22 600.00 | | 1 |
| 20××1记61 | 20××1记6 | 20×× | 1 | 15 | 记 | 6 | 支付上月工资 | 应付职工薪酬 | 工资 | 16 500.00 | | 2 |

(续表)

| 凭证打印识别码 | 凭证号 | 年度 | 月 | 日 | 凭证类型 | 凭证号码 | 摘要 | 总账科目 | 明细科目 | 借方金额 | 贷方金额 | 附件张数 |
|---|---|---|---|---|---|---|---|---|---|---|---|---|
| 20××1记62 | 20××1记6 | 20×× | 1 | 15 | 记 | 6 | 支付上月工资 | 银行存款 | 交通银行 | | 16 500.00 | 2 |
| 20××1记71 | 20××1记7 | 20×× | 1 | 18 | 记 | 7 | 购买软件升级包 | 无形资产 | | 12 000.00 | | 5 |
| 20××1记72 | 20××1记7 | 20×× | 1 | 18 | 记 | 7 | 购买软件升级包 | 银行存款 | 交通银行 | | 12 000.00 | 5 |
| 20××1记81 | 20××1记8 | 20×× | 1 | 22 | 记 | 8 | 利息收入 | 财务费用 | 利息收入 | | 50.00 | 1 |
| 20××1记82 | 20××1记8 | 20×× | 1 | 22 | 记 | 8 | 利息收入 | 银行存款 | 交通银行 | 50.00 | | 1 |
| 20××1记91 | 20××1记9 | 20×× | 1 | 31 | 记 | 9 | 结转销售成本 | 主营业务成本 | 甲产品 | 13 000.00 | | 1 |
| 20××1记92 | 20××1记9 | 20×× | 1 | 31 | 记 | 9 | 结转销售成本 | 库存商品 | 甲产品 | | 13 000.00 | 1 |
| 20××1记101 | 20××1记10 | 20×× | 1 | 31 | 记 | 10 | 结转增值税 | 应交税费 | 应交增值税——转出未交增值税 | 1 040.00 | | 1 |
| 20××1记102 | 20××1记10 | 20×× | 1 | 31 | 记 | 10 | 结转增值税 | 应交税费 | 未交增值税 | | 1 040.00 | 1 |
| 20××1记111 | 20××1记11 | 20×× | 1 | 31 | 记 | 11 | 结转期间损益 | 主营业务收入 | 甲产品 | 20 000.00 | | 0 |
| 20××1记112 | 20××1记11 | 20×× | 1 | 31 | 记 | 11 | 结转期间损益 | 主营业务成本 | 甲产品 | | 13 000.00 | 0 |
| 20××1记113 | 20××1记11 | 20×× | 1 | 31 | 记 | 11 | 结转期间损益 | 管理费用 | 办公费 | | 500.00 | 0 |
| 20××1记114 | 20××1记11 | 20×× | 1 | 31 | 记 | 11 | 结转期间损益 | 财务费用 | 利息收入 | 50.00 | | 0 |
| 20××1记115 | 20××1记11 | 20×× | 1 | 31 | 记 | 11 | 结转期间损益 | 本年利润 | | | 6 550.00 | 0 |

## 活动 2.1.4　记账凭证打印模板的设置

### 一、知识要点

根据财政部、国家档案局财会字〔1998〕32 号文件,1999 年 1 月 1 日起施行的《会计档案管理办法》规定,采用电子计算机进行会计核算的单位,不仅要保存电子会计数据,而且应当保存打印出的纸质会计档案,因此需要设置出一份记账凭证打印模板方便打印。

本任务涉及的函数及其说明如下。

**(一) IF 函数**

1. 概念

IF 函数是一个条件函数,根据指定的条件来判断其"真"(TRUE)"假"(FALSE),从而返回相应的内容对数值和公式进行条件检测。该函数的语法规则如下:

2. 使用介绍

(1) 语法:IF(logical_test,value_if_true,value_if_false)。其中:

logical_test 表示计算结果为 TRUE 或 FALSE 的任意值或表达式。

value_if_true 表示 logical_test 为 TRUE 时返回的值。

value_if_false 表示 logical_test 为 FALSE 时返回的值。

(2) 说明:IF 函数在 Excel 2003 中可以嵌套 7 层,在 Excel 2007 中可以嵌套 64 层,用 value_if_false 及 value_if_true 参数可以构造复杂的检测条件。

**(二) VLOOKUP 函数**

1. 概念

VLOOKUP 函数是一个纵向查找函数,可以用来核对数据,多个表格之间快速导入数据等函数功能,功能是按列查找,最终返回该列所需查询序列所对应的值。

2. 使用介绍

语法:VLOOKUP(lookup_value,table_array,col_index_num,range_lookup)。其中:

lookup_value 为需要在数据表第一列中进行查找的数值。其可以为数值、引用或文本字符串。

table_array 为需要在其中查找数据的数据表。其可用于对区域或区域名称的引用。

col_index_num 为查找数据的数据列序号。col_index_num 为 1 时,返回 table_array 第一列的数值,以此类推。

range_lookup 为一逻辑值,指明函数 VLOOKUP 查找时是精确匹配,还是近似匹配。如果为 FALSE 或 0,则返回精确匹配,如果找不到,则返回错误值 ♯N/A。如果 range_lookup 为 TRUE 或 1,函数 VLOOKUP 将查找近似匹配值,也就是说,如果找不到精确匹配值,则返回小于 lookup_value 的最大数值。如果 range_lookup 省略,则默认为 1。

**(三) IFERROR 函数**

1. 概念

IFERROR 函数用来捕获和处理公式中的错误。如果公式的计算结果为错误,则返回指定的值;否则,将返回公式的结果。

2. 使用介绍

(1) 语法:IFERROR(value,value_if_error)。其中:

value 为必填项,检查是否存在错误的参数。

value_if_error 为必填项,公式的计算结果为错误时要返回的值。

(2) 说明:计算得到的错误类型有♯N/A、♯VALUE!、♯REF!、♯DIV/0!、♯NUM!、♯NAME?、♯NULL!。其含义分别为:

♯N/A 为函数或公式中没有可用数值。

♯VALUE! 为使用错误的参数或运算对象类型时,或者当公式自动更正功能不能更正公式。

♯REF! 为删除由其他公式引用的单元格,或将移动单元格粘贴到由其他公式引用的单元格中。当单元格引用无效时将产生错误值。

♯DIV/0! 为当公式被零除时。

♯NUM! 为当公式或函数中某个数字有问题时。

♯NAME? 为当公式或函数无法识别公式中的文本时。

♯NULL! 为使用了不正确的区域运算符或不正确的单元格引用,当试图为两个并不相交的区域指定交叉点时。

(四) SUMIFS 函数

1. 概念

SUMIFS 函数用于对一组给定条件指定的单元格进行求和。

2. 使用介绍

(1) 语法:SUMIFS(sum_range,criteria_range1,criteria1,[criteria_range2,criteria2]...)。其中:

sum_range 是所要求和的范围。

criteria_range1 是条件的范围。

criteria1 是条件。

(2) 说明:后面的条件范围和条件可以增加。

## 二、岗位任务

设置一份记账凭证打印模板,如图 2-13 所示。

## 三、操作步骤

操作步骤如下:

(1) 新建一个工作表"sheet4",并将其命名为修改"凭证打印模板",参照图 2-14,在单元格区域 C3:O13 录入记账凭证内容,并设置为记账凭证打印模板样式。

(2) 为了校验凭证的借贷平衡,在单元格 C2 录入"注意:"字样,在单元格 E2 录入公式"=IF(AND(I12=0,K12=0),"未有数据",IF(I12<>K12,"借贷未平","借贷平衡"))"。

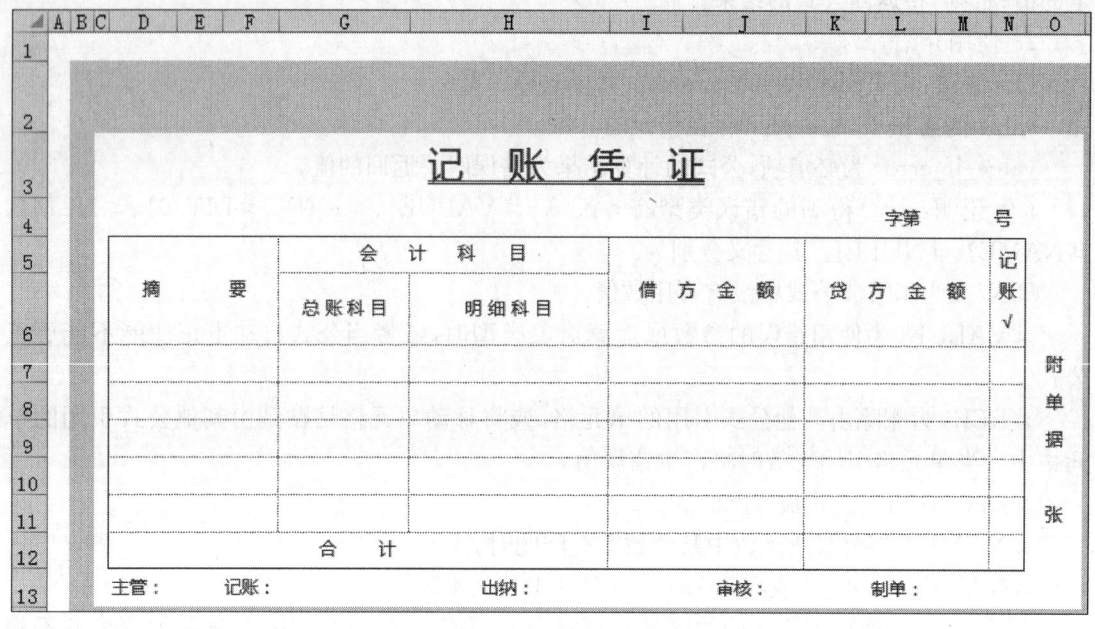

图 2-13 记账凭证打印模板

图 2-14 记账凭证内容

(3) 参照图 2-14,在单元格区域 I2：P2 录入"年份""月份""凭证类型""凭证号"。其中,"月份"和"凭证类型"可以设置数据有效性序列下拉的形式,如图 2-15 所示。

(4) 为了与"记账凭证簿"工作表的"凭证打印识别码"相对应,应先在单元格区域 P7：P11 标注凭证行号 1～5。

(5) 在单元格 Q7 录入公式"＝＄J＄2＆＄L＄2＆＄N＄2＆＄P＄2＆P7",将单元格 J2、L2、N2、P2、P7 的年份、月份、凭证类型、凭证号和凭证分录的行号合成凭证分录的"凭证打印识别码"。在设置单元格 Q7 公式时,应将年份、月份、凭证类型和

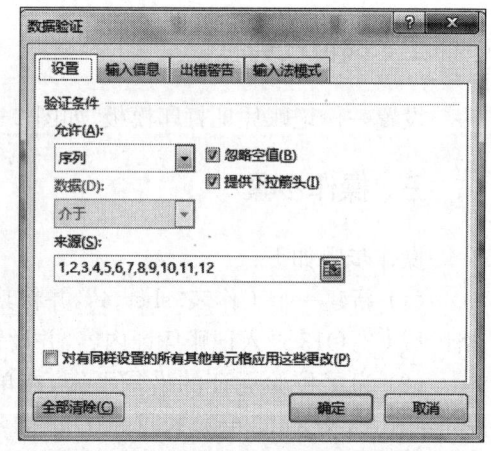

图 2-15 凭证月份的数据有效性设定

凭证号用"$"对单元格行列引用进行绝对锁定,单元格区域 Q8:Q11 的公式则可拖拽单元格 Q7 的公式进行覆盖。

(6) 凭证日期可以通过第一行的录入信息和凭证打印识别码自动生成。参考公式如下:G4=J2&"年"&L2&"月"&IFERROR(VLOOKUP(Q7,记账凭证簿! B:F,5,0),"")&"日"。

(7) 使用 VLOOKUP 函数和唯一码查询出"记账凭证簿"中单元格区域 D7:M12 相应内容。各单元格具体公式如下:

在单元格 D7 输入公式"=IFERROR(VLOOKUP(Q7,记账凭证簿! B:L,8,0),"")"。

在单元格 G7 输入公式"=IFERROR(VLOOKUP(Q7,记账凭证簿! B:L,9,0),"")"。

在单元格 H7 输入公式"=IF(IFERROR(VLOOKUP(Q7,记账凭证簿! B:L,10,0),"")=0,"",IFERROR(VLOOKUP(Q7,记账凭证簿! B:L,10,0),""))"。

在单元格 I7 输入公式"=IF(IFERROR(VLOOKUP(Q7,记账凭证簿! B:M,11,0),"")=0,"",IFERROR(VLOOKUP(Q7,记账凭证簿! B:M,11,0),""))"。

在单元格 K7 输入公式"=IF(IFERROR(VLOOKUP(Q7,记账凭证簿! B:M,12,0),"")=0,"",IFERROR(VLOOKUP(Q7,记账凭证簿! B:M,12,0),""))"。

将第一条分录的公式复制到其他行。

(8) 附件张数可以使用 VLOOKUP 函数和唯一码查询在单元格 O10 输入公式"=IFERROR(VLOOKUP(Q7,记账凭证簿! B:N,13,0),"")"。设置完成后的效果如图 2-16 所示。

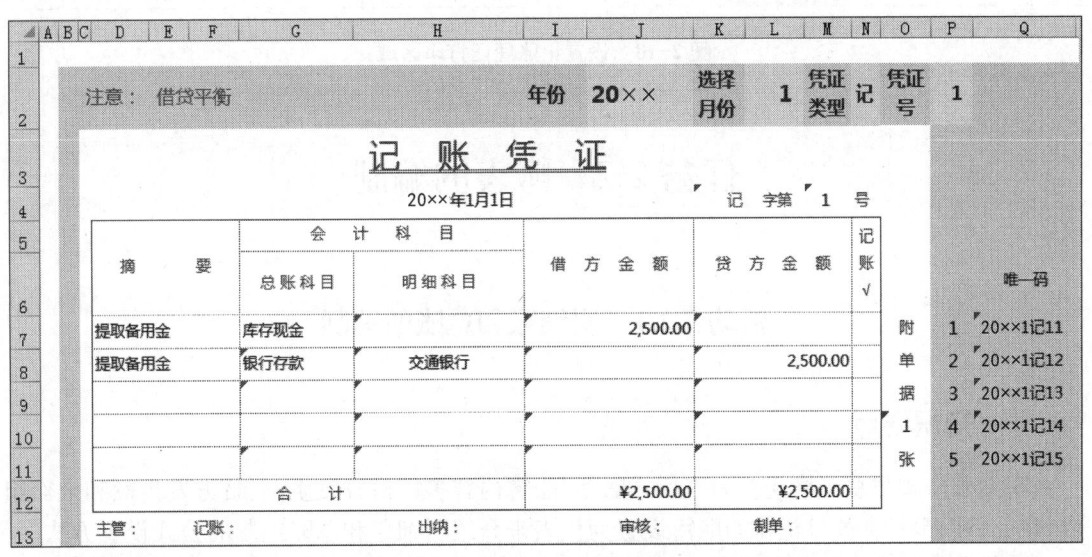

图 2-16　记账凭证打印模板完成效果

(9) 打印存档的记账凭证,不需要凭证查询中的其他信息,因此只需打印区域单元格区域 C3:O13。选中单元格区域 C3:O13,如图 2-17 所示。

(10) 单击"页面布局"选项卡上"页面设置"组中的"打印区域",选择"设置打印区域",如图 2-18 所示。

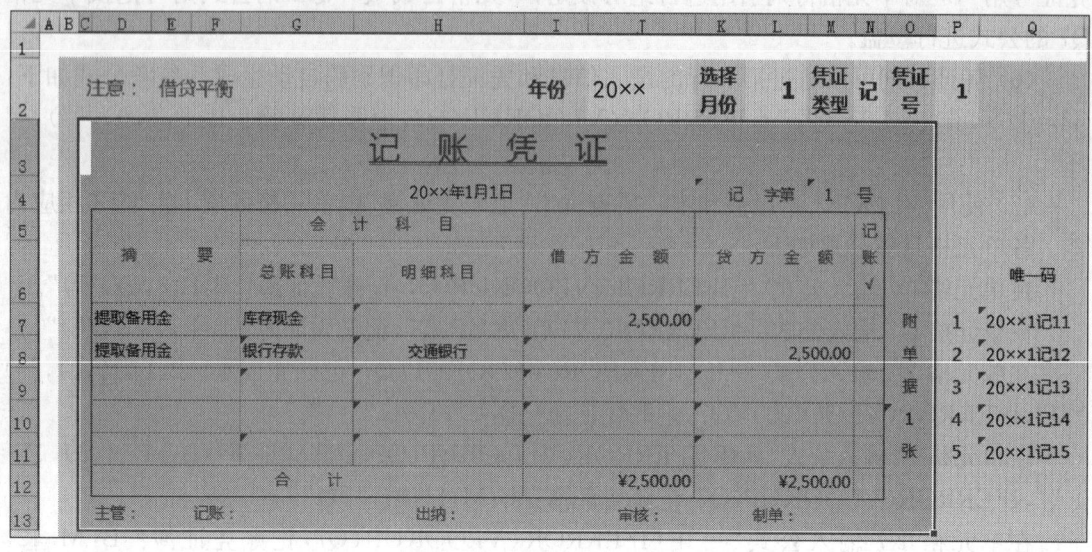

图 2-17　记账凭证打印模板

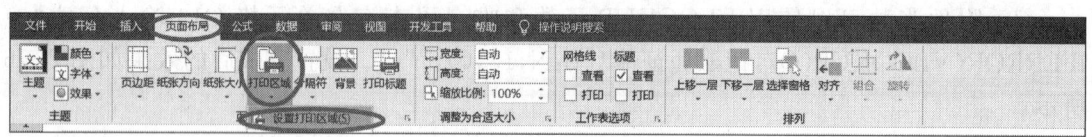

图 2-18　设置记账凭证打印区域

## 任务 2.2　账表的编制

### 活动 2.2.1　明细账和总账的编制

#### 一、知识要点

明细账格式与总账格式多为三栏式账簿,账簿内容多以借方发生额、贷方发生额和余额组成,在此特以银行存款日记账的账簿设置为代表来介绍明细账和总账编制的公式设置方法。

银行存款日记账为各单位重要的经济档案之一,由出纳人员根据审核无误的记账凭证,逐日、逐笔进行顺序登记。银行存款日记账的登记要求为:银行存款日记账由出纳人员专门负责登记,登记时必须做到完整反映经济业务的内容,及时登记账目,凭证齐全,账证相符,数字真实、准确,按期结算;同时,记账凭证的汇总是编制银行存款日记账的关键任务。

#### 二、岗位任务

编制一份可引用前置数据自动生成的银行存款日记账,如表 2-3 所示。

表 2-3 　　　　　　　　　　　　银行存款日记账

编制单位：　　　　　　　　　　　　　　　　　　　　　　　　　　　　　　　　单位：元

| 20×× | | 凭证 | | 摘要 | 借方 | √ | 贷方 | √ | 借/贷 | 余额 | √ |
|---|---|---|---|---|---|---|---|---|---|---|---|
| 月 | 日 | 字 | 号 | | | | | | | | |
| 1 | 1 | | | 期初余额 | 502 054.00 | | — | | 借 | 502 054.00 | |
| 1 | 1 | 记 | 1 | 提取备用金 | — | | 2 500.00 | √ | 借 | 499 554.00 | √ |
| 1 | 5 | 记 | 3 | 采购原材料 | — | | 13 560.00 | √ | 借 | 485 994.00 | √ |
| 1 | 12 | 记 | 5 | 收回前欠货款 | 22 600.00 | √ | — | | 借 | 508 594.00 | √ |
| 1 | 15 | 记 | 6 | 支付上月工资 | — | | 16 500.00 | √ | 借 | 492 094.00 | √ |
| 1 | 18 | 记 | 7 | 购买软件升级包 | — | | 12 000.00 | √ | 借 | 480 094.00 | √ |
| 1 | 22 | 记 | 8 | 利息收入 | 50.00 | √ | — | | 借 | 480 144.00 | √ |
| 1 | 31 | | | 本月合计 | 22 650.00 | | 44 560.00 | | 借 | 480 144.00 | |
| 1 | 31 | | | 本年累计 | 22 650.00 | | 44 560.00 | | 借 | 480 144.00 | |

## 三、操作步骤

操作步骤如下：

（1）修改"sheet5"工作表名为"银行存款日记账"，将表头信息录入后，其余信息直接从"记账凭证簿"引用，如图 2-19 所示。

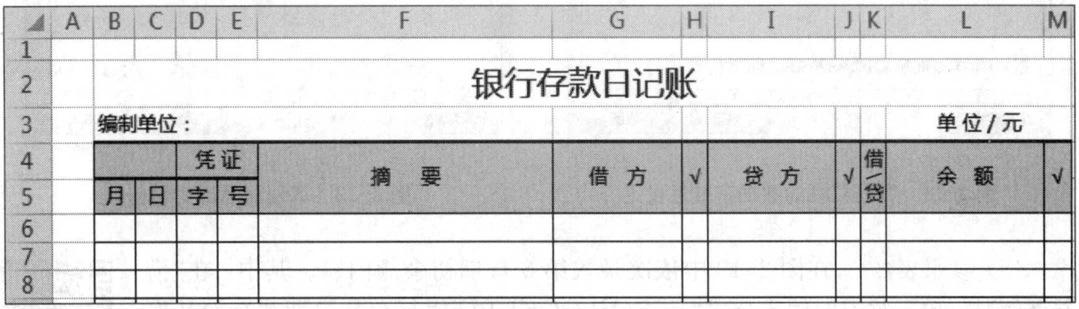

图 2-19　银行存款日记账表头信息

（2）在"记账凭证簿"中选中表头后，通过"数据"选项卡中的"筛选"功能，筛选出总账科目中的"银行存款"科目，并将其凭证号复制到"银行存款日记账"中的单元格 A7，如图 2-20 所示。

（3）在单元格 B4 设置银行存款日记账年份公式"＝VLOOKUP(A7,记账凭证簿! C:N,2,1)&"年""。

| | A | B | C | D | E | F | G | H | I | J | K | L | M | N |
|---|---|---|---|---|---|---|---|---|---|---|---|---|---|---|
| 1 | | | 1 | 2 | 3 | 4 | 5 | 6 | 7 | 8 | 9 | 10 | 11 | 12 |
| 2 | | 凭证打印识别码 | 凭证号 | 年度 | 月 | 日 | 凭证类型 | 凭证号码 | 摘要 | 总账科目 | 明细科目 | 借方金额 | 贷方金额 | 附件张 |
| 4 | | 20××1记12 | 20××1记1 | 20×× | 1 | 1 | 记 | 1 | 提取备用金 | 银行存款 | 交通银行 | | 2,500.00 | 1 |
| 10 | | 20××1记33 | 20××1记3 | 20×× | 1 | 5 | 记 | 3 | 采购原材料 | 银行存款 | 交通银行 | | 13,560.00 | 4 |
| 14 | | 20××1记52 | 20××1记5 | 20×× | 1 | 12 | 记 | 5 | 收回前欠货款 | 银行存款 | 交通银行 | 2,600.00 | | |
| 16 | | 20××1记62 | 20××1记6 | 20×× | 1 | 15 | 记 | 6 | 支付上月工资 | 银行存款 | 交通银行 | | 16,500.00 | 2 |
| 18 | | 20××1记72 | 20××1记7 | 20×× | 1 | 18 | 记 | 7 | 购买软件升级包 | 银行存款 | 交通银行 | | 12,000.00 | 5 |
| 20 | | 20××1记82 | 20××1记8 | 20×× | 1 | 22 | 记 | 8 | 利息收入 | 银行存款 | 交通银行 | 50.00 | | 1 |

图 2-20 筛选"银行存款"科目

（4）设定"摘要"栏的数据有效性。选中单元格区域 F6：F20，单击"数据"选项卡上"数据验证"，在其窗口"设置"选项卡"允许"栏下选择为"序列"选项，在"来源"栏录入"期初余额,本月合计,本年累计,过次页,承前页"，并在"出错警告"选项卡中取消"输入无效数据时显示出错警告"选项，如图 2-21 和图 2-22 所示。

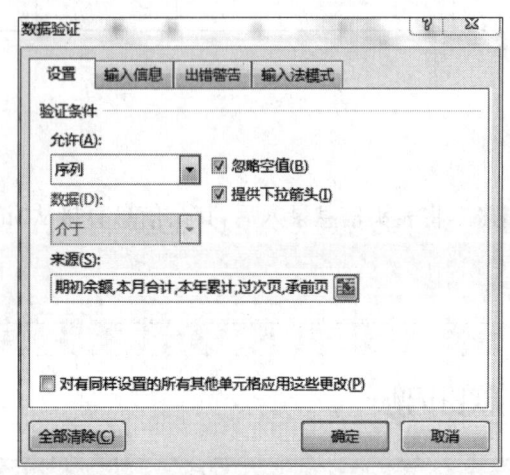

图 2-21 "摘要"栏的数据有效性设定

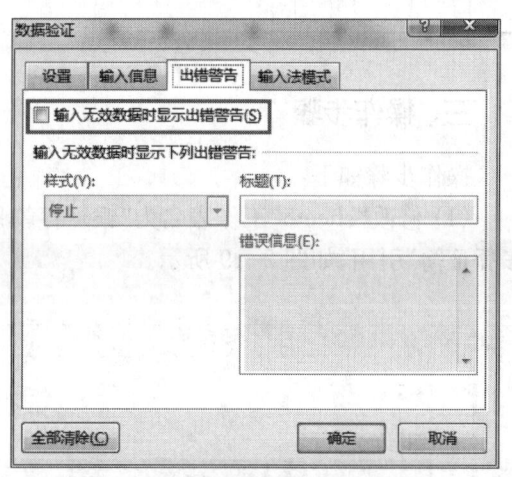

图 2-22 取消显示出错警告

（5）参照表 2-3，在图 2-19 中依次录入第 6 行期初余额内容。其中：在"借方金额"栏（单元格 G6）输入公式"=IF(VLOOKUP("银行存款",期初余额及发生额！C:N,$B$6*4-1,FALSE)=0,0,VLOOKUP("银行存款",期初余额及发生额！C:N,$B$6*4-1,FALSE))"，在"贷方金额"栏（单元格 I6）输入公式"=IF(VLOOKUP("银行存款",期初余额及发生额！C:N,$B$6*4,FALSE)=0,0,VLOOKUP("银行存款",期初余额及发生额！C:N,$B$6*4,FALSE))"，在"余额"栏单元格 L6 输入公式"=G6-I6"（请扫码获取"期初余额及发生额"工作簿数据）。

"期初余额及发生额"工作簿

（6）以凭证号为基础在第 7 行利用公式设置从"记账凭证簿"中取数，各单元格具体公式如下：

在"月"栏（单元格 B7）录入公式"=VLOOKUP(A7,记账凭证簿！\$C:\$N,3,1)"。

在"日"栏（单元格 C7）录入公式"=VLOOKUP(A7,记账凭证簿！\$C:\$N,4,1)"。

在"凭证字"栏（单元格 D7）录入公式"=VLOOKUP(A7,记账凭证簿！\$C:\$N,5,1)"。

在"凭证号"栏（单元格 E7）录入公式"=VLOOKUP(A7,记账凭证簿！\$C:\$N,6,1)"。

在"摘要"栏（单元格 F7）录入公式"=VLOOKUP(A7,记账凭证簿！\$C:\$N,7,1)"。

在"借方"栏（单元格 G7）录入公式"=IF(VLOOKUP(A7,记账凭证簿！\$C:\$N,10,1)=0,0,VLOOKUP(A7,记账凭证簿！\$C:\$N,10,1))"。

在"借方记账"栏（单元格 H7）录入公式"=IF(G7=0,"","√")"。

在"贷方"栏（单元格 I7）录入公式"=IF(VLOOKUP(A7,记账凭证簿！\$C:\$N,11,1)=0,0,VLOOKUP(A7,记账凭证簿！\$C:\$N,11,1))"。

在"贷方记账"栏（单元格 J7）录入公式"=IF(I7=0,"","√")"。

在余额方向"借/贷"栏（单元格 K7）录入公式"=IF(L7>0,"借",IF(L7=0,"平","错误"))"。

在"余额"栏（单元格 L7）录入公式"=L6+G7-I7"。

在"余额记账"栏（单元格 M7）录入公式"=IF(L7=0,"","√")"。

（7）选中单元格区域 B7:M7，用鼠标向下拖拽至 A 列所粘贴的末位凭证号所在行，即可将"记账凭证簿"中"银行存款"科目内容索引入"银行存款日记账"。

（8）参照表 2-3，在图 2-19 中依次录入第 13 行本月合计内容。其中，在"借方金额"栏输入公式"=SUM(G7:G12)"，在贷方金额栏输入公式"=SUM(I7:I12)"，在余额栏输入公式"=L12"。

（9）参照表 2-3，依次录入第 14 行本年累计内容。其中，在借方金额栏输入公式"=G13"，在"贷方金额"栏输入公式"=I13"，在"余额"栏输入公式"=L13"。

（10）为美化表格金额录入区域，按住键盘"Ctrl"键，依次选中单元格区域 G6:G14、I6:I14、L6:L14 后，单击鼠标右键，选择"设置单元格格式"，在"数字"选项卡中点击"会计专用"后，将格式设置成保留 2 位小数且无货币符号，如图 2-23 所示。

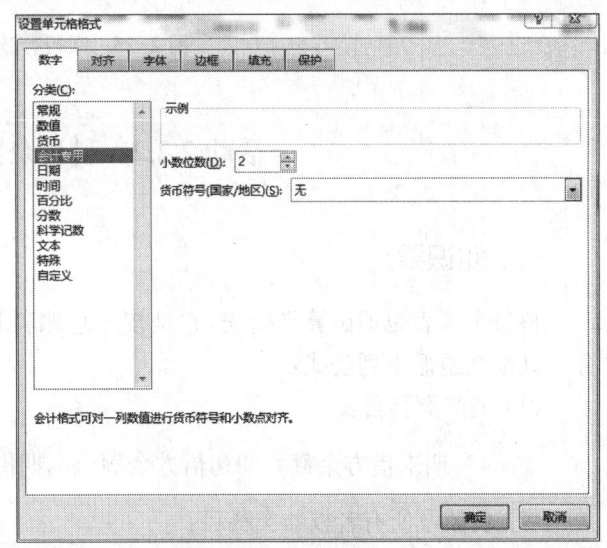

图 2-23　会计专用格式设置

（11）每月结账时，需在"插入"选项卡下"形状"中选择直线，在最后一笔经济业务记录与本月合计行间划单红线，在本月合计与本年累计行间划双红线，如图 2-24 所示。

（12）为美化表格金额录入区域，长按"Ctrl"键，依次选中 G、I、L 列区域后，单击鼠标右键，选择"设置单元格格式"，在"数字"选项卡中点击"会计专用"后，将格式设置成保留 2 位小数且无货币符号，如图 2-25 所示。

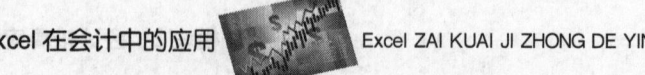

图 2-24 月末划线设置

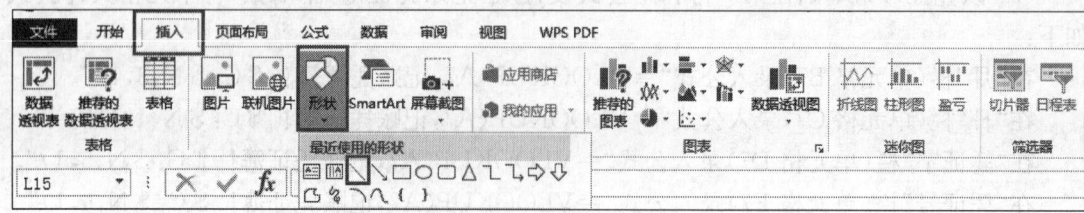

图 2-25 银行存款日记账

## 活动 2.2.2 科目余额表的编制

### 一、知识要点

科目余额表也即试算平衡表,它是按照总账科目余额编制的,是编制会计报表的关键任务。其编制遵循下列公式:

(1) 资产类科目:

期末借方余额＝期初借方余额＋本期借方发生额－本期贷方发生额

(2) 负债及所有者权益类科目:

期末贷方余额＝期初贷方余额＋本期贷方发生额－本期借方发生额

本期借方发生额和本期贷方发生额是根据本期的记账凭证汇总编制的。记账凭证的汇总是编制科目余额表的关键任务。

### 二、岗位任务

编制一份可引用期初余额和前置数据自动生成科目余额的账表,如表 2-4 所示。

表 2-4  科目余额表

20××年1月　　　　　　　　　　　　　　　　　　单位：元

| 顺序号 | 科目编码 | 总账科目 | 期初余额 借方 | 期初余额 贷方 | 本期发生额 借方 | 本期发生额 贷方 | 期末余额 借方 | 期末余额 贷方 |
|---|---|---|---|---|---|---|---|---|
| 1 | 1001 | 库存现金 | 9 500.00 | | 2 500.00 | 500.00 | 11 500.00 | |
| 2 | 1002 | 银行存款 | 502 054.00 | | 22 650.00 | 44 560.00 | 480 144.00 | |
| 3 | 1015 | 其他货币资金 | | | | | | |
| 4 | 1101 | 交易性金融资产 | | | | | | |
| 5 | 1121 | 应收票据 | | | | | | |
| 6 | 1122 | 应收账款 | 651 355.00 | | 22 600.00 | 22 600.00 | 651 355.00 | |
| 7 | 1123 | 预付账款 | | | | | | |
| 8 | 1131 | 应收股利 | | | | | | |
| 9 | 1231 | 其他应收款 | 94 700.00 | | | | 94 700.00 | |
| 10 | 1241 | 坏账准备 | | 4 500.00 | | | | 4 500.00 |
| 11 | 1401 | 材料采购 | | | | | | |
| 12 | 1403 | 原材料 | 640 281.00 | | 12 000.00 | | 652 281.00 | |
| 13 | 1404 | 材料成本差异 | 2 870.00 | | | | 2 870.00 | |
| 14 | 1406 | 库存商品 | 1 036 000.00 | | | 13 000.00 | 1 023 000.00 | |
| 15 | 1407 | 发出商品 | | | | | | |
| 16 | 1411 | 周转材料 | 182 200.00 | | | | 182 200.00 | |
| 17 | 1481 | 持有待售资产 | | | | | | |
| 18 | 1505 | 债权投资 | | | | | | |
| 19 | 1506 | 债权投资减值准备 | | | | | | |
| 20 | 1507 | 其他债权投资 | | | | | | |
| 21 | 1511 | 长期股权投资 | 300 000.00 | | | | 300 000.00 | |
| 22 | 1528 | 其他权益工具投资 | | | | | | |
| 23 | 1601 | 固定资产 | 23 028 050.00 | | | | 23 028 050.00 | |
| 24 | 1602 | 累计折旧 | | 5 099 949.00 | | | | 5 099 949.00 |
| 25 | 1606 | 固定资产清理 | | | | | | |
| 26 | 1701 | 无形资产 | 1 200 000.00 | | 12 000.00 | | 1 212 000.00 | |
| 27 | 1702 | 累计摊销 | | 80 000.00 | | | | 80 000.00 |
| 28 | 1801 | 长期待摊费用 | 90 045.00 | | | | 90 045.00 | |
| 29 | 1811 | 递延所得税资产 | | | | | | |
| 30 | 1901 | 待处理财产损溢 | | | | | | |
| 31 | 2001 | 短期借款 | | 100 000.00 | | | | 100 000.00 |
| 32 | 2201 | 应付票据 | | 50 000.00 | | | | 50 000.00 |

(续表)

| 顺序号 | 科目编码 | 总账科目 | 期初余额 借方 | 期初余额 贷方 | 本期发生额 借方 | 本期发生额 贷方 | 期末余额 借方 | 期末余额 贷方 |
|---|---|---|---|---|---|---|---|---|
| 33 | 2202 | 应付账款 |  | 1 461 292.00 |  |  |  | 1 461 292.00 |
| 34 | 2205 | 预收账款 |  | 54 000.00 |  |  |  | 54 000.00 |
| 35 | 2211 | 应付职工薪酬 |  | 18 000.00 | 16 500.00 |  |  | 1 500.00 |
| 36 | 2221 | 应交税费 |  | 153 356.00 | 2 600.00 | 3 640.00 |  | 154 396.00 |
| 37 | 2232 | 应付利息 |  |  |  |  |  |  |
| 38 | 2241 | 其他应付款 |  | 6 800.00 |  |  |  | 6 800.00 |
| 39 | 2245 | 持有待售负债 |  |  |  |  |  |  |
| 40 | 2601 | 长期借款 |  |  |  |  |  |  |
| 41 | 2602 | 应付债券 |  | 1 200 000.00 |  |  |  | 1 200 000.00 |
| 42 | 2901 | 递延所得税负债 |  |  |  |  |  |  |
| 43 | 4001 | 实收资本 |  | 18 210 000.00 |  |  |  | 18 210 000.00 |
| 44 | 4002 | 资本公积 |  | 120 000.00 |  |  |  | 120 000.00 |
| 45 | 4101 | 盈余公积 |  | 579 655.63 |  |  |  | 579 655.63 |
| 46 | 4103 | 本年利润 |  |  |  | 6 550.00 |  | 6 550.00 |
| 47 | 4104 | 利润分配 |  | 1 008 000.37 |  |  |  | 1 008 000.37 |
| 48 | 4105 | 其他综合收益 |  |  |  |  |  |  |
| 49 | 4106 | 其他权益工具 |  |  |  |  |  |  |
| 50 | 4301 | 专项储备 |  |  |  |  |  |  |
| 51 | 5001 | 生产成本 | 408 498.00 |  |  |  | 408 498.00 |  |
| 52 | 5101 | 制造费用 |  |  |  |  |  |  |
| 53 | 6001 | 主营业务收入 |  |  | 20 000.00 | 20 000.00 |  |  |
| 54 | 6051 | 其他业务收入 |  |  |  |  |  |  |
| 55 | 6111 | 投资损益 |  |  |  |  |  |  |
| 56 | 6301 | 营业外收入 |  |  |  |  |  |  |
| 57 | 6401 | 主营业务成本 |  |  | 13 000.00 | 13 000.00 |  |  |
| 58 | 6402 | 其他业务成本 |  |  |  |  |  |  |
| 59 | 6403 | 税金及附加 |  |  |  |  |  |  |
| 60 | 6601 | 销售费用 |  |  |  |  |  |  |
| 61 | 6602 | 管理费用 |  |  | 500.00 | 500.00 |  |  |
| 62 | 6603 | 财务费用 |  |  | 50.00 | 50.00 |  |  |
| 63 | 6711 | 营业外支出 |  |  |  |  |  |  |
| 64 | 6801 | 所得税费用 |  |  |  |  |  |  |
|  |  | 合 计 | 28 145 553.00 | 28 145 553.00 | 124 400.00 | 124 400.00 | 28 136 643.00 | 28 136 643.00 |

## 三、操作步骤

操作步骤如下：

(1) 修改"sheet6"工作表名为"科目余额表"，将表头信息录入后，"科目编码"栏和"总账科目"栏数据用"="直接从"会计科目表"引用后拖拽生成，如图 2-26 所示。

图 2-26 科目余额表表头信息

(2) 期初余额从表 2-4 中取数，按表格倍数规律在单元格 E6 输入公式"＝VLOOKUP(D6,期初余额及发生额！C:N,＄G＄3＊4－1,FALSE)"，在单元格 F6 输入公式"＝VLOOKUP(D6,期初余额及发生额！C＄5:BB＄68,＄G＄3＊4,FALSE)"。

(3) 期初余额其他科目的公式从单元格 E6 和单元格 F6 用鼠标向下拖拽复制即可，如图 2-27 所示。

图 2-27 期初余额公式设置

(4) 录入本期发生额借方公式。在单元格 G6 输入公式"＝SUMIFS(记账凭证簿！＄L:＄L,记账凭证簿！＄J:＄J,D6,记账凭证簿！＄E:＄E,＄G＄3)"。其中：

"记账凭证簿！＄J:＄J,D6"是为了取得总账科目等于单元格 D6（"库存现金"科目）的借方金额合计。

"记账凭证簿！＄E:＄E,＄G＄3"是为了取得月份等于单元格 G3（"1"月份）的借方金额合计。

(5) 同理，录入本期发生额贷方公式。在单元格 H6 输入公式"＝SUMIFS(记账凭证簿！＄M:＄M,记账凭证簿！＄J:＄J,D6,记账凭证簿！＄E:＄E,＄G＄3)"。

(6) 用鼠标向下拖拽复制其他科目的本期发生额借、贷方公式，如图 2-28 所示。

| | A | B | C | D | E | F | G | H | I | J |
|---|---|---|---|---|---|---|---|---|---|---|
| 1 | | | | | | | | | | |
| 2 | | | | | 科目余额表 | | | | | |
| 3 | | | | | 20×× | 年 | 1 | 月 | | |
| 4 | | 顺序号 | 科目编码 | 总账科目 | 期初余额 | | 本期发生额 | | 期末余额 | |
| 5 | | | | | 借方 | 贷方 | 借方 | 贷方 | 借方 | 贷方 |
| 6 | | 1 | 1001 | 库存现金 | 9,500.00 | | 2,500.00 | 500.00 | | |
| 7 | | 2 | 1002 | 银行存款 | 502,054.00 | | 22,650.00 | 44,560.00 | | |
| 8 | | 3 | 1015 | 其他货币资金 | | | | | | |
| 9 | | 4 | 1101 | 交易性金融资产 | | | | | | |
| 10 | | 5 | 1121 | 应收票据 | | | | | | |
| 11 | | 6 | 1122 | 应收账款 | 651,355.00 | | 22,600.00 | 22,600.00 | | |

图 2-28　本期发生额公式设置

（7）录入期末余额借方公式。在单元格 I6 输入公式"＝IF(E6－F6＋G6－H6＞0,E6－F6＋G6－H6,0)"。此处使用 IF 函数是为了过滤掉贷方余额。

（8）录入期末余额贷方公式。在单元格 J6 输入公式"＝IF(F6－E6＋H6－G6＞0,F6－E6＋H6－G6,0)"。此处使用 IF 函数是为了过滤掉借方余额。

（9）用鼠标向下拖拽复制其他科目的期末余额借、贷方公式。

| | A | B | C | D | E | F | G | H | I | J |
|---|---|---|---|---|---|---|---|---|---|---|
| 1 | | | | | | | | | | |
| 2 | | | | | 科目余额表 | | | | | |
| 3 | | | | | 20×× | 年 | 1 | 月 | 期间损益已结转 | |
| 4 | | 顺序号 | 科目编码 | 总账科目 | 期初余额 | | 本期发生额 | | 期末余额 | |
| 5 | | | | | 借方 | 贷方 | 借方 | 贷方 | 借方 | 贷方 |
| 6 | | 1 | 1001 | 库存现金 | 9,500.00 | | 2,500.00 | 500.00 | 11,500.00 | |
| 7 | | 2 | 1002 | 银行存款 | 502,054.00 | | 22,650.00 | 44,560.00 | 480,144.00 | |
| 8 | | 3 | 1015 | 其他货币资金 | | | | | | |
| 9 | | 4 | 1101 | 交易性金融资产 | | | | | | |
| 10 | | 5 | 1121 | 应收票据 | | | | | | |
| 11 | | 6 | 1122 | 应收账款 | 651,355.00 | | 22,600.00 | 22,600.00 | 651,355.00 | |

图 2-29　期末余额及期间损益提示公式设置

（10）计算出损益类科目借、贷方差额，提示期间损益是否结转为零。在单元格 J3 输入公式"＝SUM(G58:G69)－SUM(H58:H69)"。

（11）设置损益类科目借、贷方差额的提示。在单元格 I3 输入公式"＝IF(SUM(G58:G69)＝SUM(H58:H69),"期间损益已结转","期间损益未结转,差额")"，如图 2-29 所示。

（12）为美化表格金额录入区域，选中单元格区域 E6:J70 后，单击鼠标右键，选择"设置单元格格式"，在"数字"选项卡中点击"会计专用"后，将格式设置成保留 2 位小数且无货币符号，如图 2-30 所示。

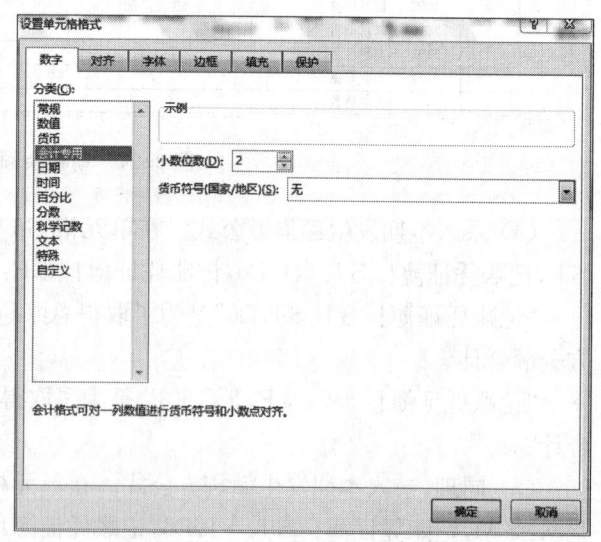

图 2-30　会计专用格式设置

## 活动 2.2.3　资产负债表的编制

### 一、知识要点

资产负债表是反映企业某一特定日期（如月末、季末、半年末、年末等）财务状况的会计报表。它是根据"资产＝负债＋所有者权益"这一会计等式，依照一定的分类标准和顺序，将企业在一定日期的全部资产、负债和所有者权益项目进行适当分类、汇总、排列后编制而成的。

资产负债表项目主要是通过对本会计期间的会计核算记录的数据加以归集、整理而成，其项目资料来源有以下几个方面。

**（一）根据总账科目余额填列**

（1）资产负债表中有些项目可直接根据有关总账科目的余额填列，如"应收票据""短期借款"等项目。

（2）资产负债表中有些项目需要根据几个总账科目的余额计算填列。①"货币资金"项目，应根据"库存现金""银行存款""其他货币资金"三个总账科目的余额的合计数填列。②"未分配利润"项目，应根据"本年利润"总账科目和"利润分配"总账科目的期末余额合计数填列。③"存货"项目，应根据"在途物资""原材料""周转材料""生产成本""库存商品"等总账科目余额的合计数填列。

**（二）根据总账所属明细账科目余额计算填列**

（1）资产负债表中的"应收账款""应付账款""预收款项""预付款项"等项目，应根据相关总账所属明细账的余额计算填列。①"应收账款"项目，应根据"应收账款"总账科目所属明细账科目的借方余额与"预收账款"总账科目所属明细账科目的借方余额之和填列。②"预收款项"项目，应根据"应收账款"总账科目所属明细账科目的贷方余额与"预收账款"总账科目所属明细账科目的贷方余额之和填列。③"应付账款"项目，应根据"应付账款"总账科目所属明细账科目的贷方余额与"预付账款"总账科目所属明细账科目的贷方余额之和填列。④"预付款项"项目，应根据"应付账款"总账科目所属明细账科目的借方余额与"预付账款"所属明细账科目的借方余额之和填列。

（2）除以上项目外，其他负债类科目期末如出现借方余额，在资产负债表中的相应项目一般应以"－"号填列，如"应交税费"项目。

**（三）根据总账科目和明细账科目的余额分析计算填列**

资产负债表中的有些项目，不能根据总账科目的余额直接计算填列，而需要根据总账科目和相关明细账科目的余额分析计算填列。例如，"长期借款"项目需要根据"长期借款"总账科目余额扣除"长期借款"总账科目所属明细账科目中将在1年内到期的长期借款金额分析计算填列。

### 二、岗位任务

编制一份可引用科目余额表中数据自动生成的资产负债表，如表2-5所示。

表 2-5　　　　　　　　　　　　　　　　　资产负债表

会企 01 表

编制单位：　　　　　　　　　　　　　　20××年 1 月 31 日　　　　　　　　　　　　　　　单位：元

| 资　产 | 行次 | 上年年末余额 | 期末余额 | 负债和所有者权益（或股东权益） | 行次 | 上年年末余额 | 期末余额 |
|---|---|---|---|---|---|---|---|
| 流动资产： | | | | 流动负债： | | | |
| 货币资金 | 1 | 511 554.00 | 491 644.00 | 短期借款 | 35 | 100 000.00 | 100 000.00 |
| 交易性金融资产 | 2 | | | 交易性金融负债 | 36 | | |
| 衍生金融资产 | 3 | | | 衍生金融负债 | 37 | | |
| 应收票据 | 4 | | | 应付票据 | 38 | 50 000.00 | 50 000.00 |
| 应收账款 | 5 | 646 855.00 | 646 855.00 | 应付账款 | 39 | 1 461 292.00 | 1 461 292.00 |
| 应收款项融资 | 6 | | | 预收款项 | 40 | 54 000.00 | 54 000.00 |
| 预付款项 | 7 | | | 合同负债 | 41 | | |
| 其他应收款 | 8 | 94 700.00 | 94 700.00 | 应付职工薪酬 | 42 | 18 000.00 | 1 500.00 |
| 存货 | 9 | 2 269 849.00 | 2 268 849.00 | 应交税费 | 43 | 153 356.00 | 154 396.00 |
| 合同资产 | 10 | | | 其他应付款 | 44 | 6 800.00 | 6 800.00 |
| 持有待售资产 | 11 | | | 持有待售负债 | 45 | | |
| 一年内到期的非流动资产 | 12 | | | 一年内到期的非流动负债 | 46 | | |
| 其他流动资产 | 13 | | | 其他流动负债 | 47 | | |
| 流动资产合计 | 14 | 3 522 958.00 | 3 502 048.00 | 流动负债合计 | 48 | 1 843 448.00 | 1 827 988.00 |
| 非流动资产： | | | | 非流动负债： | | | |
| 债权投资 | 15 | | | 长期借款 | 49 | | |
| 其他债权投资 | 16 | | | 应付债券 | 50 | 1 200 000.00 | 1 200 000.00 |
| 长期应收款 | 17 | | | 其中：优先股 | 51 | | |
| 长期股权投资 | 18 | 300 000.00 | 300 000.00 | 永续债 | 52 | 1 200 000.00 | 1 200 000.00 |
| 其他权益工具投资 | 19 | | | 租赁负债 | 53 | | |
| 其他非流动金融资产 | 20 | | | 长期应付款 | 54 | | |
| 投资性房地产 | 21 | | | 预计负债 | 55 | | |
| 固定资产 | 22 | 17 928 101.00 | 17 928 101.00 | 递延收益 | 56 | | |
| 在建工程 | 23 | | | 递延所得税负债 | 57 | | |
| 生产性生物资产 | 24 | | | 其他非流动负债 | 58 | | |

(续表)

| 资产 | 行次 | 上年年末余额 | 期末余额 | 负债和所有者权益（或股东权益） | 行次 | 上年年末余额 | 期末余额 |
|---|---|---|---|---|---|---|---|
| 油气资产 | 25 | | | 非流动负债合计 | 59 | 1 200 000.00 | 1 200 000.00 |
| 使用权资产 | 26 | | | 负债合计 | 60 | 3 043 448.00 | 3 027 988.00 |
| 无形资产 | 27 | 1 120 000.00 | 1 132 000.00 | 所有者权益（或股东权益）： | | | |
| 开发支出 | 28 | | | 实收资本（或股本） | 61 | 18 210 000.00 | 18 210 000.00 |
| 商誉 | 29 | | | 其他权益工具 | 62 | | |
| 长期待摊费用 | 30 | 90 045.00 | 90 045.00 | 其中：优先股 | 63 | | |
| 递延所得税资产 | 31 | | | 永续债 | 64 | | |
| 其他非流动资产 | 32 | | | 资本公积 | 65 | 120 000.00 | 120 000.00 |
| 非流动资产合计 | 33 | 19 438 146.00 | 19 450 146.00 | 减：库存股 | 66 | | |
| | | | | 其他综合收益 | 67 | | |
| | | | | 专项储备 | 68 | | |
| | | | | 盈余公积 | 69 | 579 655.63 | 579 655.63 |
| | | | | 未分配利润 | 70 | 1 008 000.37 | 1 014 550.37 |
| | | | | 所有者权益（或股东权益）合计 | 71 | 19 917 656.00 | 19 924 206.00 |
| 资产总计 | 34 | 22 961 104.00 | 22 952 194.00 | 负债和所有者权益（或股东权益）总计 | 72 | 22 961 104.00 | 22 952 194.00 |

注：本任务采取简化方式填列，各项目所填列的余额均取自相应的总账科目。

## 三、操作步骤

操作步骤如下：

（1）修改"sheet7"工作表名为"资产负债表"，录入资产负债表表头信息并编制报表样式，如图 2-31 所示。

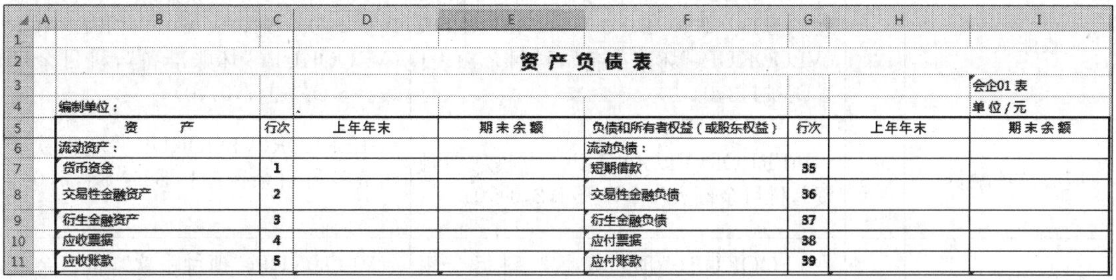

图 2-31 资产负债表表头信息

(2)资产负债表日期自动取自科目余额表,科目余额表的日期只有"年"和"月",资产负债表的日期通常为月末,因此建立一个过度的单元格区域L6:M17,录入1~12月和1~12月的月末日期,如图2-32所示。

(3)根据"科目余额表"(见图2-29)的月份查找出本月月末日期。选择单元格M4,输入公式"=VLOOKUP(科目余额表查询!G3,L6:M17,2,0)"。

(4)利用公式自动获取"科目余额表"的年月,并加上月末的日期,形成"资产负债表"的日期。在单元格D3输入公式"=科目余额表!E3&"年"&科目余额表!G3&"月"&M4&"日""。

(5)参照表2-6和表2-7,录入报表公式。

|   | K | L | M |
|---|---|---|---|
| 1 |  |  |  |
| 2 |  |  |  |
| 3 |  |  |  |
| 4 |  | 每月月末日期 | 31 |
| 5 |  | 月 | 日 |
| 6 |  | 1 | 31 |
| 7 |  | 2 | 28 |
| 8 |  | 3 | 31 |
| 9 |  | 4 | 30 |
| 10 |  | 5 | 31 |
| 11 |  | 6 | 30 |
| 12 |  | 7 | 31 |
| 13 |  | 8 | 31 |
| 14 |  | 9 | 30 |
| 15 |  | 10 | 31 |
| 16 |  | 11 | 30 |
| 17 |  | 12 | 31 |
| 18 |  |  |  |

图2-32  1~12月的月末日期

表2-6　　　　　　　　　　　　　资产负债表资产项目公式

| 资产 | 行次 | 上年年末余额 | 期末余额 |
|---|---|---|---|
| 流动资产: |  |  |  |
| 货币资金 | 1 | =VLOOKUP("库存现金",科目余额表!$D:$J,2,0)+VLOOKUP("银行存款",科目余额表!$D:$J,2,0)+VLOOKUP("其他货币资金",科目余额表查询!$D:$J,2,0) | =VLOOKUP("库存现金",科目余额表!$D:$J,6,0)+VLOOKUP("银行存款",科目余额表!$D:$J,6,0)+VLOOKUP("其他货币资金",科目余额表!$D:$J,6,0) |
| 交易性金融资产 | 2 | =VLOOKUP("交易性金融资产",科目余额表!$D:$J,2,0) | =VLOOKUP("交易性金融资产",科目余额表!$D:$J,6,0) |
| 衍生金融资产 | 3 | =IFERROR(VLOOKUP("衍生金融资产",科目余额表!$D:$J,2,0),0) | =IFERROR(VLOOKUP("衍生金融资产",科目余额表!$D:$J,6,0),0) |
| 应收票据 | 4 | =VLOOKUP("应收票据",科目余额表!$D:$J,2,0) | =VLOOKUP("应收票据",科目余额表!$D:$J,6,0) |
| 应收账款 | 5 | =VLOOKUP("应收账款",科目余额表!$D:$J,2,0)-IFERROR(VLOOKUP("坏账准备",科目余额表!$D:$J,3,0),0) | =VLOOKUP("应收账款",科目余额表!$D:$J,6,0)-IFERROR(VLOOKUP("坏账准备",科目余额表!$D:$J,7,0),0) |
| 应收款项融资 | 6 | =IFERROR(VLOOKUP("应收款项融资",科目余额表!$D:$J,2,0),0) | =IFERROR(VLOOKUP("应收款项融资",科目余额表!$D:$J,6,0),0) |
| 预付款项 | 7 | =VLOOKUP("预付账款",科目余额表!$D:$J,2,0) | =VLOOKUP("预付账款",科目余额表!$D:$J,6,0) |

(续表)

| 资　产 | 行次 | 上年年末余额 | 期末余额 |
|---|---|---|---|
| 其他应收款 | 8 | =VLOOKUP("其他应收款",科目余额表!$D:$J,2,0) | =VLOOKUP("其他应收款",科目余额表!$D:$J,6,0) |
| 存货 | 9 | =VLOOKUP("原材料",科目余额表!$D:$J,2,0)+VLOOKUP("库存商品",科目余额表!$D:$J,2,0)+VLOOKUP("材料成本差异",科目余额表!$D:$J,2,0)+VLOOKUP("发出商品",科目余额表!$D:$J,2,0)+VLOOKUP("周转材料",科目余额表!$D:$J,2,0)+VLOOKUP("材料采购",科目余额表!$D:$J,2,0)+VLOOKUP("生产成本",科目余额表!$D:$J,2,0)+IFERROR(VLOOKUP("消耗性生物资产",科目余额表!$D:$J,2,0),0) | =VLOOKUP("原材料",科目余额表!$D:$J,6,0)+VLOOKUP("库存商品",科目余额表!$D:$J,6,0)+VLOOKUP("材料成本差异",科目余额表!$D:$J,6,0)+VLOOKUP("发出商品",科目余额表!$D:$J,6,0)+VLOOKUP("周转材料",科目余额表!$D:$J,6,0)+VLOOKUP("材料采购",科目余额表!$D:$J,6,0)+VLOOKUP("生产成本",科目余额表!$D:$J,6,0)+IFERROR(VLOOKUP("消耗性生物资产",科目余额表!$D:$J,6,0),0) |
| 合同资产 | 10 | =IFERROR(VLOOKUP("合同资产",科目余额表!$D:$J,2,0),0) | =IFERROR(VLOOKUP("合同资产",科目余额表!$D:$J,6,0),0) |
| 持有待售资产 | 11 | =VLOOKUP("持有待售资产",科目余额表!$D:$J,2,0) | =VLOOKUP("持有待售资产",科目余额表!$D:$J,6,0) |
| 一年内到期的非流动资产 | 12 | — | — |
| 其他流动资产 | 13 | — | — |
| 流动资产合计 | 14 | =SUM(D7:D19) | =SUM(E7:E19) |
| 非流动资产： | | | |
| 债权投资 | 15 | =VLOOKUP("债权投资",科目余额表!$D:$J,2,0)-IFERROR(VLOOKUP("债权投资减值准备",科目余额表!$D:$J,3,0),0) | =VLOOKUP("债权投资",科目余额表!$D:$J,6,0)-IFERROR(VLOOKUP("债权投资减值准备",科目余额表!$D:$J,7,0),0) |
| 其他债权投资 | 16 | =IFERROR(VLOOKUP("长期应收款",科目余额表!$D:$J,2,0),0) | =IFERROR(VLOOKUP("长期应收款",科目余额表!$D:$J,6,0),0) |
| 长期应收款 | 17 | =IFERROR(VLOOKUP("长期应收款",科目余额表!$D:$J,2,0),0) | =IFERROR(VLOOKUP("长期应收款",科目余额表!$D:$J,6,0),0) |
| 长期股权投资 | 18 | =IFERROR(VLOOKUP("长期股权投资",科目余额表!$D:$J,2,0),0) | =IFERROR(VLOOKUP("长期股权投资",科目余额表!$D:$J,6,0),0) |
| 其他权益工具投资 | 19 | =IFERROR(VLOOKUP("其他权益工具投资",科目余额表!$D:$J,2,0),0) | =IFERROR(VLOOKUP("其他权益工具投资",科目余额表!$D:$J,6,0),0) |

(续表)

| 资　产 | 行次 | 上年年末余额 | 期末余额 |
|---|---|---|---|
| 其他非流动金融资产 | 20 | =IFERROR(VLOOKUP("其他非流动金融资产",科目余额表!$D:$J,2,0),0) | =IFERROR(VLOOKUP("其他非流动金融资产",科目余额表!$D:$J,6,0),0) |
| 投资性房地产 | 21 | =IFERROR(VLOOKUP("投资性房地产",科目余额表!$D:$J,2,0),0) | =IFERROR(VLOOKUP("投资性房地产",科目余额表!$D:$J,6,0),0) |
| 固定资产 | 22 | =IFERROR(VLOOKUP("固定资产",科目余额表!$D:$J,2,0),"")-IFERROR(VLOOKUP("累计折旧",科目余额表!$D:$J,3,0),"") | =IFERROR(VLOOKUP("固定资产",科目余额表!$D:$J,6,0),"")-IFERROR(VLOOKUP("累计折旧",科目余额表!$D:$J,7,0),"") |
| 在建工程 | 23 | =IFERROR(VLOOKUP("在建工程",科目余额表!$D:$J,2,0),0) | =IFERROR(VLOOKUP("在建工程",科目余额表!$D:$J,6,0),0) |
| 生产性生物资产 | 24 | =IFERROR(VLOOKUP("生产性生物资产",科目余额表!$D:$J,2,0),0) | =IFERROR(VLOOKUP("生产性生物资产",科目余额表!$D:$J,6,0),0) |
| 油气资产 | 25 | =IFERROR(VLOOKUP("油气资产",科目余额表!$D:$J,2,0),0) | =IFERROR(VLOOKUP("油气资产",科目余额表!$D:$J,6,0),0) |
| 使用权资产 | 26 | =IFERROR(VLOOKUP("使用权资产",科目余额表!$D:$J,2,0),0) | =IFERROR(VLOOKUP("使用权资产",科目余额表!$D:$J,6,0),0) |
| 无形资产 | 27 | =IFERROR(VLOOKUP("无形资产",科目余额表!$D:$J,2,0),0)-IFERROR(VLOOKUP("累计摊销",科目余额表!$D:$J,3,0),0)-IFERROR(VLOOKUP("无形资产减值准备",科目余额表!$D:$J,3,0),0) | =IFERROR(VLOOKUP("无形资产",科目余额表!$D:$J,6,0),0)-IFERROR(VLOOKUP("累计摊销",科目余额表!$D:$J,7,0),0)-IFERROR(VLOOKUP("无形资产减值准备",科目余额表!$D:$J,7,0),0) |
| 开发支出 | 28 | =IFERROR(VLOOKUP("开发支出",科目余额表!$D:$J,2,0),0) | =IFERROR(VLOOKUP("开发支出",科目余额表!$D:$J,6,0),0) |
| 商誉 | 29 | =IFERROR(VLOOKUP("商誉",科目余额表!$D:$J,2,0),0) | =IFERROR(VLOOKUP("商誉",科目余额表!$D:$J,6,0),0) |
| 长期待摊费用 | 30 | =IFERROR(VLOOKUP("长期待摊费用",科目余额表!$D:$J,2,0),"") | =IFERROR(VLOOKUP("长期待摊费用",科目余额表!$D:$J,6,0),"") |
| 递延所得税资产 | 31 | =IFERROR(VLOOKUP("递延所得税资产",科目余额表!$D:$J,2,0),0) | =IFERROR(VLOOKUP("递延所得税资产",科目余额表!$D:$J,6,0),0) |
| 其他非流动资产 | 32 | — | — |
| 非流动资产合计 | 33 | =SUM(D22:D39) | =SUM(E22:E39) |
| 资产总计 | | =SUM(D20,D40) | =SUM(E20,E40) |

表 2-7  资产负债表负债和所有者权益项目公式

| 负债和所有者权益（或股东权益） | 行次 | 期初余额 | 期末余额 |
|---|---|---|---|
| 流动负债： | | | |
| 短期借款 | 35 | =IFERROR(VLOOKUP("短期借款",科目余额表!$D:$J,3,0),0) | =IFERROR(VLOOKUP("短期借款",科目余额表!$D:$J,7,0),0) |
| 交易性金融负债 | 36 | =IFERROR(VLOOKUP("交易性金融负债",科目余额表!$D:$J,3,0),0) | =IFERROR(VLOOKUP("交易性金融负债",科目余额表!$D:$J,7,0),0) |
| 衍生金融负债 | 37 | =IFERROR(VLOOKUP("衍生金融负债",科目余额表!$D:$J,3,0),0) | =IFERROR(VLOOKUP("衍生金融负债",科目余额表!$D:$J,7,0),0) |
| 应付票据 | 38 | =IFERROR(VLOOKUP("应付票据",科目余额表!$D:$J,3,0),0) | =IFERROR(VLOOKUP("应付票据",科目余额表!$D:$J,7,0),0) |
| 应付账款 | 39 | =IFERROR(VLOOKUP("应付账款",科目余额表!$D:$J,3,0),0) | =IFERROR(VLOOKUP("应付账款",科目余额表!$D:$J,7,0),0) |
| 预收款项 | 40 | =IFERROR(VLOOKUP("预收账款",科目余额表!$D:$J,3,0),0) | =IFERROR(VLOOKUP("预收账款",科目余额表!$D:$J,7,0),0) |
| 合同负债 | 41 | =IFERROR(VLOOKUP("合同负债",科目余额表!$D:$J,3,0),0) | =IFERROR(VLOOKUP("合同负债",科目余额表!$D:$J,7,0),0) |
| 应付职工薪酬 | 42 | =IFERROR(VLOOKUP("应付职工薪酬",科目余额表!$D:$J,3,0),0) | =IFERROR(VLOOKUP("应付职工薪酬",科目余额表!$D:$J,7,0),0) |
| 应交税费 | 43 | =IFERROR(VLOOKUP("应交税费",科目余额表!$D:$J,3,0),0) | =IFERROR(VLOOKUP("应交税费",科目余额表!$D:$J,7,0),0) |
| 其他应付款 | 44 | =IFERROR(VLOOKUP("其他应付款",科目余额表!$D:$J,3,0),0) | =IFERROR(VLOOKUP("其他应付款",科目余额表!$D:$J,7,0),0) |
| 持有待售负债 | 45 | =IFERROR(VLOOKUP("持有待售负债",科目余额表!$D:$J,3,0),0) | =IFERROR(VLOOKUP("持有待售负债",科目余额表!$D:$J,7,0),0) |
| 一年内到期的非流动负债 | 46 | — | — |
| 其他流动负债 | 47 | — | — |
| 流动负债合计 | 48 | =SUM(H7:H19) | =SUM(I7:I19) |
| 非流动负债： | | | |
| 长期借款 | 49 | =IFERROR(VLOOKUP("长期借款",科目余额表!$D:$J,3,0),0) | =IFERROR(VLOOKUP("长期借款",科目余额表!$D:$J,7,0),0) |
| 应付债券 | 50 | =SUM(H24:H25) | =SUM(I24:I25) |

(续表)

| 负债和所有者权益（或股东权益） | 行次 | 期初余额 | 期末余额 |
|---|---|---|---|
| 其中：优先股 | 51 | — | — |
| 永续债 | 52 | =IFERROR(VLOOKUP("应付债券",科目余额表!$D:$J,3,0),0) | =IFERROR(VLOOKUP("应付债券",科目余额表!$D:$J,7,0),0) |
| 租赁负债 | 53 | =IFERROR(VLOOKUP("租赁负债",科目余额表!$D:$J,3,0),0) | =IFERROR(VLOOKUP("租赁负债",科目余额表!$D:$J,7,0),0) |
| 长期应付款 | 54 | =IFERROR(VLOOKUP("长期应付款",科目余额表!$D:$J,3,0),0) | =IFERROR(VLOOKUP("长期应付款",科目余额表!$D:$J,7,0),0) |
| 预计负债 | 55 | =IFERROR(VLOOKUP("预计负债",科目余额表!$D:$J,3,0),0) | =IFERROR(VLOOKUP("预计负债",科目余额表!$D:$J,7,0),0) |
| 递延收益 | 56 | =IFERROR(VLOOKUP("递延收益",科目余额表!$D:$J,3,0),0) | =IFERROR(VLOOKUP("递延收益",科目余额表!$D:$J,7,0),0) |
| 递延所得税负债 | 57 | =IFERROR(VLOOKUP("递延所得税负债",科目余额表!$D:$J,3,0),0) | =IFERROR(VLOOKUP("递延所得税负债",科目余额表!$D:$J,7,0),0) |
| 其他非流动负债 | 58 | — | — |
| 非流动负债合计 | 59 | =SUM(H22:H23,H26:H31) | =SUM(I22:I23,I26:I31) |
| 负债合计 | 60 | =SUM(H20,H32) | =SUM(I20,I32) |
| 所有者权益（或股东权益）： | | | |
| 实收资本（或股本） | 61 | =IFERROR(VLOOKUP("实收资本",科目余额表!$D:$J,3,0),0) | =IFERROR(VLOOKUP("实收资本",科目余额表!$D:$J,7,0),0) |
| 其他权益工具 | 62 | =H37+H38 | =I37+I38 |
| 其中：优先股 | 63 | | |
| 永续债 | 64 | — | — |
| 资本公积 | 65 | =IFERROR(VLOOKUP("资本公积",科目余额表!$D:$J,3,0),0) | =IFERROR(VLOOKUP("资本公积",科目余额表!$D:$J,7,0),0) |
| 减：库存股 | 66 | =IFERROR(VLOOKUP("库存股",科目余额表!$D:$J,3,0),0) | =IFERROR(VLOOKUP("库存股",科目余额表!$D:$J,7,0),0) |
| 其他综合收益 | 67 | =IFERROR(VLOOKUP("其他综合收益",科目余额表!$D:$J,3,0),0) | =IFERROR(VLOOKUP("其他综合收益",科目余额表!$D:$J,7,0),0) |
| 专项储备 | 68 | =IFERROR(VLOOKUP("专项储备",科目余额表!$D:$J,3,0),0) | =IFERROR(VLOOKUP("专项储备",科目余额表!$D:$J,7,0),0) |
| 盈余公积 | 69 | =IFERROR(VLOOKUP("盈余公积",科目余额表!$D:$J,3,0),0) | =IFERROR(VLOOKUP("盈余公积",科目余额表!$D:$J,7,0),0) |

(续表)

| 负债和所有者权益（或股东权益） | 行次 | 期初余额 | 期末余额 |
| --- | --- | --- | --- |
| 未分配利润 | 70 | =D46－H33－H35－H36－H39－H41－H42－H43 | =E46－I33－I35－I36－I39－I41－I42－I43 |
| 所有者权益（或股东权益）合计 | 71 | =H35+H36+H39+H41+H42+H43+H44 | =I35+I36+I39+I41+I42+I43+I44 |
| 负债和所有者权益（或股东权益）总计 | 72 | =SUM(H33,H45) | =SUM(I33,I45) |

值得注意的是，在表结法下，未分配利润的期初数＝资产－负债－除未分配利润外的所有者权益金额，未分配利润的期末数（在年内时）＝未分配利润期初余额＋本月净利润金额。

## 活动 2.2.4　利润表的编制

### 一、知识要点

利润表是反映企业一定期间经营成果的会计报表。即它是总括反映企业在一定时期内利润（亏损）实现情况的会计报表。利润表的编制是依据"收入－费用＝利润"这一公式。按照我国现行《企业会计准则》的规定，我国企业的利润表采用多步式的格式。

"营业收入"项目，反映企业主要经营业务和其他经营业务所取得的收入总额。本项目应根据"主营业务收入"科目和"其他业务收入"科目的发生额分析填列。

"营业成本"项目，反映企业主要经营业务和其他经营业务发生的实际成本总额。本项目应根据"主营业务成本"科目和"其他业务成本"科目的发生额分析填列。

"营业利润"项目，以营业收入为基础，减去营业成本、税金及附加、期间费用，加上投资收益后，计算出营业利润。

"利润总额"项目，以营业利润为基础，加上营业外收入，减去营业外支出，计算出利润总额。

"净利润"项目，以利润总额为基础，减去所得税费用后，计算出净利润（或净亏损）。其他项目直接取自科目余额表。

多步式利润表反映出了营业利润、利润总额、净利润的构成情况，有助于使用者从不同利润类别中了解企业经营成果的不同来源。

利润表"本年累计金额"栏反映各项目自年初起至本月末止的累计实际发生数。上月利润表的"本年累计金额"栏的数字，加上本月利润表的"本月金额"栏的数字，可以得出各项目本月利润表的"本年累计金额"，然后填入相应的项目内。

### 二、岗位任务

编制一份可引用科目余额表中数据自动生成的利润表，如表2-8所示。

表 2-8　利润表　会企 02 表

编制单位：　　　20××年1月　　　单位：元

| 项　目 | 行次 | 本月金额 | 本年累计金额 |
|---|---|---|---|
| 一、营业收入 | 1 | 20 000.00 | 20 000.00 |
| 　　减：营业成本 | 2 | 13 000.00 | 13 000.00 |
| 　　　　税金及附加 | 3 | | |
| 　　　　销售费用 | 4 | | |
| 　　　　管理费用 | 5 | 500.00 | 500.00 |
| 　　　　研发费用 | 6 | | |
| 　　　　财务费用 | 7 | | |
| 　　　　　其中：利息费用 | 8 | | |
| 　　　　　　　　利息收入 | 9 | | |
| 　　加：其他收益 | 10 | | |
| 　　　　投资收益（损失以"－"号填列） | 11 | | |
| 　　　　　其中：对联营企业和合营企业的投资收益 | 12 | | |
| 　　　　以摊余成本计量的金融资产终止确认收益（损失以"－"号填列） | 13 | | |
| 　　　　净敞口套期收益（损失以"－"号填列） | 14 | | |
| 　　　　公允价值变动收益（损失以"－"号填列） | 15 | | |
| 　　　　信用减值损失（损失以"－"号填列） | 16 | | |
| 　　　　资产减值损失（损失以"－"号填列） | 17 | | |
| 　　　　资产处置收益（损失以"－"号填列） | 18 | | |
| 二、营业利润（亏损以"－"号填列） | 19 | 6 500.00 | 6 500.00 |
| 　　加：营业外收入 | 20 | | |
| 　　减：营业外支出 | 21 | | |
| 三、利润总额（亏损总额以"－"号填列） | 22 | 6 500.00 | 6 500.00 |
| 　　减：所得税费用① | 23 | | |
| 四、净利润（净亏损以"－"号填列） | 24 | 6 500.00 | 6 500.00 |
| 　　（一）持续经营净利润（净亏损以"－"号填列） | 25 | | |
| 　　（二）终止经营净利润（净亏损以"－"号填列） | 26 | | |
| 五、其他综合收益的税后净额 | 27 | | |
| 　　（一）不能重分类进损益的其他综合收益 | 28 | | |
| 　　　　1. 重新计量设定受益计划变动额 | 29 | | |
| 　　　　2. 权益法下不能转损益的其他综合收益 | 30 | | |

①　此为简易计算，不考虑所得税。

（续表）

| 项　　目 | 行次 | 本月金额 | 本年累计金额 |
|---|---|---|---|
| 3. 其他权益工具投资公允价值变动 | 31 | | |
| 4. 企业自身信用风险公允价值变动 | 32 | | |
| …… | | | |
| （二）将重分类进损益的其他综合收益 | 33 | | |
| 1. 权益法下可转损益的其他综合收益 | 34 | | |
| 2. 其他债权投资公允价值变动 | 35 | | |
| 3. 金融资产重分类计入其他综合收益的金额 | 36 | | |
| 4. 其他债权投资信用减值准备 | 37 | | |
| 5. 现金流量套期储备 | 38 | | |
| 6. 外币财务报表折算差额 | 39 | | |
| …… | | | |
| 六、综合收益总额 | 40 | | |
| 七、每股收益： | 41 | | |
| （一）基本每股收益 | 42 | | |
| （二）稀释每股收益 | 43 | | |

## 三、操作步骤

操作步骤如下：

（1）修改“sheet8”工作表名为“利润表”，录入利润表表头信息并编制报表样式，如图 2-33 所示。

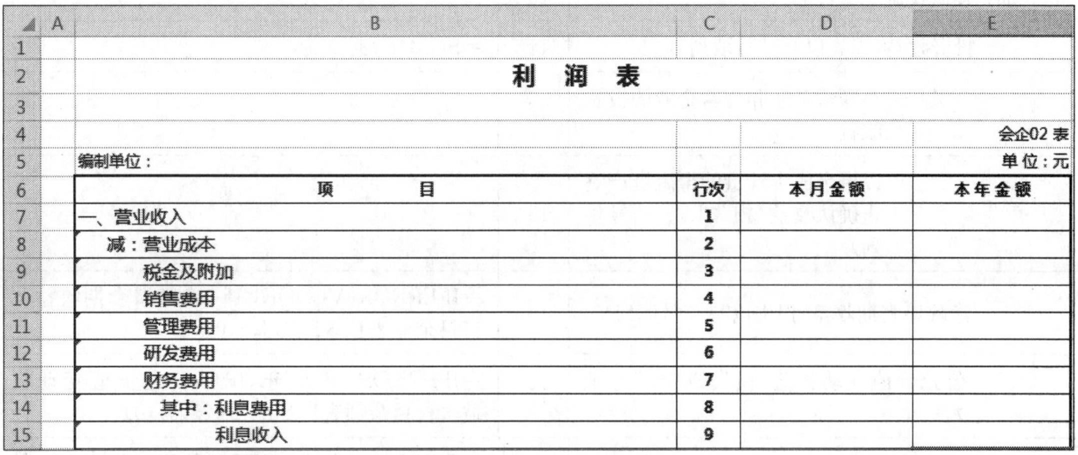

| | A | B | C | D | E |
|---|---|---|---|---|---|
| 1 | | | | | |
| 2 | | 利　润　表 | | | |
| 3 | | | | | |
| 4 | | | | | 会企02 表 |
| 5 | | 编制单位： | | | 单位：元 |
| 6 | | 项　　　目 | 行次 | 本月金额 | 本年金额 |
| 7 | | 一、营业收入 | 1 | | |
| 8 | | 减：营业成本 | 2 | | |
| 9 | | 税金及附加 | 3 | | |
| 10 | | 销售费用 | 4 | | |
| 11 | | 管理费用 | 5 | | |
| 12 | | 研发费用 | 6 | | |
| 13 | | 财务费用 | 7 | | |
| 14 | | 其中：利息费用 | 8 | | |
| 15 | | 利息收入 | 9 | | |

图 2-33　利润表表头信息

(2) 利润表日期自动取自科目余额表,根据"科目余额表查询"的月份查找出本月月末日期。选择单元格 B3,录入公式"=科目余额表查询!E3&"年"&科目余额表查询!G3&"月""。

(3) 参照表 2-9,录入报表公式。

表 2-9　　　　　　　　　　利润表项目公式

| 项　目 | 行次 | 本月金额 |
|---|---|---|
| 一、营业收入 | 1 | =IFERROR(VLOOKUP("主营业务收入",科目余额表!$D:$J,5,0),0)+IFERROR(VLOOKUP("其他业务收入",科目余额表!$D:$J,5,0),0) |
| 减：营业成本 | 2 | =IFERROR(VLOOKUP("主营业务成本",科目余额表!$D:$J,4,0),0)+IFERROR(VLOOKUP("其他业务成本",科目余额表!$D:$J,4,0),0) |
| 税金及附加 | 3 | =IFERROR(VLOOKUP("税金及附加",科目余额表!$D:$J,4,0),0) |
| 销售费用 | 4 | =IFERROR(VLOOKUP("销售费用",科目余额表!$D:$J,4,0),0) |
| 管理费用 | 5 | =IFERROR(VLOOKUP("管理费用",科目余额表!$D:$J,4,0),0) |
| 研发费用 | 6 | =IFERROR(VLOOKUP("研发支出",科目余额表!$D:$J,4,0),0) |
| 财务费用 | 7 | =D14－D15 |
| 其中：利息费用 | 8 | — |
| 利息收入 | 9 | — |
| 加：其他收益 | 10 | — |
| 投资收益（损失以"－"号填列） | 11 | =SUM(D18:D19) |
| 其中：对联营企业和合营企业的投资收益 | 12 | — |
| 以摊余成本计量的金融资产终止确认收益（损失以"－"号填列） | 13 | — |
| 净敞口套期收益（损失以"－"号填列） | 14 | =IFERROR(VLOOKUP("净敞口套期收益",科目余额表!$D:$J,5,0),0) |
| 公允价值变动收益（损失以"－"号填列） | 15 | =IFERROR(VLOOKUP("公允价值变动收益",科目余额表!$D:$J,5,0),0) |
| 信用减值损失（损失以"－"号填列） | 16 | =IFERROR(VLOOKUP("信用减值损失",科目余额表!$D:$J,5,0),0) |

(续表)

| 项　　目 | 行次 | 本月金额 |
|---|---|---|
| 资产减值损失(损失以"－"号填列) | 17 | =IFERROR(VLOOKUP("资产减值损失",科目余额表!＄D:＄J,4,0),0) |
| 资产处置收益(损失以"－"号填列) | 18 | =IFERROR(VLOOKUP("资产处置收益",科目余额表!＄D:＄J,5,0),0) |
| 二、营业利润(亏损以"－"号填列) | 19 | =D7－D8－D9－D10－D11－D12－D13－D16＋D17＋D20＋D21＋D22＋D23＋D24 |
| 加:营业外收入 | 20 | =IFERROR(VLOOKUP("营业外收入",科目余额表!＄D:＄J,5,0),0) |
| 减:营业外支出 | 21 | =IFERROR(VLOOKUP("营业外支出",科目余额表!＄D:＄J,4,0),0) |
| 三、利润总额(亏损总额以"－"号填列) | 22 | =D25＋D26－D27 |
| 减:所得税费用 | 23 | =IFERROR(VLOOKUP("所得税费用",科目余额表!＄D:＄J,4,0),0) |
| 四、净利润(净亏损以"－"号填列) | 24 | =D28－D29 |

(4) 每年1月份的"本年累计金额",可以等于"本月金额"。

(5) 新建一个"利润表"工作簿,将"会计账务处理"工作簿中的工作表"利润表"移动复制到"利润表"工作簿,将工作表"利润表"更名为"1月利润表"。

(6) 将"本月金额"复制,并以数值形式粘贴回原位。

(7) 2～12月的"本年累计金额"则等于"本月金额"＋上月的"本年累计金额"。因此,我们将"会计账务处理"工作簿中生成的2月(或3～12月)"利润表"移动复制到"利润表"工作簿,将工作表"利润表"更名为"2月利润表"(或3～12月利润表);同理,我们将"本月金额"复制,并以数值形式粘贴回原位。

(8) "2月利润表"中的"本年累计金额"则等于"本月金额"＋"1月利润表"的"本年累计金额"。

## 活动 2.2.5　现金流量表的编制

### 一、知识要点

现金流量表是反映企业一定时期内(月、季、年)现金流入与流出及其平衡状况的动态会计报表。

现金流量表是以现金及现金等价物为基础编制的,综合反映企业在一定期间内的现金收入和现金支出情况的会计报表。它反映报告期内有多少现金来源,并用在何处;反映现金在流动中的增减变动情况,并以此说明资产、负债和所有者权益变动对现金的影响,从现金流量的角度来说明企业的财务状况。

现金流量表正表部分是以"现金流入－现金流出＝现金流量净额"为基础,采取多步式的格式,分经营活动、投资活动、筹资活动和汇率变动对现金及现金等价物的影响等项来报告企业的现金流入量和现金流出量。

## 二、岗位任务

编制一份可引用前表数据自动生成的现金流量表,如表 2-10 所示。

表 2-10　　　　　　　　　　　　现金流量表

会企 03 表
编制单位：　　　　　　　　　　20××年 1 月　　　　　　　　　　　　单位：元

| 项　　目 | 行次 | 本月金额 | 累计金额 |
|---|---|---|---|
| 一、经营活动产生的现金流量： |  |  |  |
| 　　销售商品、提供劳务收到的现金 | 1 | 22 600.00 | 22 600.00 |
| 　　收到的税费返还 | 2 | —— | —— |
| 　　收到其他与经营活动有关的现金 | 3 | —— | —— |
| 　　　　经营活动现金流入小计 | 4 | 22 600.00 | 22 600.00 |
| 　　购买商品、接受劳务支付的现金 | 5 | 13 560.00 | 13 560.00 |
| 　　支付给职工以及为职工支付的现金 | 6 | 16 500.00 | 16 500.00 |
| 　　支付的各项税费 | 7 | —— | —— |
| 　　支付其他与经营活动有关的现金 | 8 | 500.00 | 500.00 |
| 　　　　经营活动现金流出小计 | 9 | 30 560.00 | 30 560.00 |
| 　　　　经营活动产生的现金流量净额 | 10 | −7 960.00 | −7 960.00 |
| 二、投资活动产生的现金流量： |  |  |  |
| 　　收回投资收到的现金 | 11 | —— | —— |
| 　　取得投资收益收到的现金 | 12 | —— | —— |
| 　　处置固定资产、无形资产和其他长期资产收回的现金净额 | 13 | —— | —— |
| 　　处置子公司及其他营业单位收到的现金净额 | 14 | —— | —— |
| 　　收到其他与投资活动有关的现金 | 15 | —— | —— |
| 　　　　投资活动现金流入小计 | 16 |  |  |
| 　　购建固定资产、无形资产和其他长期资产支付的现金 | 17 | —— | —— |
| 　　投资支付的现金 | 18 | —— | —— |
| 　　支付其他与投资活动有关的现金 | 19 | —— | —— |
| 　　　　投资活动现金流出小计 | 20 |  |  |
| 　　　　投资活动产生的现金流量净额 | 21 |  |  |
| 三、筹资活动产生的现金流量： |  |  |  |

(续表)

| 项　　目 | 行次 | 本月金额 | 累计金额 |
|---|---|---|---|
| 吸收投资收到的现金 | 22 | — | — |
| 取得借款收到的现金 | 23 | — | — |
| 收到其他与筹资活动有关的现金 | 24 | — | — |
| 　筹资活动现金流入小计 | 25 | — | — |
| 偿还债务支付的现金 | 26 | — | — |
| 分配股利、利润或偿付利息支付的现金 | 27 | — | — |
| 支付其他与筹资活动有关的现金 | 28 | — | — |
| 　筹资活动现金流出小计 | 29 | — | — |
| 　筹资活动产生的现金流量净额 | 30 | — | — |
| 四、汇率变动对现金及现金等价物的影响 | 31 | — | — |
| 五、现金及现金等价物净增加额 | 32 | −7 960.00 | −7 960.00 |
| 　加:期初现金及现金等价物余额 | 33 | 511 554.00 | 511 554.00 |
| 六、期末现金及现金等价物余额 | 34 | 503 594.00 | 503 594.00 |

## 三、操作步骤

操作步骤如下:

(1) 修改"sheet9"工作表名为"现金流量表",录入现金流量表表头信息并编制报表样式,如图 2-34 所示。

图 2-34　现金流量表表头信息

(2) 在"记账凭证簿"中,选中第 2 列表头,通过"数据"选项卡上"筛选"功能进行自动筛选,将总账科目为"库存现金""银行存款""其他货币资金"的行筛选出,如图 2-35 所示。

(3) 在单元格 O2 录入"现金流量选项"字样后,对 O 列设置数据有效性,数据来源为现金流量表项目(即现金流量表 B 列),如图 2-36 所示。

图 2-35 总账科目数据筛选设置

图 2-36 现金流量选项的数据有效性设定

（4）分析业务的性质，选择填入现金流量项目完成底稿，如图 2-37 所示。

（5）现金流量表日期自动取自科目余额表，根据"科目余额表查询"的月份查找出本月月末日期。选择单元格 B3，录入公式"＝科目余额表查询！E3&"年"&科目余额表查询！G3&"月""。

（6）参照表 2-11，在"现金流量表"工作表中录入公式。

| | A | B | C | D | E | F | G | H | I | J | K | L | M | N | O |
|---|---|---|---|---|---|---|---|---|---|---|---|---|---|---|---|
| 1 | | | 1 | 2 | 3 | 4 | 5 | 6 | 7 | 8 | 9 | 10 | 11 | 12 | |
| 2 | | 凭证打印识别码 | 凭证号 | 年度 | 月 | 日 | 凭证类型 | 凭证号码 | 摘　要 | 总账科目 | 明细科目 | 借方金额 | 贷方金额 | 附件张数 | 现金流量选项 |
| 3 | | 20**1记11 | 20**1记1 | 20** | 1 | 1 | 记 | 1 | 提取备用金 | 库存现金 | | 2,500.00 | | 1 | |
| 4 | | 20**1记12 | 20**1记1 | 20** | 1 | 1 | 记 | 1 | 提取备用金 | 银行存款 | 交通银行 | | 2,500.00 | 1 | |
| 10 | | 20**1记33 | 20**1记3 | 20** | 1 | 5 | 记 | 3 | 采购原材料 | 银行存款 | 交通银行 | | 13,560.00 | 4 | 购买商品、接受劳务支付的现金 |
| 12 | | 20**1记42 | 20**1记4 | 20** | 1 | 10 | 记 | 4 | 购买办公用品 | 库存现金 | | | 500.00 | 2 | 支付的其它与经营活动有关的现金 |
| 14 | | 20**1记52 | 20**1记5 | 20** | 1 | 12 | 记 | 5 | 收回前欠货款 | 银行存款 | 交通银行 | 22,600.00 | | 1 | 销售商品、提供劳务收到的现金 |
| 16 | | 20**1记62 | 20**1记6 | 20** | 1 | 15 | 记 | 6 | 支付上月工资 | 银行存款 | 交通银行 | | 16,500.00 | 2 | 支付给职工以及为职工支付的现金 |
| 18 | | 20**1记72 | 20**1记7 | 20** | 1 | 18 | 记 | 7 | 购买软件升级包 | 银行存款 | 交通银行 | | 12,000.00 | 5 | 购建固定资产、无形资产和其他长期资产所支付的现金 |
| 20 | | 20**1记82 | 20**1记8 | 20** | 1 | 22 | 记 | 8 | 利息收入 | 银行存款 | 交通银行 | 50.00 | | 1 | 收到的其他与经营活动有关的现金 |

**图 2-37　现金流量表编制底稿**

**表 2-11　　　　现金流量表公式**

| 项　　目 | 行次 | 本月金额 |
|---|---|---|
| 一、经营活动产生的现金流量： | | |
| 销售商品、提供劳务收到的现金 | 1 | =SUMIFS(记账凭证簿！$L：$L,记账凭证簿！$O：$O,B7,记账凭证簿！$E：$E,科目余额表！$G$3) |
| 收到的税费返还 | 2 | =SUMIFS(记账凭证簿！$L：$L,记账凭证簿！$O：$O,B8,记账凭证簿！$E：$E,科目余额表！$G$3) |
| 收到其他与经营活动有关的现金 | 3 | =SUMIFS(记账凭证簿！$L：$L,记账凭证簿！$O：$O,B9,记账凭证簿！$E：$E,科目余额表！$G$3) |
| 经营活动现金流入小计 | 4 | =SUM(D7：D9) |
| 购买商品、接受劳务支付的现金 | 5 | =SUMIFS(记账凭证簿！$M：$M,记账凭证簿！$O：$O,B11,记账凭证簿！$E：$E,科目余额表！$G$3) |
| 支付给职工以及为职工支付的现金 | 6 | =SUMIFS(记账凭证簿！$M：$M,记账凭证簿！$O：$O,B12,记账凭证簿！$E：$E,科目余额表！$G$3) |
| 支付的各项税费 | 7 | =SUMIFS(记账凭证簿！$M：$M,记账凭证簿！$O：$O,B13,记账凭证簿！$E：$E,科目余额表！$G$3) |
| 支付其他与经营活动有关的现金 | 8 | =SUMIFS(记账凭证簿！$M：$M,记账凭证簿！$O：$O,B14,记账凭证簿！$E：$E,科目余额表！$G$3) |
| 经营活动现金流出小计 | 9 | =SUM(D11：D14) |
| 经营活动产生的现金流量净额 | 10 | =D10－D15 |
| 二、投资活动产生的现金流量： | | |
| 收回投资收到的现金 | 11 | =SUMIFS(记账凭证簿！$L：$L,记账凭证簿！$O：$O,B18,记账凭证簿！$E：$E,科目余额表！$G$3) |
| 取得投资收益收到的现金 | 12 | =SUMIFS(记账凭证簿！$L：$L,记账凭证簿！$O：$O,B19,记账凭证簿！$E：$E,科目余额表！$G$3) |
| 处置固定资产、无形资产和其他长期资产收回的现金净额 | 13 | =SUMIFS(记账凭证簿！$L：$L,记账凭证簿！$O：$O,B20,记账凭证簿！$E：$E,科目余额表！$G$3) |
| 处置子公司及其他营业单位收到的现金净额 | 14 | =SUMIFS(记账凭证簿！$L：$L,记账凭证簿！$O：$O,B21,记账凭证簿！$E：$E,科目余额表！$G$3) |

（续表）

| 项　　目 | 行次 | 本月金额 |
|---|---|---|
| 收到其他与投资活动有关的现金 | 15 | =SUMIFS(记账凭证簿!$L:$L,记账凭证簿!$O:$O,B22,记账凭证簿!$E:$E,科目余额表!$G$3) |
| 投资活动现金流入小计 | 16 | =SUM(D18:D22) |
| 购建固定资产、无形资产和其他长期资产支付的现金 | 17 | =SUMIFS(记账凭证簿!$M:$M,记账凭证簿!$O:$O,B24,记账凭证簿!$E:$E,科目余额表!$G$3) |
| 投资支付的现金 | 18 | =SUMIFS(记账凭证簿!$M:$M,记账凭证簿!$O:$O,B25,记账凭证簿!$E:$E,科目余额表!$G$3) |
| 支付其他与投资活动有关的现金 | 19 | =SUMIFS(记账凭证簿!$M:$M,记账凭证簿!$O:$O,B26,记账凭证簿!$E:$E,科目余额表!$G$3) |
| 投资活动现金流出小计 | 20 | =SUM(D24:D26) |
| 投资活动产生的现金流量净额 | 21 | =D23－D27 |
| 三、筹资活动产生的现金流量： | | |
| 吸收投资收到的现金 | 22 | =SUMIFS(记账凭证簿!$L:$L,记账凭证簿!$O:$O,B30,记账凭证簿!$E:$E,科目余额表!$G$3) |
| 取得借款收到的现金 | 23 | =SUMIFS(记账凭证簿!$L:$L,记账凭证簿!$O:$O,B31,记账凭证簿!$E:$E,科目余额表!$G$3) |
| 收到其他与筹资活动有关的现金 | 24 | =SUMIFS(记账凭证簿!$L:$L,记账凭证簿!$O:$O,B32,记账凭证簿!$E:$E,科目余额表!$G$3) |
| 筹资活动现金流入小计 | 25 | =SUM(D30:D32) |
| 偿还债务支付的现金 | 26 | =SUMIFS(记账凭证簿!$M:$M,记账凭证簿!$O:$O,B34,记账凭证簿!$E:$E,科目余额表!$G$3) |
| 分配股利、利润或偿付利息支付的现金 | 27 | =SUMIFS(记账凭证簿!$M:$M,记账凭证簿!$O:$O,B35,记账凭证簿!$E:$E,科目余额表!$G$3) |
| 支付其他与筹资活动有关的现金 | 28 | =SUMIFS(记账凭证簿!$M:$M,记账凭证簿!$O:$O,B36,记账凭证簿!$E:$E,科目余额表!$G$3) |
| 筹资活动现金流出小计 | 29 | =SUM(D34:D36) |
| 筹资活动产生的现金流量净额 | 30 | =D33－D37 |
| 四、汇率变动对现金及现金等价物的影响 | 31 | =SUMIFS(记账凭证簿!$L:$L,记账凭证簿!$O:$O,B39,记账凭证簿!$E:$E,科目余额表!$G$3) |
| 五、现金及现金等价物净增加额 | 32 | =D16+D28+D38+D39 |
| 加：期初现金及现金等价物余额 | 33 | =资产负债表!D7 |
| 六、期末现金及现金等价物余额 | 34 | =D40+D41 |

（7）建立"现金流量表"工作簿，参照"利润表"的步骤4～8，将"会计账务处理"工作簿中"现金流量表"工作表移动复制到"现金流量表"工作簿中，并设置"累计金额"公式。

# 模 块 测 试

参考答案

表2-12列示了某企业会计人员根据该企业2020年所发生的部分经济业务编制的会计分录。

表2-12　　　　　　　　　会计分录

| 年度 | 月 | 日 | 凭证类型 | 凭证号码 | 摘要 | 总账科目 | 明细科目 | 借方金额 | 贷方金额 | 附件张数 |
|---|---|---|---|---|---|---|---|---|---|---|
| 2020 | 1 | 1 | 记 | 1 | 提现 | 库存现金 |  | 2 000.00 |  | 1 |
| 2020 | 1 | 1 | 记 | 1 | 提现 | 银行存款 | 中国银行 |  | 2 000.00 | 1 |
| 2020 | 1 | 2 | 记 | 2 | 收款 | 银行存款 | 工商银行 | 10 000.00 |  | 2 |
| 2020 | 1 | 2 | 记 | 2 | 收款 | 应收账款 | 天津广达 |  | 10 000.00 | 2 |
| 2020 | 1 | 3 | 记 | 3 | 购料 | 原材料 | PP1电子配件 | 20 000.00 |  | 3 |
| 2020 | 1 | 3 | 记 | 3 | 购料 | 应交税费 | 应交增值税——进项税额 | 2 600.00 |  | 3 |
| 2020 | 1 | 3 | 记 | 3 | 购料 | 银行存款 | 工商银行 |  | 22 600.00 | 3 |
| 2020 | 1 | 3 | 记 | 4 | 购固定资产 | 固定资产 |  | 10 000.00 |  | 3 |
| 2020 | 1 | 3 | 记 | 4 | 购固定资产 | 银行存款 | 建设银行 |  | 10 000.00 | 3 |
| 2020 | 1 | 10 | 记 | 5 | 支付工资 | 应付职工薪酬 | 工资 | 18 000.00 |  | 2 |
| 2020 | 1 | 10 | 记 | 5 | 支付工资 | 银行存款 | 工商银行 |  | 17 500.00 | 2 |
| 2020 | 1 | 10 | 记 | 5 | 支付工资 | 应交税费 | 应交个人所得税 |  | 500.00 | 2 |
| 2020 | 1 | 15 | 记 | 6 | 收到存款利息 | 银行存款 | 工商银行 | 100.00 |  | 1 |
| 2020 | 1 | 15 | 记 | 6 | 收到存款利息 | 财务费用 |  |  | 100.00 | 1 |
| 2020 | 1 | 20 | 记 | 7 | 产品促销费 | 销售费用 |  | 2 000.00 |  | 1 |
| 2020 | 1 | 20 | 记 | 7 | 产品促销费 | 库存现金 |  |  | 2 000.00 | 1 |
| 2020 | 1 | 23 | 记 | 8 | 销售 | 应收账款 | 上海万联 | 700 000.00 |  | 2 |
| 2020 | 1 | 23 | 记 | 8 | 销售 | 主营业务收入 | Z230-5烤箱 |  | 619 469.03 | 2 |
| 2020 | 1 | 23 | 记 | 8 | 销售 | 应交税费 | 应交增值税——销项税额 |  | 80 530.97 | 2 |
| 2020 | 1 | 31 | 记 | 9 | 结转销售成本 | 主营业务成本 | Z230-5烤箱 | 500 000.00 |  | 1 |
| 2020 | 1 | 31 | 记 | 9 | 结转销售成本 | 库存商品 | Z230-5烤箱 |  | 500 000.00 | 1 |
| 2020 | 1 | 31 | 记 | 10 | 结转增值税 | 应交税费 | 应交增值税——转出增值税 | 77 930.97 |  | 1 |

(续表)

| 年度 | 月 | 日 | 凭证类型 | 凭证号码 | 摘要 | 总账科目 | 明细科目 | 借方金额 | 贷方金额 | 附件张数 |
|---|---|---|---|---|---|---|---|---|---|---|
| 2020 | 1 | 31 | 记 | 10 | 结转增值税 | 应交税费 | 未交增值税 | | 77 930.97 | 1 |
| 2020 | 1 | 31 | 记 | 11 | 结转期间损益 | 主营业务收入 | Z230-5 烤箱 | 619 469.03 | | 0 |
| 2020 | 1 | 31 | 记 | 11 | 结转期间损益 | 财务费用 | | 100.00 | | 0 |
| 2020 | 1 | 31 | 记 | 11 | 结转期间损益 | 主营业务成本 | Z230-5 烤箱 | | 500 000.00 | 0 |
| 2020 | 1 | 31 | 记 | 11 | 结转期间损益 | 销售费用 | | | 2 000.00 | 0 |
| 2020 | 1 | 31 | 记 | 11 | 结转期间损益 | 本年利润 | | | 117 569.03 | 0 |
| 2020 | 1 | 31 | 记 | 12 | 结转本年利润 | 本年利润 | | 117 569.03 | | 0 |
| 2020 | 1 | 31 | 记 | 12 | 结转本年利润 | 利润分配 | 未分配利润 | | 117 569.03 | 0 |
| 2020 | 2 | 1 | 记 | 1 | 购办公用品 | 管理费用 | 办公费 | 1 000.00 | | 1 |
| 2020 | 2 | 1 | 记 | 1 | 购办公用品 | 库存现金 | | | 1 000.00 | 1 |
| 2020 | 2 | 5 | 记 | 2 | 销售 | 应收账款 | 天津广达 | 500 000.00 | | 2 |
| 2020 | 2 | 5 | 记 | 2 | 销售 | 主营业务收入 | Z350-8 烤箱 | | 442 477.88 | 2 |
| 2020 | 2 | 5 | 记 | 2 | 销售 | 应交税费 | 应交增值税——销项税额 | | 57 522.12 | 2 |
| 2020 | 2 | 10 | 记 | 3 | 收款 | 银行存款 | 工商银行 | 700 000.00 | | 3 |
| 2020 | 2 | 10 | 记 | 3 | 收款 | 应收账款 | 上海万联 | | 700 000.00 | 3 |
| 2020 | 2 | 13 | 记 | 4 | 报销差旅费 | 管理费用 | 差旅费 | 5 000.00 | | 2 |
| 2020 | 2 | 13 | 记 | 4 | 报销差旅费 | 库存现金 | | | 5 000.00 | 2 |

要求：将表 2-12 中列示的业务录入"记账凭证簿"，检验你所编制的"会计账务处理"的工作簿，看其是否能自动生成"科目余额表"和相关会计报表。

# 模块 3

# 工资薪酬管理

**[考核目标]**
1. 认知单位职工每月的各项薪酬包含内容。
2. 认知运用 Excel 表格功能建立各类薪酬表格。
3. 认知综合运用 Excel 表格进行薪酬管理来提高工作效率。

**[实践目标]**
1. 掌握运用 Excel 表格进行薪酬管理系统工作簿的制作。
2. 掌握 Excel 数据清单的制作、有关函数的应用等基本操作方法。

**[知识点思维导图]**

```
                         ┌─ 职工基本情况表的建立
                         ├─ 职工基本工资表的建立
            基本表格的建立与数据录入 ─┼─ 职工福利表的建立
                         ├─ 职工考勤记录表的建立
工资薪酬管理 ─┤             └─ 职工业绩考核表的建立
            ├─ 职工工资结算单的创建
            ├─ 工资条的生成
            └─ 工资总额汇总表的创建
```

## 任务 3.1　基本表格的建立与数据录入

### 活动 3.1.1　职工基本情况表的建立

#### 一、知识要点

职工基本情况表是企业基本信息的汇总。其包括的项目有员工编号、姓名、性别、部门、人员类别、入职时间、银行账号、联系电话、备注等。

## 二、岗位任务

建立一张职工基本情况表。要求：格式、数据与表 3-1 一致。

表 3-1　　　　　　　　　　职工基本情况一览表

| 员工编号 | 姓名 | 性别 | 部门 | 人员类别 | 入职时间 | 银行账号 | 联系电话 | 备注 |
|---|---|---|---|---|---|---|---|---|
| 1 | 曾小英 | 男 | 办公室 | 管理人员 | 2000/9/7 | 6212262100001678261 | | |
| 2 | 岑丹丹 | 男 | 生产车间 | 生产人员 | 2000/9/7 | 6212262100001678287 | | |
| 3 | 闭慧芳 | 女 | 生产车间 | 生产人员 | 2000/9/7 | 6212262100001678283 | | |
| 4 | 邓丽娟 | 女 | 销售部 | 销售人员 | 2001/9/6 | 6212262100001678270 | | |
| 5 | 何玲玲 | 男 | 生产车间 | 生产人员 | 2008/9/1 | 6212262100001678285 | | |
| 6 | 何　莎 | 男 | 生产车间 | 生产人员 | 2008/9/1 | 6212262100001678288 | | |
| 7 | 何雪丽 | 女 | 办公室 | 管理人员 | 2008/9/1 | 6212262100001678266 | | |
| 8 | 黄芳萍 | 女 | 办公室 | 管理人员 | 2008/9/1 | 6212262100001678262 | | |
| 9 | 黄秋莹 | 男 | 生产车间 | 生产人员 | 2002/9/10 | 6212262100001678286 | | |
| 10 | 黄　焱 | 男 | 生产车间 | 生产人员 | 2002/9/10 | 6212262100001678282 | | |
| 11 | 黄玉玲 | 男 | 生产车间 | 生产人员 | 2002/9/10 | 6212262100001678280 | | |
| 12 | 李金娥 | 男 | 生产车间 | 生产人员 | 2002/9/10 | 6212262100001678284 | | |
| 13 | 李思熠 | 女 | 采购部 | 采购人员 | 2002/9/10 | 6212262100001678276 | | |
| 14 | 林小群 | 男 | 生产车间 | 生产人员 | 2003/8/30 | 6212262100001678281 | | |
| 15 | 凌　恒 | 男 | 销售部 | 销售人员 | 2003/8/30 | 6212262100001678273 | | |
| 16 | 凌玉梅 | 男 | 销售部 | 销售人员 | 2003/8/30 | 6212262100001678274 | | |
| 17 | 刘珊凤 | 女 | 财务室 | 管理人员 | 2003/8/30 | 6212262100001678263 | | |
| 18 | 刘艺恒 | 男 | 销售部 | 销售人员 | 2003/8/30 | 6212262100001678272 | | |
| 19 | 陆兰清 | 男 | 财务室 | 管理人员 | 2003/8/30 | 6212262100001678265 | | |
| 20 | 陆晓景 | 男 | 财务室 | 管理人员 | 2003/8/30 | 6212262100001678264 | | |
| 21 | 马旋旋 | 女 | 采购部 | 采购人员 | 2009/8/28 | 6212262100001678277 | | |
| 22 | 莫小园 | 男 | 生产车间 | 生产人员 | 2009/8/28 | 6212262100001678290 | | |
| 23 | 倪明艳 | 男 | 销售部 | 销售人员 | 2009/8/28 | 6212262100001678275 | | |
| 24 | 潘春妮 | 女 | 生产车间 | 生产人员 | 2009/8/28 | 6212262100001678289 | | |
| 25 | 涂　婕 | 男 | 采购部 | 采购人员 | 2009/8/28 | 6212262100001678279 | | |
| 26 | 王　笑 | 男 | 采购部 | 管理人员 | 2009/8/28 | 6212262100001678267 | | |
| 27 | 韦露婷 | 女 | 生产车间 | 管理人员 | 2009/8/28 | 6212262100001678268 | | |
| 28 | 韦　巧 | 男 | 采购部 | 采购人员 | 2006/7/1 | 6212262100001678278 | | |
| 29 | 谢小琼 | 男 | 销售部 | 管理人员 | 2010/9/1 | 6212262100001678269 | | |
| 30 | 赵秋连 | 男 | 销售部 | 销售人员 | 2013/9/7 | 6212262100001678271 | | |

## 三、操作步骤

操作步骤如下：

（1）新建一个新的工作簿，双击工作簿左下角的工作表的名称"sheet1"，将其更改为"职工基本情况表"，如图3-1所示。

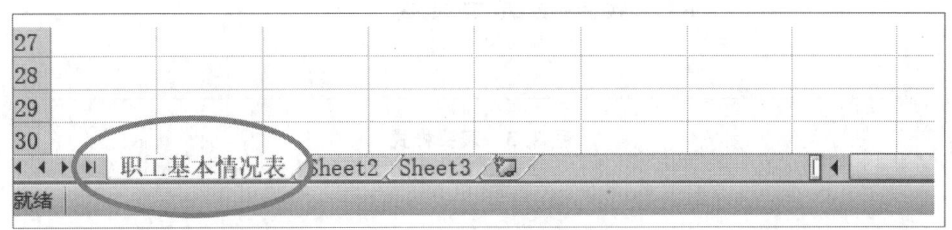

图3-1　工作表名称

（2）单击单元格A1，输入职工基本情况表的标题"职工基本情况一览表"。选择单元格区域A1:I1，在"开始"选项卡上单击"对齐方式"中的"合并居中"按钮（" "图标）。

（3）在"开始"选项卡上，单击"字体"组旁的"设置单元格格式"按钮（"字体　　 "图标）。在弹出的对话窗口中选择"字体"为黑体，"字形"为加粗，"字号"为20，"下划线"为双下划线，如图3-2所示。

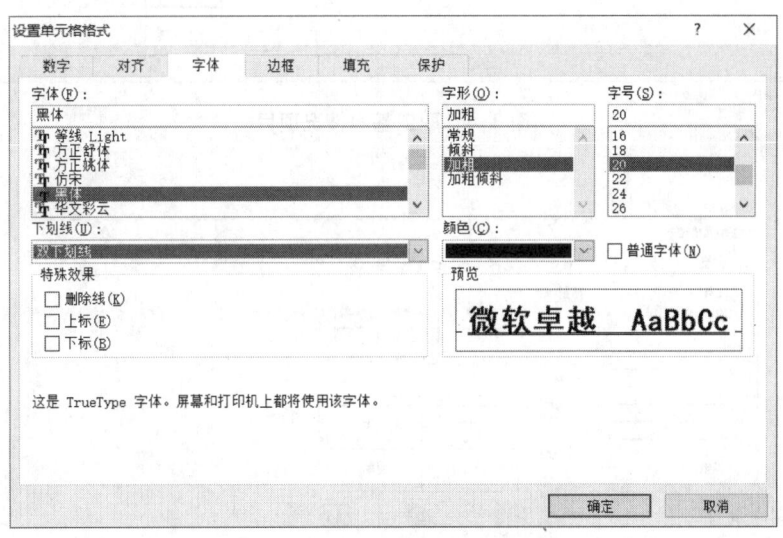

图3-2　"设置单元格格式"对话框

（4）单击"确定"按钮，如图3-3所示。

（5）根据背景资料输入"员工编号""姓名""性别""部门"等表格项目信息，如图3-4所示。

（6）选择单元格区域A2:I32，在"开始"选项卡"单元格"组中单击"格式"按钮（"格式"图标），选择"设置单元格格式"，在弹出的对话框中选择"边框"选项卡，单击"外边框""内部"选项，再单击"确定"按钮，如图3-5和图3-6所示。

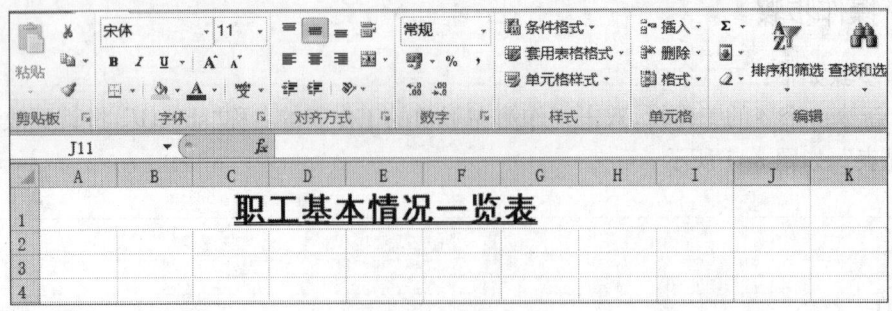

图 3-3　表头样式

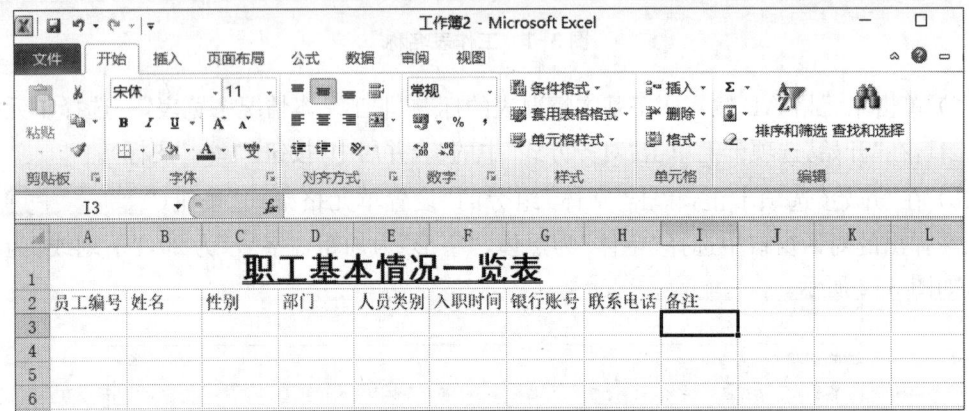

图 3-4　职工基本情况项目

图 3-5　设置单元格格式对话框

（7）单击菜单栏里"文件"选项卡，点击"选项"，如图 3-7 所示。

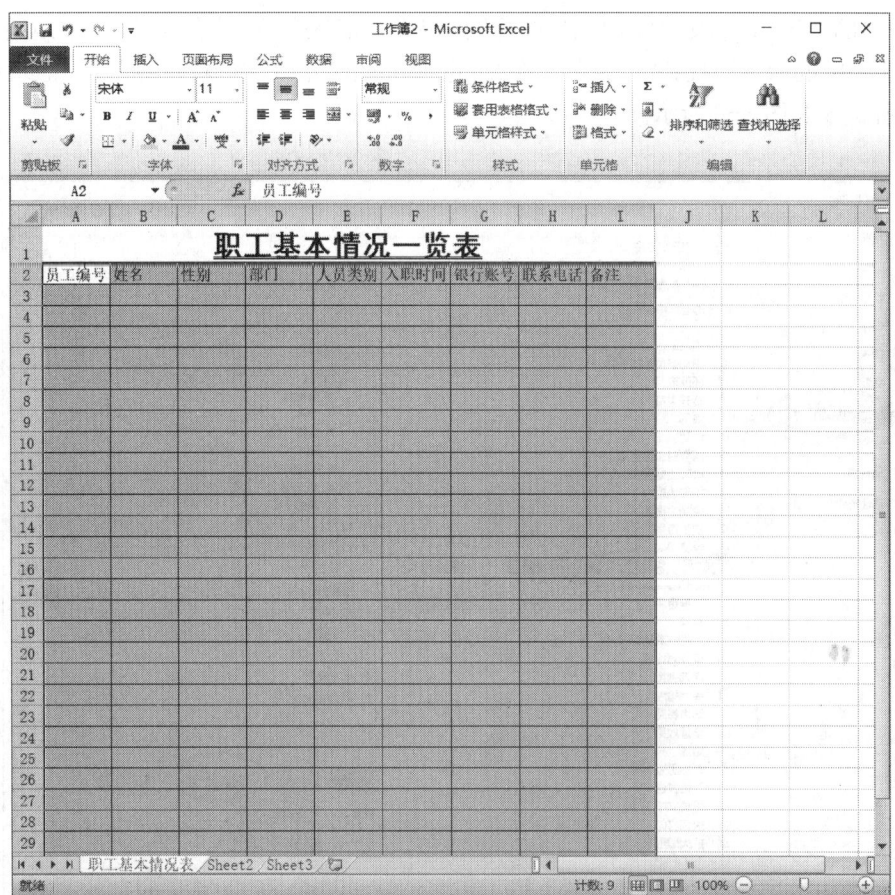

图 3-6 职工基本情况一览表

图 3-7 选项的位置

在弹出的"Excel 选项"对话框中,选择"自定义功能区",在"常用命令"下拉菜单中选择"不在功能区中的命令",找到"记录单";在"主选项卡"下"开始"中"新建组",将"记录单"添加即可,如图 3-8 和图 3-9 所示。

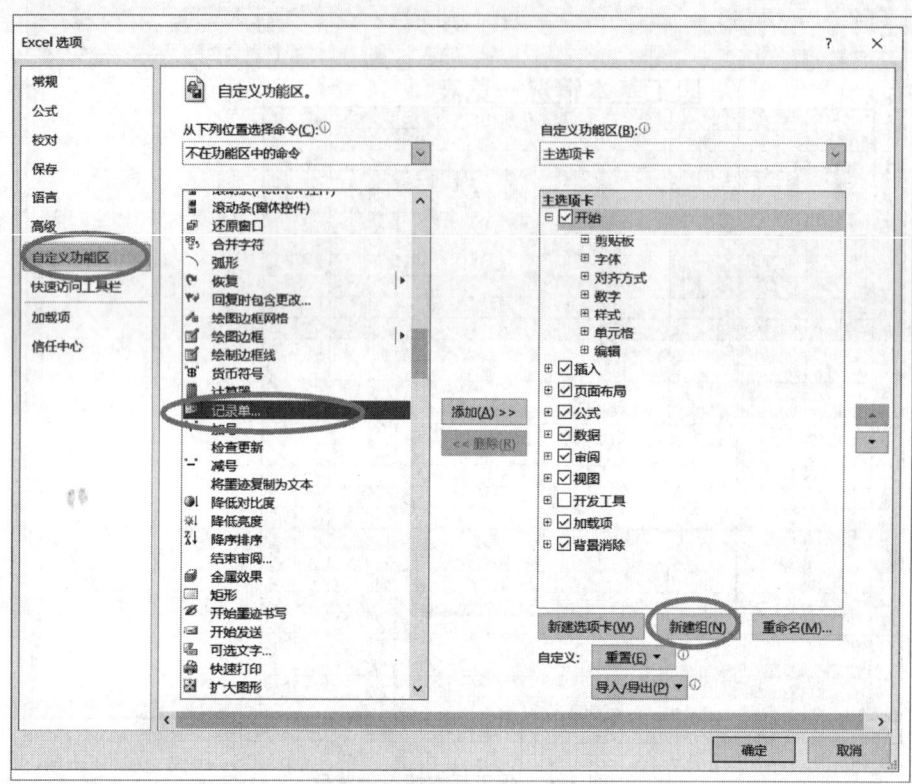

图 3-8　自定义功能区

图 3-9　记录单所在位置

(8) 选择单元格区域 A2:I3,单击"开始"选项卡中的"记录单",系统弹出"职工基本情况表"对话窗口;逐个录入各员工的信息。录入完成一名员工信息后,点击"新建"按钮,即可接着录入下一名员工的信息,以此类推,如图 3-10 所示。

图 3-10 职工基本情况表的记录单

## 活动 3.1.2 职工基本工资表的建立

### 一、知识要点

职工基本工资表是用来记录职工的工资构成和数据的表格。其包括的项目有员工编号、姓名、部门、人员类别、基本工资、岗位津贴、合计等。

### 二、岗位任务

根据表 3-2 建立职工基本工资表。要求:表内"合计"栏数据为自动生成。

表 3-2　　　　　　　　　　　　　　职工基本工资表　　　　　　　　　　　　　单位:元

| 员工编号 | 姓名 | 部门 | 人员类别 | 基本工资 | 岗位津贴 | 合计 |
| --- | --- | --- | --- | --- | --- | --- |
| 1 | 曾小英 | 办公室 | 管理人员 | 3 000 | 1 500 | 4 500 |
| 2 | 岑丹丹 | 生产车间 | 生产人员 | 2 500 | 800 | 3 300 |
| 3 | 闭慧芳 | 生产车间 | 生产人员 | 1 500 | 800 | 2 300 |
| 4 | 邓丽娟 | 销售部 | 销售人员 | 2 500 | 800 | 3 300 |
| 5 | 何玲玲 | 生产车间 | 生产人员 | 2 500 | 800 | 3 300 |

（续表）

| 员工编号 | 姓名 | 部门 | 人员类别 | 基本工资 | 岗位津贴 | 合计 |
|---|---|---|---|---|---|---|
| 6 | 何莎 | 生产车间 | 生产人员 | 3 000 | 800 | 3 800 |
| 7 | 何雪丽 | 办公室 | 管理人员 | 3 000 | 800 | 3 800 |
| 8 | 黄芳萍 | 办公室 | 管理人员 | 2 500 | 800 | 3 300 |
| 9 | 黄秋莹 | 生产车间 | 生产人员 | 2 500 | 800 | 3 300 |
| 10 | 黄焱 | 生产车间 | 生产人员 | 2 500 | 800 | 3 300 |
| 11 | 黄玉玲 | 生产车间 | 生产人员 | 2 500 | 800 | 3 300 |
| 12 | 李金娥 | 生产车间 | 生产人员 | 2 000 | 800 | 2 800 |
| 13 | 李思熠 | 采购部 | 采购人员 | 2 500 | 800 | 3 300 |
| 14 | 林小群 | 生产车间 | 生产人员 | 1 500 | 800 | 2 300 |
| 15 | 凌恒 | 销售部 | 销售人员 | 1 500 | 800 | 2 300 |
| 16 | 凌玉梅 | 销售部 | 销售人员 | 3 000 | 1 000 | 4 000 |
| 17 | 刘珊凤 | 财务室 | 管理人员 | 1 500 | 800 | 2 300 |
| 18 | 刘艺恒 | 销售部 | 销售人员 | 3 000 | 800 | 3 800 |
| 19 | 陆兰清 | 财务室 | 管理人员 | 3 000 | 800 | 3 800 |
| 20 | 陆晓景 | 财务室 | 管理人员 | 2 000 | 800 | 2 800 |
| 21 | 马旋旋 | 采购部 | 采购人员 | 2 500 | 800 | 3 300 |
| 22 | 莫小园 | 生产车间 | 生产人员 | 1 500 | 800 | 2 300 |
| 23 | 倪明艳 | 销售部 | 销售人员 | 2 500 | 800 | 3 300 |
| 24 | 潘春妮 | 生产车间 | 生产人员 | 2 000 | 800 | 2 800 |
| 25 | 涂婕 | 采购部 | 采购人员 | 3 000 | 1 000 | 4 000 |
| 26 | 王笑 | 采购部 | 管理人员 | 3 000 | 1 000 | 4 000 |
| 27 | 韦露婷 | 生产车间 | 管理人员 | 2 000 | 800 | 2 800 |
| 28 | 韦巧 | 采购部 | 采购人员 | 3 000 | 1 000 | 4 000 |
| 29 | 谢小琼 | 销售部 | 管理人员 | 1 500 | 800 | 2 300 |
| 30 | 赵秋连 | 销售部 | 销售人员 | 1 500 | 800 | 2 300 |

### 三、操作步骤

操作步骤如下：

（1）设置一张"职工基本工资表"。其设置与"活动3.1.1　职工基本情况表的建立"相似，在此不赘述，如图3-11所示。

图 3-11 职工基本工资空表

（2）表格内前两列"员工编号""姓名"与"职工基本情况表"内的前两列相同，因此可使用公式直接录入。点击单元格 A3，在公式编辑栏（" "图标）处输入公式"＝职工基本情况表！A3"。

（3）利用 Excel 的自动填充功能，点击单元格 A3，将鼠标放置在单元格右下角，当出现实心十字时，单击鼠标左键，向下拖动至单元格 B31，则单元格区域 A3:B31 自动显示数据。

（4）表格内"部门""人员类别"这两列与"职工基本情况表"内的 D、E 两列相同，因此可使用公式直接录入。点击单元格 C3，在公式编辑栏（" "图标）处输入公式"＝职工基本情况表！D3"。

（5）利用 Excel 的自动填充功能，点击单元格 C3，将鼠标设置在单元格右下角，当出现实心十字时，单击鼠标左键，向下拖动至单元格 D31，则单元格区域 C3：D31 自动显示数据。如图 3-12 所示。

（6）根据背景资料输入各项工资数据。

图 3-12 职工基本工资表

（7）单击单元格 G3，点击菜单栏里的自动求和按钮"Σ"，选择单元格区域 E3:F3，即可得出"合计"列数据，如图 3-13 和图 3-14 所示。或者，在单元格 G3 的公式编辑栏内输入公式"=SUM(E3:F3)"，单击回车键，也可得出同样的结果。

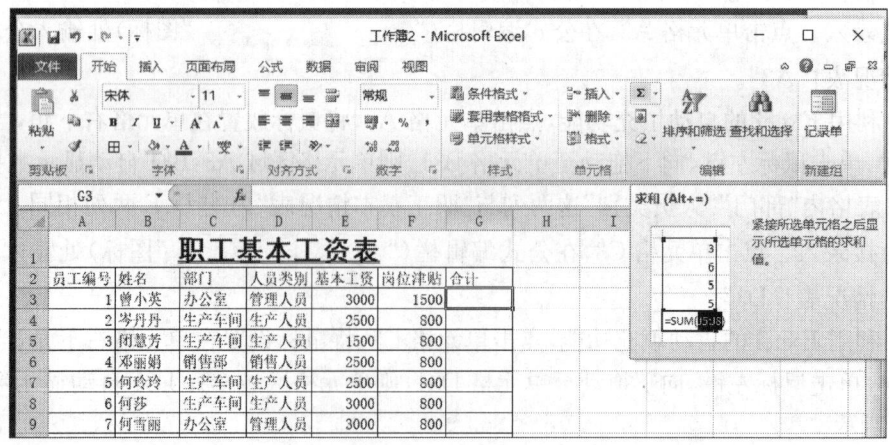

图 3-13 求和按键

图 3-14　求和公式

（8）利用 Excel 的自动填充功能，计算其他职工的工资合计数，如图 3-15 所示。

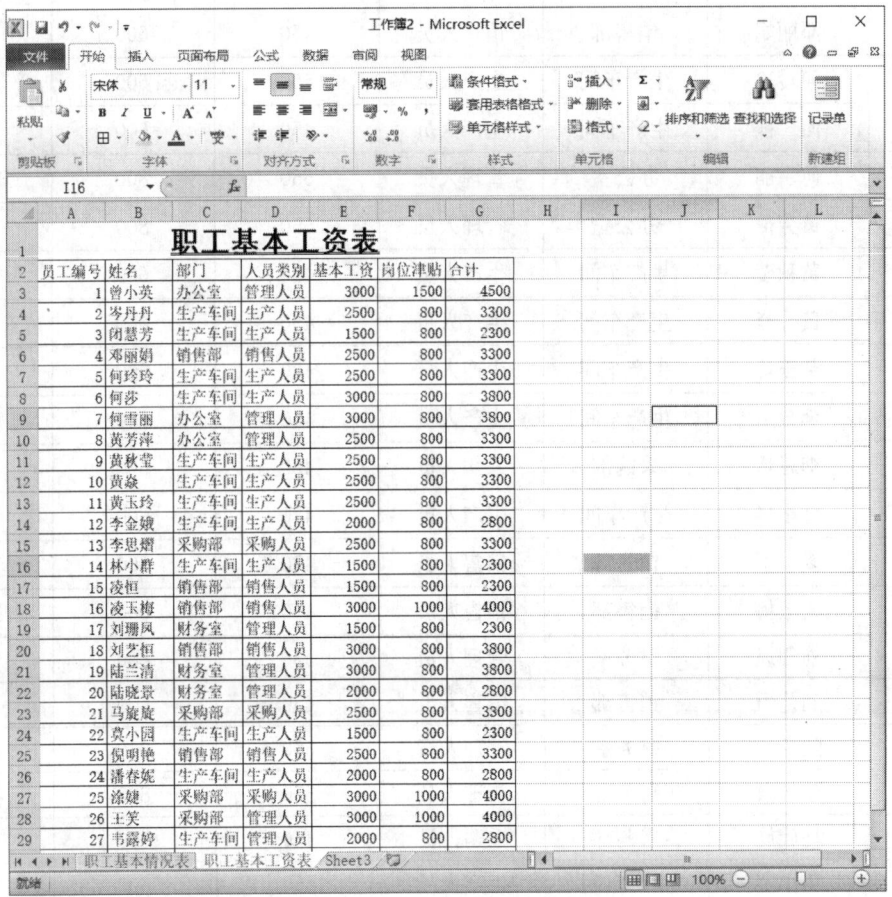

图 3-15　完整职工基本工资表

## 活动 3.1.3　职工福利表的建立

### 一、知识要点

职工福利表是用来记录各个职工的基本福利的表格。其包括的项目除职工基本情况外，还有生活补贴、住房补贴、合计等。企业可根据自身情况增减各项福利。

### 二、岗位任务

根据表 3-3 新建一张职工福利表。要求：表内"合计"栏数据为自动生成。

表 3-3　　　　　　　　　　　　　职工福利表　　　　　　　　　　　　单位：元

| 员工编号 | 姓名 | 部门 | 人员类别 | 生活补贴 | 住房补贴 | 合计 |
|---|---|---|---|---|---|---|
| 1 | 曾小英 | 办公室 | 管理人员 | 650 | 900 | 1 550 |
| 2 | 岑丹丹 | 生产车间 | 生产人员 | 450 | 600 | 1 050 |
| 3 | 闭慧芳 | 生产车间 | 生产人员 | 450 | 600 | 1 050 |
| 4 | 邓丽娟 | 销售部 | 销售人员 | 450 | 600 | 1 050 |
| 5 | 何玲玲 | 生产车间 | 生产人员 | 450 | 600 | 1 050 |
| 6 | 何　莎 | 生产车间 | 生产人员 | 450 | 600 | 1 050 |
| 7 | 何雪丽 | 办公室 | 管理人员 | 550 | 800 | 1 350 |
| 8 | 黄芳萍 | 办公室 | 管理人员 | 550 | 800 | 1 350 |
| 9 | 黄秋莹 | 生产车间 | 生产人员 | 450 | 600 | 1 050 |
| 10 | 黄　焱 | 生产车间 | 生产人员 | 450 | 600 | 1 050 |
| 11 | 黄玉玲 | 生产车间 | 生产人员 | 450 | 600 | 1 050 |
| 12 | 李金娥 | 生产车间 | 生产人员 | 450 | 600 | 1 050 |
| 13 | 李思熠 | 采购部 | 采购人员 | 450 | 600 | 1 050 |
| 14 | 林小群 | 生产车间 | 生产人员 | 450 | 600 | 1 050 |
| 15 | 凌　恒 | 销售部 | 销售人员 | 450 | 600 | 1 050 |
| 16 | 凌玉梅 | 销售部 | 销售人员 | 450 | 600 | 1 050 |
| 17 | 刘珊凤 | 财务室 | 管理人员 | 550 | 800 | 1 350 |
| 18 | 刘艺恒 | 销售部 | 销售人员 | 450 | 600 | 1 050 |
| 19 | 陆兰清 | 财务室 | 管理人员 | 550 | 800 | 1 350 |
| 20 | 陆晓景 | 财务室 | 管理人员 | 550 | 800 | 1 350 |
| 21 | 马旋旋 | 采购部 | 采购人员 | 450 | 600 | 1 050 |
| 22 | 莫小园 | 生产车间 | 生产人员 | 450 | 600 | 1 050 |
| 23 | 倪明艳 | 销售部 | 销售人员 | 450 | 600 | 1 050 |

（续表）

| 员工编号 | 姓名 | 部门 | 人员类别 | 生活补贴 | 住房补贴 | 合计 |
|---|---|---|---|---|---|---|
| 24 | 潘春妮 | 生产车间 | 生产人员 | 450 | 600 | 1 050 |
| 25 | 涂 婕 | 采购部 | 采购人员 | 450 | 600 | 1 050 |
| 26 | 王 笑 | 采购部 | 管理人员 | 550 | 800 | 1 350 |
| 27 | 韦露婷 | 生产车间 | 管理人员 | 550 | 800 | 1 350 |
| 28 | 韦 巧 | 采购部 | 采购人员 | 450 | 600 | 1 050 |
| 29 | 谢小琼 | 销售部 | 管理人员 | 550 | 800 | 1 350 |
| 30 | 赵秋连 | 销售部 | 销售人员 | 450 | 600 | 1 050 |

## 三、操作步骤

操作步骤如下：

（1）设置一张"职工福利表"，格式与"职工基本情况表"大体相同，在此不赘述，如图 3-16 所示。

图 3-16　职工福利空表

（2）根据背景资料录入各职工各项基本福利费用，并求和，方法同"职工基本工资表"，在此不赘述，如图 3-17 所示。

图 3-17　职工福利表

## 活动 3.1.4　职工考勤记录表的建立

### 一、知识要点

职工考勤记录表是用来记录各个职工平时的出勤情况，根据每个人的出勤情况计算应扣发的工资数的表格。

### 二、岗位任务

根据表 3-4 建立一张职工考勤记录表。要求："病假扣款金额""事假扣款金额""请假扣款小计"列的数据均为自动生成。

表 3-4　　职工考勤记录表　　金额单位：元

| 员工编号 | 姓名 | 部门 | 人员类别 | 病假天数(天) | 病假扣款金额 | 事假天数 | 事假扣款金额 | 请假扣款小计 |
|---|---|---|---|---|---|---|---|---|
| 1 | 曾小英 | 办公室 | 管理人员 |  | 0 |  | 0 | 0 |
| 2 | 岑丹丹 | 生产车间 | 生产人员 |  | 0 |  | 0 | 0 |
| 3 | 闭慧芳 | 生产车间 | 生产人员 |  | 0 |  | 0 | 0 |
| 4 | 邓丽娟 | 销售部 | 销售人员 |  | 0 |  | 0 | 0 |
| 5 | 何玲玲 | 生产车间 | 生产人员 |  | 0 | 1 | 100 | 100 |
| 6 | 何莎 | 生产车间 | 生产人员 | 5 | 50 |  | 0 | 50 |
| 7 | 何雪丽 | 办公室 | 管理人员 | 1 | 10 |  | 0 | 10 |
| 8 | 黄芳萍 | 办公室 | 管理人员 |  | 0 |  | 0 | 0 |
| 9 | 黄秋莹 | 生产车间 | 生产人员 |  | 0 |  | 0 | 0 |
| 10 | 黄焱 | 生产车间 | 生产人员 |  | 0 |  | 0 | 0 |
| 11 | 黄玉玲 | 生产车间 | 生产人员 |  | 0 |  | 0 | 0 |
| 12 | 李金娥 | 生产车间 | 生产人员 |  | 0 | 1 | 100 | 100 |
| 13 | 李思熠 | 采购部 | 采购人员 |  | 0 |  | 0 | 0 |
| 14 | 林小群 | 生产车间 | 生产人员 |  | 0 |  | 0 | 0 |
| 15 | 凌恒 | 销售部 | 销售人员 |  | 0 |  | 0 | 0 |
| 16 | 凌玉梅 | 销售部 | 销售人员 |  | 0 | 1 | 100 | 100 |
| 17 | 刘珊凤 | 财务室 | 管理人员 |  |  |  |  |  |
| 18 | 刘艺恒 | 销售部 | 销售人员 | 2 | 20 |  | 0 | 20 |
| 19 | 陆兰清 | 财务室 | 管理人员 |  | 0 |  | 0 | 0 |
| 20 | 陆晓景 | 财务室 | 管理人员 | 1 | 10 |  | 0 | 10 |
| 21 | 马旋旋 | 采购部 | 采购人员 | 2 | 20 |  | 0 | 20 |
| 22 | 莫小园 | 生产车间 | 生产人员 |  | 0 |  | 0 | 0 |
| 23 | 倪明艳 | 销售部 | 销售人员 |  |  |  |  |  |
| 24 | 潘春妮 | 生产车间 | 生产人员 |  | 0 |  | 0 | 0 |
| 25 | 涂婕 | 采购部 | 采购人员 |  | 0 |  | 0 | 0 |
| 26 | 王笑 | 采购部 | 管理人员 |  | 0 | 1 | 100 | 100 |
| 27 | 韦露婷 | 生产车间 | 管理人员 |  | 0 |  | 0 | 0 |
| 28 | 韦巧 | 采购部 | 采购人员 |  | 0 |  | 0 | 0 |
| 29 | 谢小琼 | 销售部 | 管理人员 |  | 0 |  | 0 | 0 |
| 30 | 赵秋连 | 销售部 | 销售人员 |  | 0 |  | 0 | 0 |

## 三、操作步骤

操作步骤如下：

（1）设置一张"职工考勤记录表"，其格式与"职工基本情况表"大体相同，在此不赘述，如图 3-18 所示。

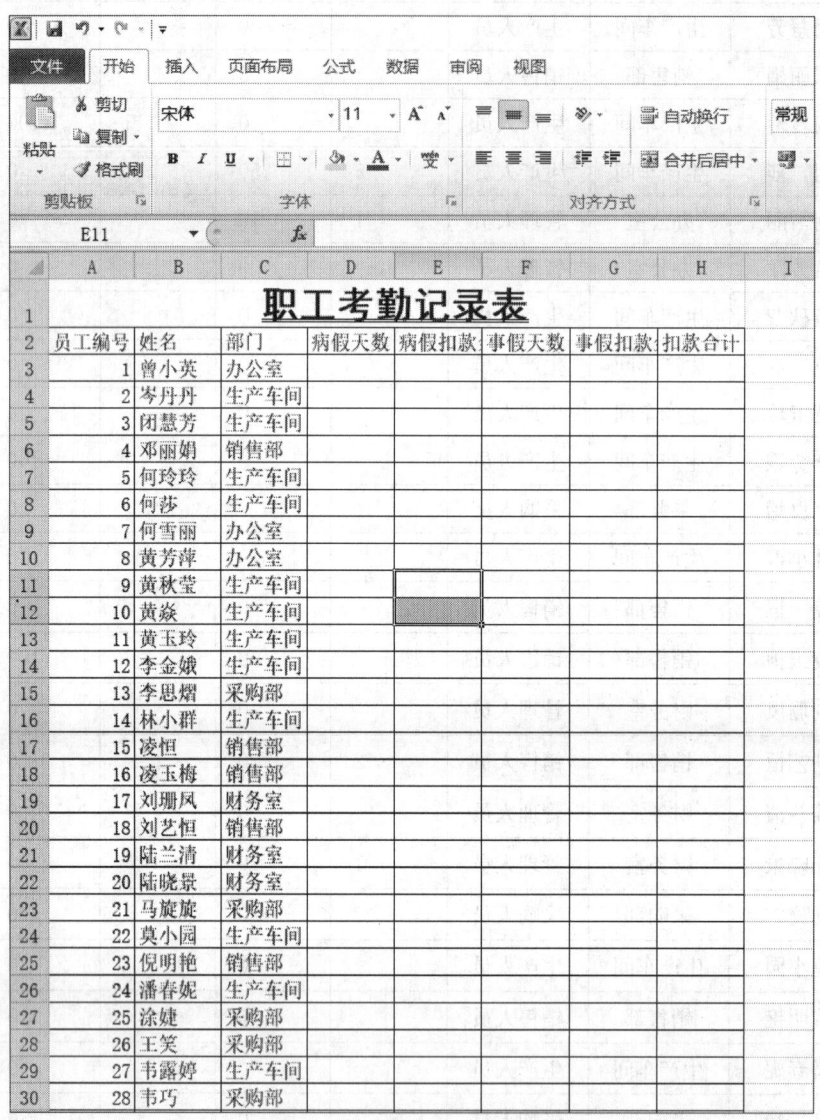

图 3-18 职工考勤记录空表

（2）根据背景资料输入职工请假天数。

（3）单击单元格 E3，在公式编辑栏内输入公式"＝D3＊100＊0.1"（该公司规定病假只扣除日工资 100 元的 10%）；单击单元格 G3，在公式编辑栏内输入公式"＝F3＊100"；单击单元格 H3，在公式编辑栏内输入公式"＝E3＋G3"，单元格 H3 内会自动显示合计数据。

（4）利用 Excel 的自动填充功能，计算其他职工扣款合计，如图 3-19 所示。

图 3-19 职工考勤记录表

## 活动 3.1.5 职工业绩考核表的建立

### 一、知识要点

职工业绩考核表是用来统计职工业绩表现的数据以及应获得的业绩奖金的记录。其包括的项目有员工编号、姓名、部门、人员类别、生产业绩、销售业绩、业绩奖励合计等。

### 二、岗位任务

根据表 3-5 建立一张职工业绩考核表。要求:"业绩奖励合计"栏数据为自动生成。

表 3-5　　　　　　　　　　　　　职工业绩考核表　　　　　　　　　　　　　单位:元

| 员工编号 | 姓名 | 部门 | 人员类别 | 生产业绩 | 销售业绩 | 业绩奖励合计 |
|---|---|---|---|---|---|---|
| 1 | 曾小英 | 办公室 | 管理人员 | | | |
| 2 | 岑丹丹 | 生产车间 | 生产人员 | 700 | | 700 |
| 3 | 闭慧芳 | 生产车间 | 生产人员 | | | |
| 4 | 邓丽娟 | 销售部 | 销售人员 | | 800 | 800 |
| 5 | 何玲玲 | 生产车间 | 生产人员 | 300 | | 300 |

(续表)

| 员工编号 | 姓名 | 部门 | 人员类别 | 生产业绩 | 销售业绩 | 业绩奖励合计 |
|---|---|---|---|---|---|---|
| 6 | 何 莎 | 生产车间 | 生产人员 | 500 | | 500 |
| 7 | 何雪丽 | 办公室 | 管理人员 | | | |
| 8 | 黄芳萍 | 办公室 | 管理人员 | | | |
| 9 | 黄秋莹 | 生产车间 | 生产人员 | 500 | | 500 |
| 10 | 黄 焱 | 生产车间 | 生产人员 | 300 | | 300 |
| 11 | 黄玉玲 | 生产车间 | 生产人员 | 500 | | 500 |
| 12 | 李金娥 | 生产车间 | 生产人员 | 300 | | 300 |
| 13 | 李思熠 | 采购部 | 采购人员 | | | |
| 14 | 林小群 | 生产车间 | 生产人员 | 300 | | 300 |
| 15 | 凌 恒 | 销售部 | 销售人员 | | 500 | 500 |
| 16 | 凌玉梅 | 销售部 | 销售人员 | | 1 000 | 1 000 |
| 17 | 刘珊凤 | 财务室 | 管理人员 | | | |
| 18 | 刘艺恒 | 销售部 | 销售人员 | | 500 | 500 |
| 19 | 陆兰清 | 财务室 | 管理人员 | | | |
| 20 | 陆晓景 | 财务室 | 管理人员 | | | |
| 21 | 马旋旋 | 采购部 | 采购人员 | | | |
| 22 | 莫小园 | 生产车间 | 生产人员 | 300 | | 300 |
| 23 | 倪明艳 | 销售部 | 销售人员 | | 800 | 800 |
| 24 | 潘春妮 | 生产车间 | 生产人员 | | | |
| 25 | 涂 婕 | 采购部 | 采购人员 | | | |
| 26 | 王 笑 | 采购部 | 管理人员 | | | |
| 27 | 韦露婷 | 生产车间 | 管理人员 | | | |
| 28 | 韦 巧 | 采购部 | 采购人员 | | | |
| 29 | 谢小琼 | 销售部 | 管理人员 | | | |
| 30 | 赵秋连 | 销售部 | 销售人员 | | 500 | 500 |

### 三、操作步骤

操作步骤如下：

（1）设置一张"职工业绩考核表"，格式与"职工基本情况表"大体相同，在此不赘述，如图3-20所示。

（2）根据背景资料录入相关数据。单击单元格G3，在公式编辑栏内输入公式"＝E3＋F3"；利用Excel的自动填充功能，计算其他职工业绩奖励合计，如图3-21所示。

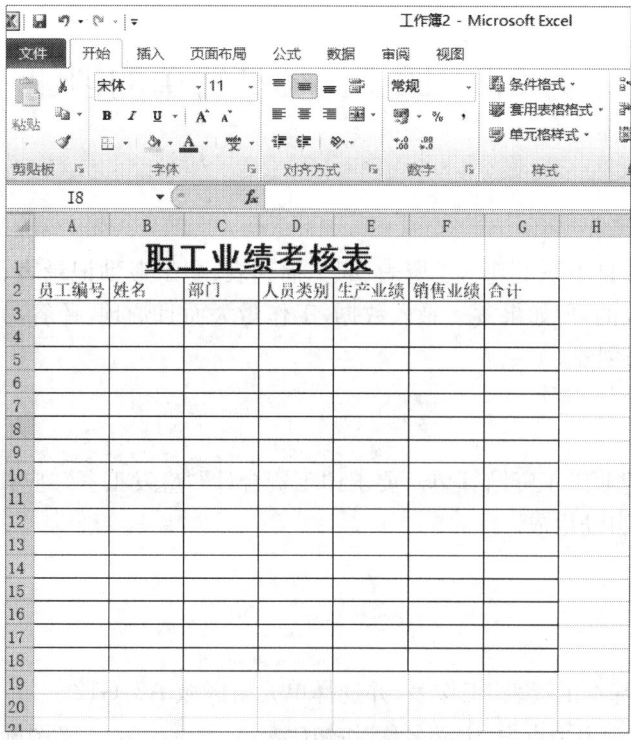

图 3-20　职工业绩考核空表

图 3-21　职工业绩考核表

## 任务 3.2　职工工资结算单的创建

### 一、知识要点

职工工资结算单是由职工基本工资表、职工福利表、职工考勤记录表、职工业绩考核表中的各项数据组合而成的，但如果逐一录入数据，工作量大而且烦琐，还容易出现错误，因此，我们可以利用 Excel 来创建。

### 二、岗位任务

根据表 3-6 创建职工工资结算单。要求："工资合计""应发工资""应扣个人所得税""实发工资"等栏数据均为自动生成。

### 三、操作步骤

操作步骤如下：

（1）选择"职工基本工资表"工作表，并选择单元格区域 A2:G12。

（2）在"公式"选项卡中点击"定义名称"按钮（" "图标），如图 3-22 所示。

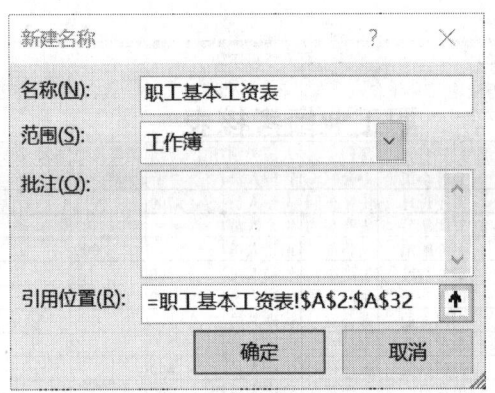

图 3-22　"新建名称"对话框

（3）系统弹出"新建名称"对话框，在"名称"中输入"职工基本工资表"，"范围"选择"工作簿"，"引用位置"为当前内容。（或者点击"引用位置"旁边的" "图标，选择需要的区域。）点击"确定"按钮，完成设置。

（4）按照步骤（3），完成"职工福利表""职工考勤记录表""职工业绩考核表"表格中的定义名称。

（5）查看已经定义的名称，可在"公式"选项卡上的"定义名称"中，单击"名称管理器"。在打开的"名称管理器"对话框中，可以查看、编辑或者删除已经定义的名称，如图 3-23 所示。

（6）设置一张"职工工资结算单"，格式与"职工基本情况表"大体相同，在此不赘述，如图 3-24 所示。

模块3 工资薪酬管理 | 101

表3-6 职工工资结算单

单位：元

| 员工编号 | 姓名 | 部门 | 人员类别 | 基本工资 | 岗位津贴 | 生活补贴 | 住房补贴 | 业绩奖励 | 请假扣款 | 工资合计 | 养老保险 | 失业保险 | 医疗保险 | 应发工资 | 应扣个人所得税 | 实发工资 |
|---|---|---|---|---|---|---|---|---|---|---|---|---|---|---|---|---|
| 1 | 曾小英 | 办公室 | 管理人员 | 3 000 | 1 500 | 650 | 900 | 0 | 0 | 6 050 | 484 | 12.1 | 121 | 5 432.9 | 12.987 | 5 419.913 |
| 2 | 岑丹丹 | 生产车间 | 生产人员 | 2 500 | 800 | 450 | 600 | 700 | 0 | 5 050 | 404 | 10.1 | 101 | 4 534.9 | 0 | 4 534.9 |
| 3 | 闫慧芳 | 生产车间 | 生产人员 | 1 500 | 800 | 450 | 600 | 0 | 0 | 3 350 | 268 | 6.7 | 67 | 3 008.3 | 0 | 3 008.3 |
| 4 | 邓丽娟 | 销售部 | 销售人员 | 2 500 | 800 | 450 | 600 | 800 | 0 | 5 150 | 412 | 10.3 | 103 | 4 624.7 | 0 | 4 624.7 |
| 5 | 何玲玲 | 生产车间 | 生产人员 | 2 500 | 800 | 450 | 600 | 300 | 100 | 4 550 | 364 | 9.1 | 91 | 4 085.9 | 0 | 4 085.9 |
| 6 | 何莎 | 生产车间 | 生产人员 | 3 000 | 800 | 450 | 600 | 500 | 50 | 5 300 | 424 | 10.6 | 106 | 4 759.4 | 0 | 4 759.4 |
| 7 | 何雪丽 | 办公室 | 管理人员 | 3 000 | 800 | 550 | 800 | 0 | 10 | 5 140 | 411.2 | 10.28 | 102.8 | 4 615.72 | 0 | 4 615.72 |
| 8 | 黄芳萍 | 办公室 | 管理人员 | 2 500 | 800 | 550 | 800 | 0 | 0 | 4 650 | 372 | 9.3 | 93 | 4 175.7 | 0 | 4 175.7 |
| 9 | 黄秋莹 | 生产车间 | 生产人员 | 2 500 | 800 | 450 | 600 | 500 | 0 | 4 850 | 388 | 9.7 | 97 | 4 355.3 | 0 | 4 355.3 |
| 10 | 黄骏 | 生产车间 | 生产人员 | 2 500 | 800 | 450 | 600 | 300 | 0 | 4 650 | 372 | 9.3 | 93 | 4 175.7 | 0 | 4 175.7 |
| 11 | 黄玉玲 | 生产车间 | 生产人员 | 2 500 | 800 | 450 | 600 | 500 | 0 | 4 850 | 388 | 9.7 | 97 | 4 355.3 | 0 | 4 355.3 |
| 12 | 李金娥 | 生产车间 | 生产人员 | 2 000 | 800 | 450 | 600 | 300 | 100 | 4 050 | 324 | 8.1 | 81 | 3 636.9 | 0 | 3 636.9 |
| 13 | 李思嫣 | 采购部 | 采购人员 | 2 500 | 800 | 450 | 600 | 0 | 0 | 4 350 | 348 | 8.7 | 87 | 3 906.3 | 0 | 3 906.3 |
| 14 | 林小群 | 生产车间 | 生产人员 | 1 500 | 800 | 450 | 600 | 300 | 0 | 3 650 | 292 | 7.3 | 73 | 3 277.7 | 0 | 3 277.7 |
| 15 | 凌恒 | 销售部 | 销售人员 | 1 500 | 800 | 450 | 600 | 500 | 0 | 3 850 | 308 | 7.7 | 77 | 3 457.3 | 0 | 3 457.3 |

(续表)

| 员工编号 | 姓名 | 部门 | 人员类别 | 基本工资 | 岗位津贴 | 生活补贴 | 住房补贴 | 业绩奖励 | 请假扣款 | 工资合计 | 养老保险 | 失业保险 | 医疗保险 | 应发工资 | 应扣个人所得税 | 实发工资 |
|---|---|---|---|---|---|---|---|---|---|---|---|---|---|---|---|---|
| 16 | 凌玉梅 | 销售部 | 销售人员 | 3 000 | 1 000 | 450 | 600 | 1 000 | 100 | 5 950 | 476 | 11.9 | 119 | 5 343.1 | 10.293 | 5 332.807 |
| 17 | 刘珊凤 | 财务室 | 管理人员 | 1 500 | 800 | 550 | 800 | 0 | 0 | 3 650 | 292 | 7.3 | 73 | 3 277.7 | 0 | 3 277.7 |
| 18 | 刘艺恒 | 销售部 | 销售人员 | 3 000 | 800 | 450 | 600 | 500 | 20 | 5 330 | 426.4 | 10.66 | 106.6 | 4 786.34 | 0 | 4 786.34 |
| 19 | 陆兰清 | 财务室 | 管理人员 | 3 000 | 800 | 550 | 800 | 0 | 0 | 5 150 | 412 | 10.3 | 103 | 4 624.7 | 0 | 4 624.7 |
| 20 | 陆晓景 | 财务室 | 管理人员 | 2 000 | 800 | 550 | 800 | 0 | 10 | 4 140 | 331.2 | 8.28 | 82.8 | 3 717.72 | 0 | 3 717.72 |
| 21 | 马旋旋 | 采购部 | 采购人员 | 2 500 | 800 | 450 | 600 | 0 | 20 | 4 330 | 346.4 | 8.66 | 86.6 | 3 888.34 | 0 | 3 888.34 |
| 22 | 莫小园 | 生产车间 | 生产人员 | 1 500 | 800 | 450 | 600 | 300 | 0 | 3 650 | 292 | 7.3 | 73 | 3 277.7 | 0 | 3 277.7 |
| 23 | 倪明艳 | 销售部 | 销售人员 | 2 500 | 800 | 450 | 600 | 800 | 0 | 5 150 | 412 | 10.3 | 103 | 4 624.7 | 0 | 4 624.7 |
| 24 | 潘春妮 | 生产车间 | 生产人员 | 2 000 | 800 | 450 | 600 | 0 | 0 | 3 850 | 308 | 7.7 | 77 | 3 457.3 | 0 | 3 457.3 |
| 25 | 涂婕 | 采购部 | 采购人员 | 3 000 | 1 000 | 450 | 600 | 0 | 0 | 5 050 | 404 | 10.1 | 101 | 4 534.9 | 0 | 4 534.9 |
| 26 | 王笑 | 采购部 | 管理人员 | 3 000 | 1 000 | 550 | 800 | 0 | 100 | 5 250 | 420 | 10.5 | 105 | 4 714.5 | 0 | 4 714.5 |
| 27 | 韦露婷 | 生产车间 | 管理人员 | 2 000 | 800 | 550 | 800 | 0 | 0 | 4 150 | 332 | 8.3 | 83 | 3 726.7 | 0 | 3 726.7 |
| 28 | 韦巧 | 采购部 | 采购人员 | 3 000 | 1 000 | 450 | 600 | 0 | 0 | 5 050 | 404 | 10.1 | 101 | 4 534.9 | 0 | 4 534.9 |
| 29 | 谢小琼 | 销售部 | 管理人员 | 1 500 | 800 | 550 | 800 | 0 | 0 | 3 650 | 292 | 7.3 | 73 | 3 277.7 | 0 | 3 277.7 |
| 30 | 赵秋连 | 销售部 | 销售人员 | 1 500 | 800 | 450 | 600 | 500 | 0 | 3 850 | 308 | 7.7 | 77 | 3 457.3 | 0 | 3 457.3 |

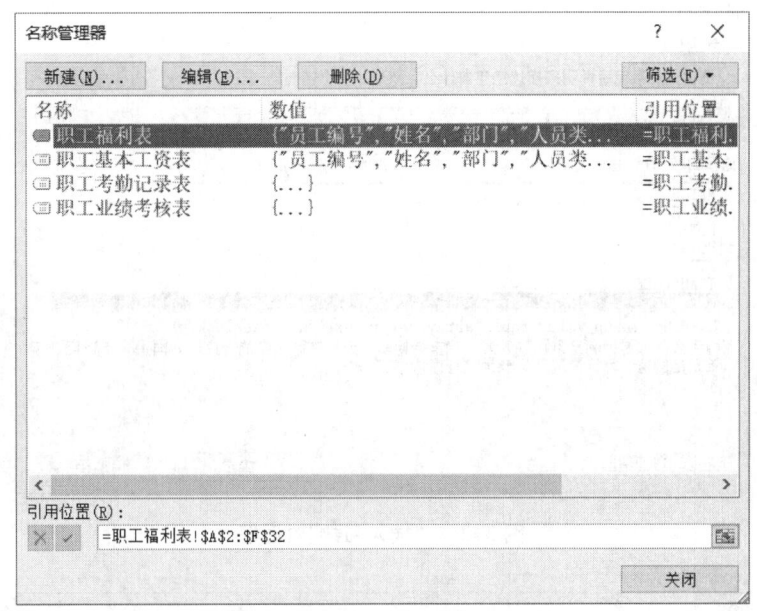

图 3-23 "名称管理器"对话框

图 3-24 职工工资结算单

（7）以"曾小英"的基础工资为例，单击单元格 E3，在"公式"选项卡上"函数库"组中单击"插入函数"，在弹出的"插入函数"对话框中，在"或选择类别"下拉列表中选择"查找与引用"，在"选择函数"中点击"VLOOKUP"函数，点击"确定"按钮，如图 3-25 所示。

（8）系统弹出"函数参数"对话框，根据图示填入相关数据，如图 3-26 所示。其中：

Lookup_value：表示要查找的值。

Table_array：表示要查找的区域。

Col_index_num：表示返回数据在查找区域的第几列数。

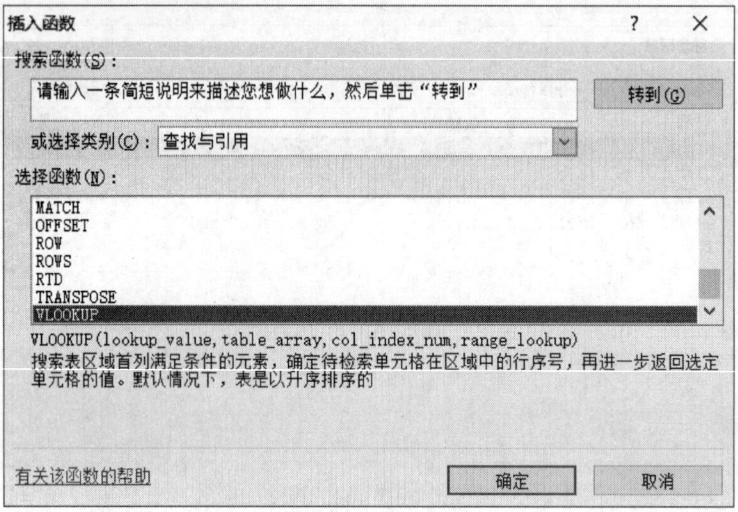

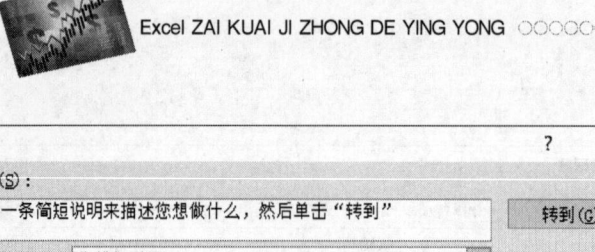

图 3-25 "插入函数"对话框

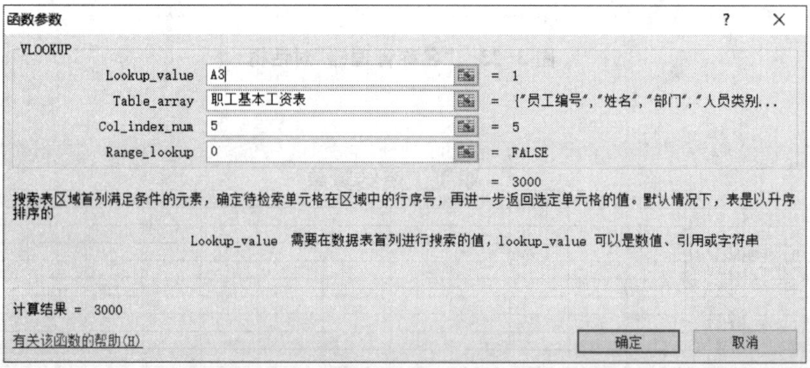

图 3-26 "函数参数"对话框(1)

Range_lookup：表示模糊匹配或精确匹配。

（9）点击"确定"按钮，即可得出"曾小英"的基本工资。

（10）利用同样的方法输入单元格区域 F3:J3 的其他数据，如图 3-27 至图 3-31 所示。

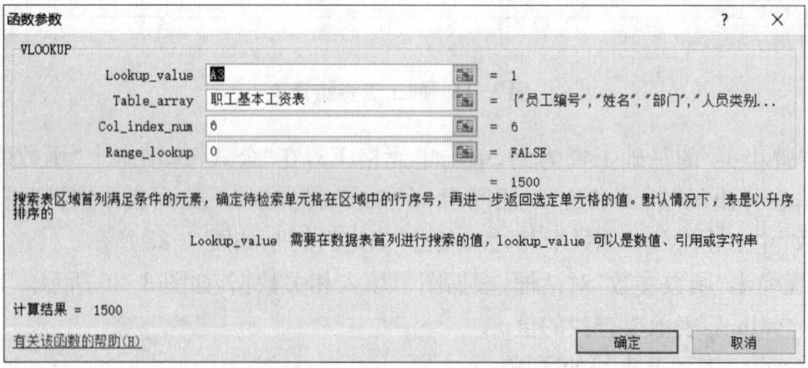

图 3-27 "函数参数"对话框(2)

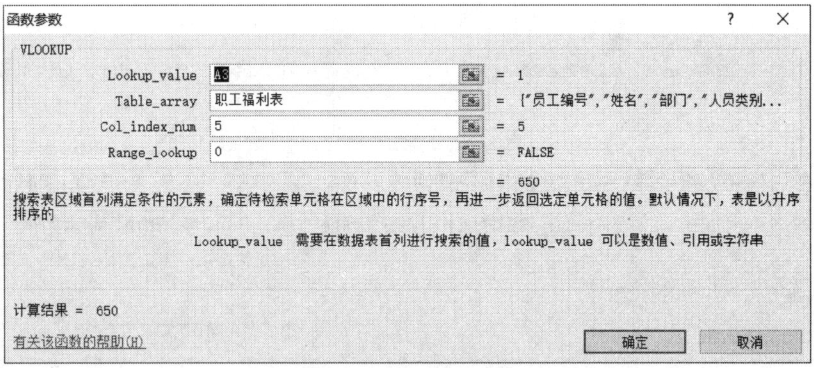

图 3-28 "函数参数"对话框(3)

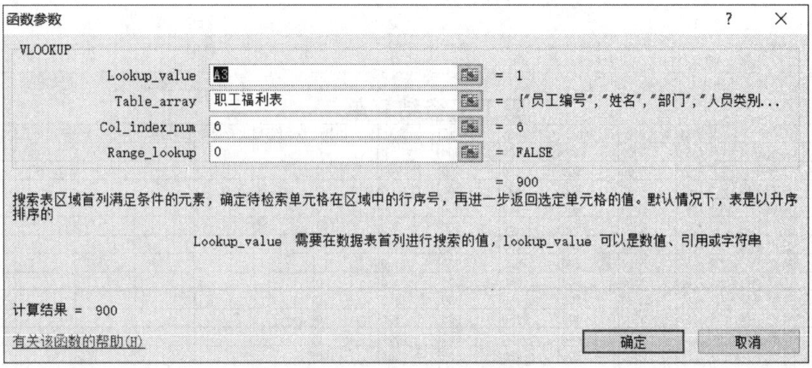

图 3-29 "函数参数"对话框(4)

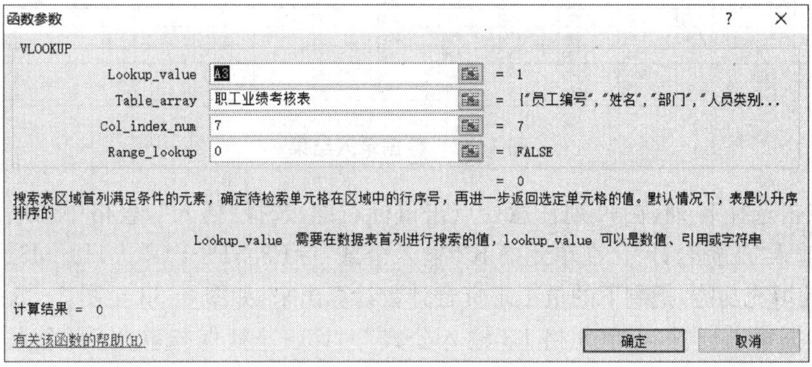

图 3-30 "函数参数"对话框(5)

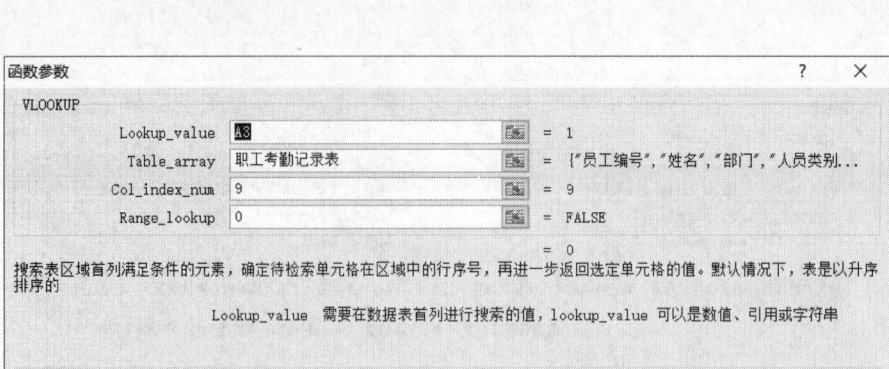

图 3-31 “函数参数”对话框(6)

(11) 利用 Excel 的自动填充功能，计算其他职工的“基本工资”“岗位津贴”“生活补贴”“住房补贴”“业绩奖励”“请假扣款”等工资项目，如图 3-32 所示。

I3 =VLOOKUP(A3,职工业绩考核表,7,0)

职工工资结算单

| 员工编号 | 姓名 | 部门 | 人员类别 | 基本工资 | 岗位津贴 | 生活补贴 | 住房补贴 | 业绩奖励 | 请假扣款 | 养老保险 | 失业保险 | 医疗保险 | 应发工资 | 应扣个人 | 实发工资 |
|---|---|---|---|---|---|---|---|---|---|---|---|---|---|---|---|
| 1 | 曾小英 | 办公室 | 管理人员 | 3000 | 1500 | 650 | 900 | 0 | 0 | | | | | | |
| 2 | 岑丹丹 | 生产车间 | 生产人员 | 2500 | 800 | 450 | 600 | 700 | 0 | | | | | | |
| 3 | 闭慧芳 | 生产车间 | 生产人员 | 1500 | 800 | 450 | 600 | 0 | 0 | | | | | | |
| 4 | 邓丽娟 | 销售部 | 销售人员 | 2500 | 800 | 450 | 600 | 800 | 0 | | | | | | |
| 5 | 何玲玲 | 生产车间 | 生产人员 | 2500 | 800 | 450 | 600 | 300 | 100 | | | | | | |
| 6 | 何莎 | 生产车间 | 生产人员 | 3000 | 800 | 450 | 600 | 500 | 50 | | | | | | |
| 7 | 何雪丽 | 办公室 | 管理人员 | 3000 | 800 | 550 | 800 | 0 | 10 | | | | | | |
| 8 | 黄芳萍 | 办公室 | 管理人员 | 2500 | 800 | 550 | 800 | 0 | 0 | | | | | | |
| 9 | 黄秋莹 | 生产车间 | 生产人员 | 2500 | 800 | 450 | 600 | 500 | 0 | | | | | | |
| 10 | 黄焱 | 生产车间 | 生产人员 | 2500 | 800 | 450 | 600 | 300 | 0 | | | | | | |
| 11 | 黄玉玲 | 生产车间 | 生产人员 | 2500 | 800 | 450 | 600 | 500 | 0 | | | | | | |
| 12 | 李金娘 | 生产车间 | 生产人员 | 2000 | 800 | 450 | 600 | 300 | 100 | | | | | | |
| 13 | 李思嫺 | 采购部 | 采购人员 | 2500 | 800 | 450 | 600 | 0 | 0 | | | | | | |
| 14 | 林小群 | 生产车间 | 生产人员 | 1500 | 800 | 450 | 600 | 300 | 0 | | | | | | |
| 15 | 凌恒 | 销售部 | 销售人员 | 1500 | 800 | 450 | 600 | 500 | 0 | | | | | | |
| 16 | 凌玉梅 | 销售部 | 销售人员 | 3000 | 1000 | 450 | 600 | 1000 | 100 | | | | | | |
| 17 | 刘珊凤 | 财务室 | 管理人员 | 1500 | 800 | 550 | 800 | 0 | 0 | | | | | | |
| 18 | 刘艺恒 | 销售部 | 销售人员 | 3000 | 800 | 450 | 600 | 500 | 20 | | | | | | |
| 19 | 陆兰清 | 财务室 | 管理人员 | 3000 | 800 | 550 | 800 | 0 | 0 | | | | | | |
| 20 | 陆晓景 | 财务室 | 管理人员 | 2000 | 800 | 550 | 800 | 0 | 10 | | | | | | |
| 21 | 马旋旋 | 采购部 | 采购人员 | 2500 | 800 | 450 | 600 | 0 | 20 | | | | | | |
| 22 | 莫小园 | 生产车间 | 生产人员 | 1500 | 800 | 450 | 600 | 300 | 0 | | | | | | |
| 23 | 倪明艳 | 销售部 | 销售人员 | 2500 | 800 | 450 | 600 | 800 | 0 | | | | | | |
| 24 | 潘春妮 | 生产车间 | 生产人员 | 2000 | 800 | 450 | 600 | 0 | 0 | | | | | | |
| 25 | 涂婕 | 采购部 | 采购人员 | 3000 | 1000 | 450 | 600 | 0 | 0 | | | | | | |
| 26 | 王笑 | 采购部 | 管理人员 | 3000 | 1000 | 550 | 800 | 0 | 100 | | | | | | |

图 3-32 数据录入结果

(12) 点击选择 K 列，在 K 列任意处点击鼠标右键，选择“插入”，表格中新增了一列。在单元格 K2 输入“工资合计”。在单元格 K3 输入公式“＝E3＋F3＋G3＋H3＋I3－J3”。利用 Excel 的自动填充功能，把剩下的员工工资合计数计算出来，如图 3-33 至图 3-35 所示。

(13) 根据背景资料，在单元格 L3 输入公式“＝K3＊'社保扣款比例(个人)'! B3”，如图 3-36 所示。(注：各类社保是根据职工上一年的工资收入总额的月平均数作为本年度月缴费基数计算的，现在无上年数据，直接根据本月数据计算。)

(14) 在利用 Excel 的自动填充功能来计算其他员工养老保险金时，需固定单元格 L3 的公式中的扣款比例，变成“＝K3＊'社保扣款比例(个人)'! ＄B＄3”，再进行填充。

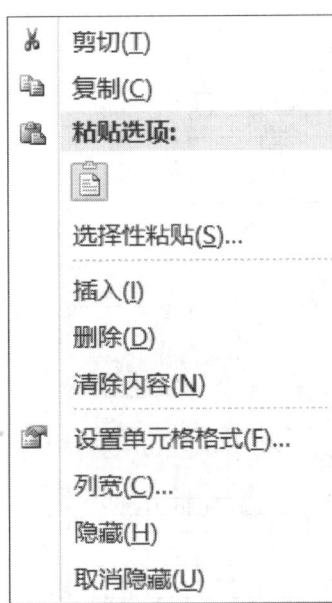

图 3-33 "插入"位置

图 3-34 新增一列

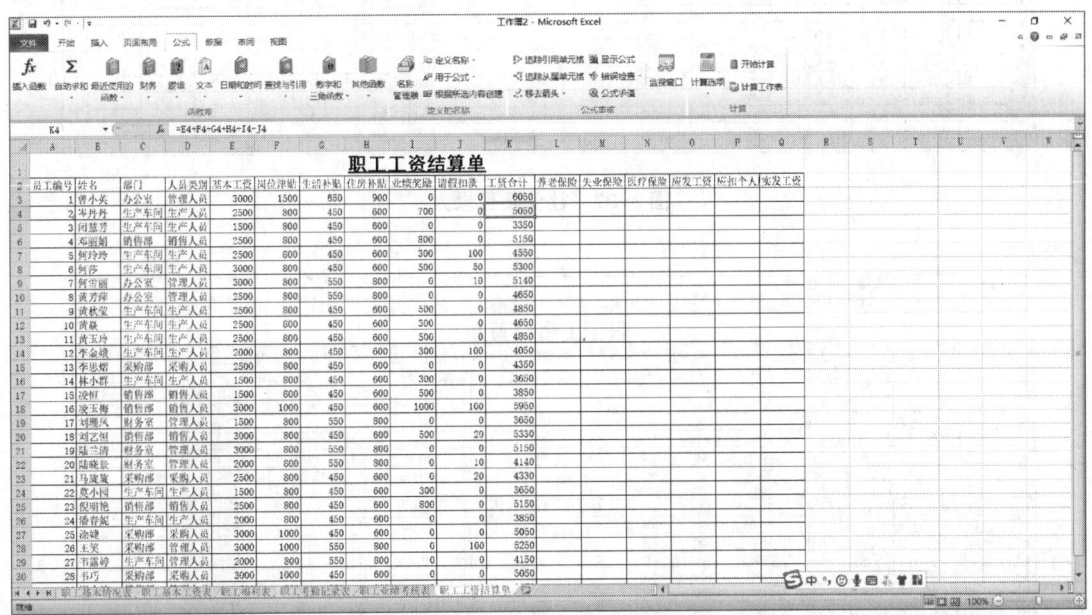

图 3-35 新增"工资合计"列

(15) 输入"失业保险""医疗保险"列数据的方法同"养老保险"列,在此不赘述,如图 3-37 所示。

(16) 单击单元格 O3,在公式编辑栏中输入公式"=K3−L3−M3−N3",直接计算出该员工应发工资。再利用 Excel 的自动填充功能,计算其他员工应发工资,如图 3-38 所示。

图 3-36 公式录入

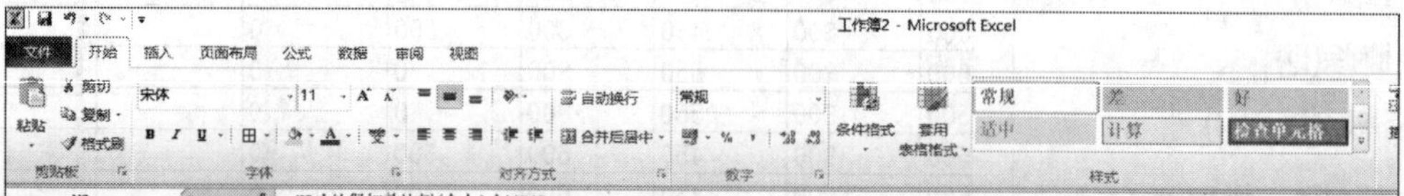

图 3-37 社保项目录入

图 3-38 计算"应发工资"

（17）参考背景资料，单击单元格 P3，在公式编辑栏中输入公式“＝IF(O4－5000＜＝0,0,IF(O4－5000＜＝3000,(O4－5000)＊0.03,IF(O4－5000＜＝12000,(O4－5000)＊0.1,IF(O4－5000＜＝25000,(O4－5000)＊0.2,IF(O4－5000＜＝35000,(O4－5000)＊0.25,IF(O4－5000＜＝55000,(O4－5000)＊0.3,IF(O4－5000＜＝80000,(O4－5000)＊0.35,(O4－5000)＊0.45)))))))”，计算出应缴纳的个人所得税。

（18）利用 Excel 的填充功能，计算所有员工的应缴纳个人所得税，如图 3-39 所示。

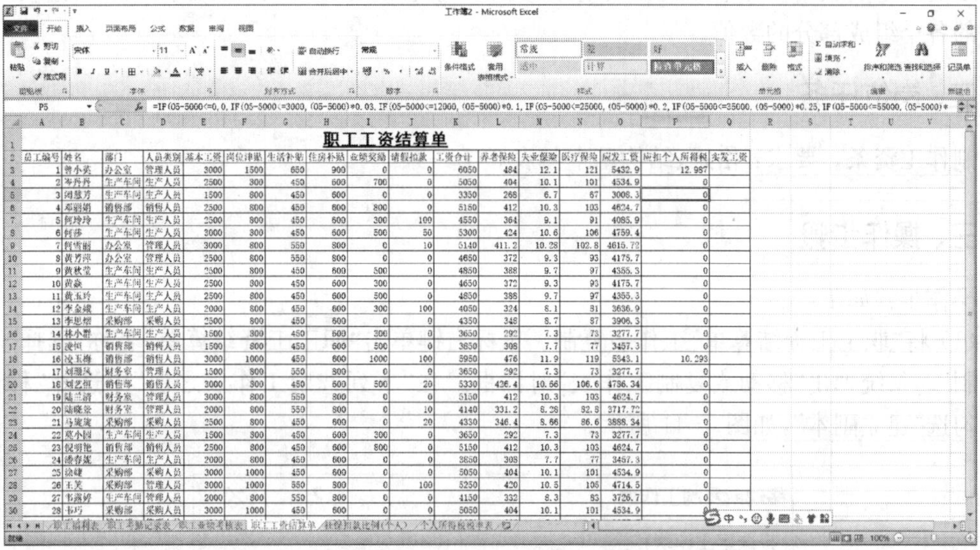


**图 3-39　计算“个人所得税”**

（19）单击单元格 Q3，在公式编辑栏中录入公式“＝O3－P3”，即可得出“实发工资”；利用 Excel 的自动填充功能，计算出所有员工的实发工资，如图 3-40 所示。

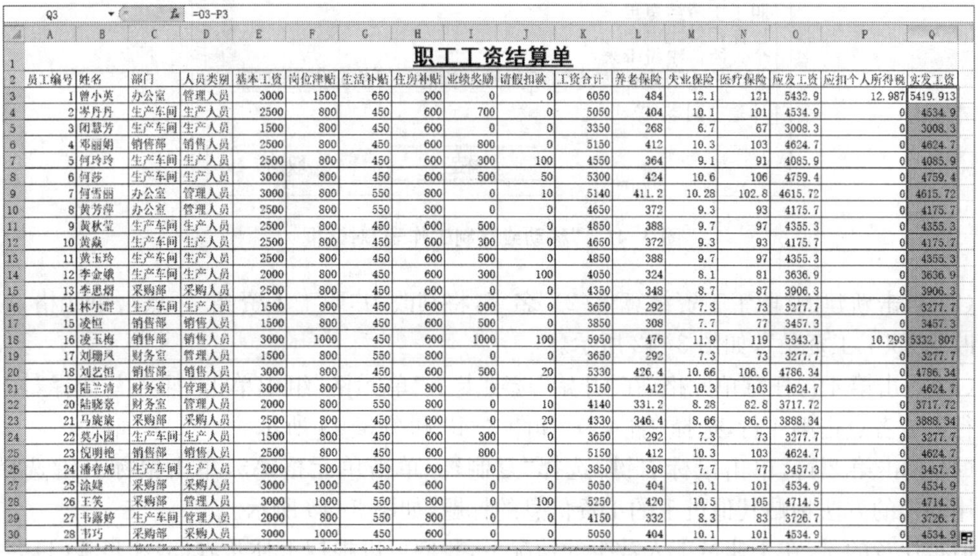

Q3　=O3-P3

职工工资结算单

| 员工编号 | 姓名 | 部门 | 人员类别 | 基本工资 | 岗位津贴 | 生活补贴 | 住房补贴 | 业绩奖励 | 请假扣款 | 工资合计 | 养老保险 | 失业保险 | 医疗保险 | 应发工资 | 应扣个人所得税 | 实发工资 |
|---|---|---|---|---|---|---|---|---|---|---|---|---|---|---|---|---|
| 1 | 曾小英 | 办公室 | 管理人员 | 3000 | 1500 | 650 | 900 | 0 | 0 | 6050 | 484 | 12.1 | 121 | 5432.9 | 12.987 | 5419.913 |
| 2 | 岑丹丹 | 生产车间 | 生产人员 | 2500 | 800 | 450 | 600 | 700 | 0 | 5050 | 404 | 10.1 | 101 | 4534.9 | 0 | 4534.9 |
| 3 | 闭慧芳 | 生产车间 | 生产人员 | 1500 | 800 | 450 | 600 | 0 | 0 | 3350 | 268 | 6.7 | 67 | 3008.3 | 0 | 3008.3 |
| 4 | 邓丽娟 | 销售部 | 销售人员 | 2500 | 800 | 450 | 600 | 800 | 0 | 5150 | 412 | 10.3 | 103 | 4624.7 | 0 | 4624.7 |
| 5 | 何玲玲 | 生产车间 | 生产人员 | 2500 | 800 | 450 | 600 | 300 | 100 | 4550 | 364 | 9.1 | 91 | 4085.9 | 0 | 4085.9 |
| 6 | 何莎 | 生产车间 | 生产人员 | 3000 | 800 | 450 | 600 | 500 | 50 | 5300 | 424 | 10.6 | 106 | 4759.4 | 0 | 4759.4 |
| 7 | 何雪丽 | 办公室 | 管理人员 | 3000 | 800 | 550 | 800 | 0 | 10 | 5140 | 411.2 | 10.28 | 102.8 | 4615.72 | 0 | 4615.72 |
| 8 | 黄芳萍 | 办公室 | 管理人员 | 2500 | 800 | 550 | 800 | 0 | 0 | 4650 | 372 | 9.3 | 93 | 4175.7 | 0 | 4175.7 |
| 9 | 黄秋莹 | 生产车间 | 生产人员 | 2500 | 800 | 450 | 600 | 500 | 0 | 4850 | 388 | 9.7 | 97 | 4355.3 | 0 | 4355.3 |
| 10 | 黄蕊 | 生产车间 | 生产人员 | 2500 | 800 | 450 | 600 | 300 | 0 | 4650 | 372 | 9.3 | 93 | 4175.7 | 0 | 4175.7 |
| 11 | 黄玉玲 | 生产车间 | 生产人员 | 2500 | 800 | 450 | 600 | 500 | 0 | 4850 | 388 | 9.7 | 97 | 4355.3 | 0 | 4355.3 |
| 12 | 李金娥 | 生产车间 | 生产人员 | 2000 | 800 | 450 | 600 | 300 | 100 | 4050 | 324 | 8.1 | 81 | 3636.9 | 0 | 3636.9 |
| 13 | 李思娴 | 采购部 | 采购人员 | 2500 | 800 | 450 | 600 | 0 | 0 | 4350 | 348 | 8.7 | 87 | 3906.3 | 0 | 3906.3 |
| 14 | 林小群 | 生产车间 | 生产人员 | 1500 | 800 | 450 | 600 | 300 | 0 | 3650 | 292 | 7.3 | 73 | 3277.7 | 0 | 3277.7 |
| 15 | 凌恒 | 销售部 | 销售人员 | 1500 | 800 | 450 | 600 | 500 | 0 | 3850 | 308 | 7.7 | 77 | 3457.3 | 0 | 3457.3 |
| 16 | 凌玉梅 | 销售部 | 销售人员 | 3000 | 1000 | 450 | 600 | 1000 | 100 | 5950 | 476 | 11.9 | 119 | 5343.1 | 10.293 | 5332.807 |
| 17 | 刘珊风 | 财务室 | 管理人员 | 1500 | 800 | 550 | 800 | 0 | 0 | 3650 | 292 | 7.3 | 73 | 3277.7 | 0 | 3277.7 |
| 18 | 刘艺恒 | 销售部 | 销售人员 | 3000 | 800 | 450 | 600 | 500 | 20 | 5330 | 426.4 | 10.66 | 106.6 | 4786.34 | 0 | 4786.34 |
| 19 | 陆兰清 | 财务室 | 管理人员 | 3000 | 800 | 550 | 800 | 0 | 0 | 5150 | 412 | 10.3 | 103 | 4624.7 | 0 | 4624.7 |
| 20 | 陆晓景 | 财务室 | 管理人员 | 2000 | 800 | 550 | 800 | 0 | 10 | 4140 | 331.2 | 8.28 | 82.8 | 3717.72 | 0 | 3717.72 |
| 21 | 马旋旋 | 采购部 | 采购人员 | 2500 | 800 | 450 | 600 | 0 | 20 | 4330 | 346.4 | 8.66 | 86.6 | 3888.34 | 0 | 3888.34 |
| 22 | 莫小园 | 生产车间 | 生产人员 | 1500 | 800 | 450 | 600 | 300 | 0 | 3650 | 292 | 7.3 | 73 | 3277.7 | 0 | 3277.7 |
| 23 | 倪明艳 | 销售部 | 销售人员 | 2500 | 800 | 450 | 600 | 800 | 0 | 5150 | 412 | 10.3 | 103 | 4624.7 | 0 | 4624.7 |
| 24 | 潘春妮 | 生产车间 | 生产人员 | 2000 | 800 | 450 | 600 | 0 | 0 | 3850 | 308 | 7.7 | 77 | 3457.3 | 0 | 3457.3 |
| 25 | 涂婕 | 采购部 | 采购人员 | 3000 | 1000 | 450 | 600 | 0 | 0 | 5050 | 404 | 10.1 | 101 | 4534.9 | 0 | 4534.9 |
| 26 | 王笑 | 采购部 | 管理人员 | 3000 | 1000 | 550 | 800 | 0 | 100 | 5250 | 420 | 10.5 | 105 | 4714.5 | 0 | 4714.5 |
| 27 | 韦露婷 | 生产车间 | 管理人员 | 2000 | 800 | 550 | 800 | 0 | 0 | 4150 | 332 | 8.3 | 83 | 3726.7 | 0 | 3726.7 |
| 28 | 韦巧 | 采购部 | 采购人员 | 3000 | 1000 | 450 | 600 | 0 | 0 | 5050 | 404 | 10.1 | 101 | 4534.9 | 0 | 4534.9 |

**图 3-40　完整的职工工资结算单**

# 任务 3.3　工资条的生成

## 一、知识要点

工资条是发放给企业职工的工资清单,其中要求职工的每一项工资数据都清晰记载,包括工资的各个组成部分的数值。

## 二、岗位任务

制作工资条。要求:格式、结构基本与表 3-7 一致。

## 三、操作步骤

操作步骤如下:

(1) 将"职工工资结算单"工作表复制。鼠标右键单击"职工工资结算单"名称,选择"移动或复制"。系统弹出"移动或复制工作表"对话框。在"下列选定工作表之前"中选择"移至最后",勾选"建立副本",如图 3-41 所示。

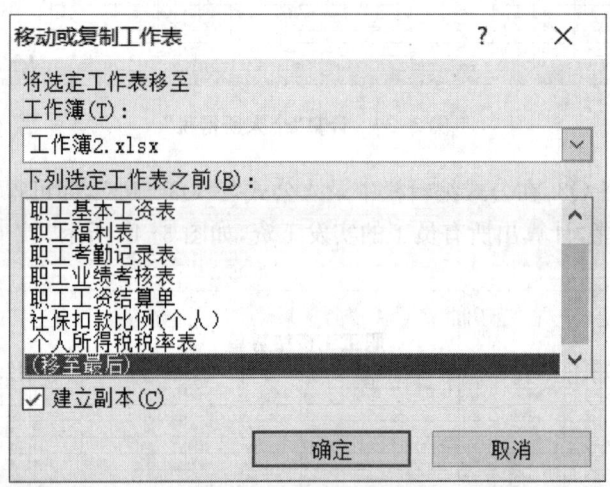

图 3-41　"移动或复制工作表"对话框

(2) 点击新建的"职工工资结算单(2)"名字,将其改为"职工工资条"。点击单元格 A1,将标题改为"职工工资条",如图 3-42 所示。

(3) 点击第 4 行任意单元格,在"开始"选项卡上"单元格"组中单击"插入",选择"插入工作表行"(或者点击第 4 行,选择"插入"),如图 3-43 和图 3-44 所示。

(4) 单击第 2 行,单击鼠标右键,选择"复制"。单击单元格 A5,单击鼠标右键选择"粘贴",用同样的方法粘贴其他员工的工资信息的标题,如图 3-45 所示。

值得注意的是,在企业员工人数少的情况下,我们可以根据上述步骤(3)和步骤(4)去完成工资表的设置;如果企业员工人数多,则建议采用步骤(5)。

表 3-7　职工工资条

单位：元

| 员工编号 | 姓名 | 部门 | 人员类别 | 基本工资 | 岗位津贴 | 生活补贴 | 住房补贴 | 业绩奖励 | 请假扣款 | 工资合计 | 养老保险 | 失业保险 | 医疗保险 | 应发工资 | 应扣个人所得税 | 实发工资 |
|---|---|---|---|---|---|---|---|---|---|---|---|---|---|---|---|---|
| 1 | 曾小英 | 办公室 | 管理人员 | 3 000 | 1 500 | 650 | 900 | 0 | 0 | 6 050 | 484 | 12.1 | 121 | 5 432.9 | 12.987 | 5 419.913 |
| 2 | 岑丹丹 | 生产车间 | 生产人员 | 2 500 | 800 | 450 | 600 | 300 | 0 | 5 050 | 404 | 10.1 | 101 | 4 534.9 | 0 | 4 534.9 |
| 3 | 闫慧芳 | 生产车间 | 生产人员 | 1 500 | 800 | 450 | 600 | 0 | 0 | 3 350 | 268 | 6.7 | 67 | 3 008.3 | 0 | 3 008.3 |
| 4 | 邓丽娟 | 销售部 | 销售人员 | 2 500 | 800 | 450 | 600 | 800 | 0 | 5 150 | 412 | 10.3 | 103 | 4 624.7 | 0 | 4 624.7 |
| 5 | 何玲玲 | 生产车间 | 生产人员 | 2 500 | 800 | 450 | 600 | 300 | 100 | 4 550 | 364 | 9.1 | 91 | 4 085.9 | 0 | 4 085.9 |
| 6 | 何莎 | 生产车间 | 生产人员 | 3 000 | 800 | 450 | 600 | 500 | 50 | 5 300 | 424 | 10.6 | 106 | 4 759.4 | 0 | 4 759.4 |
| 7 | 何雪丽 | 办公室 | 管理人员 | 3 000 | 800 | 550 | 800 | 0 | 10 | 5 140 | 411.2 | 10.28 | 102.8 | 4 615.72 | 0 | 4 615.72 |
| 8 | 黄芳萍 | 办公室 | 管理人员 | 2 500 | 800 | 550 | 800 | 0 | 0 | 4 650 | 372 | 9.3 | 93 | 4 175.7 | 0 | 4 175.7 |
| 9 | 黄秋莹 | 生产车间 | 生产人员 | 2 500 | 800 | 450 | 600 | 500 | 0 | 4 850 | 388 | 9.7 | 97 | 4 355.3 | 0 | 4 355.3 |
| 10 | 黄燊 | 生产车间 | 生产人员 | 2 500 | 800 | 450 | 600 | 300 | 0 | 4 650 | 372 | 9.3 | 93 | 4 175.7 | 0 | 4 175.7 |

（续表）

| 员工编号 | 姓名 | 部门 | 人员类别 | 基本工资 | 岗位津贴 | 生活补贴 | 住房补贴 | 业绩奖励 | 请假扣款 | 工资合计 | 养老保险 | 失业保险 | 医疗保险 | 应发工资 | 应扣个人所得税 | 实发工资 |
|---|---|---|---|---|---|---|---|---|---|---|---|---|---|---|---|---|
| 11 | 黄玉玲 | 生产车间 | 生产人员 | 2 500 | 800 | 450 | 600 | 500 | 0 | 4 850 | 388 | 9.7 | 97 | 4 355.3 | 0 | 4 355.3 |
| 12 | 李金娥 | 生产车间 | 生产人员 | 2 000 | 800 | 450 | 600 | 300 | 100 | 4 050 | 324 | 8.1 | 81 | 3 636.9 | 0 | 3 636.9 |
| 13 | 李思煜 | 采购部 | 采购人员 | 2 500 | 800 | 450 | 600 | 0 | 0 | 4 350 | 348 | 8.7 | 87 | 3 906.3 | 0 | 3 906.3 |
| 14 | 林小群 | 生产车间 | 生产人员 | 1 500 | 800 | 450 | 600 | 300 | 0 | 3 650 | 292 | 7.3 | 73 | 3 277.7 | 0 | 3 277.7 |
| 15 | 凌桓 | 销售部 | 销售人员 | 1 500 | 800 | 450 | 600 | 500 | 0 | 3 850 | 308 | 7.7 | 77 | 3 457.3 | 0 | 3 457.3 |
| 16 | 刘珊梅 | 销售部 | 销售人员 | 3 000 | 1 000 | 450 | 600 | 1 000 | 100 | 5 950 | 476 | 11.9 | 119 | 5 343.1 | 10.293 | 5 332.807 |
| 17 | 刘珊凤 | 财务室 | 管理人员 | 1 500 | 800 | 550 | 800 | 0 | 0 | 3 650 | 292 | 7.3 | 73 | 3 277.7 | 0 | 3 277.7 |
| 18 | 刘艺桓 | 销售部 | 销售人员 | 3 000 | 800 | 450 | 600 | 500 | 20 | 5 330 | 426.4 | 10.66 | 106.6 | 4 786.34 | 0 | 4 786.34 |
| 19 | 陆兰清 | 财务室 | 管理人员 | 3 000 | 800 | 550 | 800 | 0 | 0 | 5 150 | 412 | 10.3 | 103 | 4 624.7 | 0 | 4 624.7 |
| 20 | 陆晓景 | 财务室 | 管理人员 | 2 000 | 800 | 550 | 800 | 0 | 10 | 4 140 | 331.2 | 8.28 | 82.8 | 3 717.72 | 0 | 3 717.72 |

（续表）

| 员工编号 | 姓名 | 部门 | 人员类别 | 基本工资 | 岗位津贴 | 生活补贴 | 住房补贴 | 业绩奖励 | 请假扣款 | 工资合计 | 养老保险 | 失业保险 | 医疗保险 | 应发工资 | 应扣个人所得税 | 实发工资 |
|---|---|---|---|---|---|---|---|---|---|---|---|---|---|---|---|---|
| 21 | 马旎旎 | 采购部 | 采购人员 | 2 500 | 800 | 450 | 600 | 0 | 20 | 4 330 | 346.4 | 8.66 | 86.6 | 3 888.34 | 0 | 3 888.34 |
| 22 | 莫小园 | 生产车间 | 生产人员 | 1 500 | 800 | 450 | 600 | 300 | 0 | 3 650 | 292 | 7.3 | 73 | 3 277.7 | 0 | 3 277.7 |
| 23 | 倪明艳 | 销售部 | 销售人员 | 2 500 | 800 | 450 | 600 | 800 | 0 | 5 150 | 412 | 10.3 | 103 | 4 624.7 | 0 | 4 624.7 |
| 24 | 潘春妮 | 生产车间 | 生产人员 | 2 000 | 800 | 450 | 600 | 0 | 0 | 3 850 | 308 | 7.7 | 77 | 3 457.3 | 0 | 3 457.3 |
| 25 | 涂雄 | 采购部 | 采购人员 | 3 000 | 1 000 | 450 | 600 | 0 | 0 | 5 050 | 404 | 10.1 | 101 | 4 534.9 | 0 | 4 534.9 |
| 26 | 王笑 | 采购部 | 管理人员 | 3 000 | 1 000 | 550 | 800 | 0 | 100 | 5 250 | 420 | 10.5 | 105 | 4 714.5 | 0 | 4 714.5 |
| 27 | 韦露婷 | 生产车间 | 管理人员 | 2 000 | 800 | 550 | 800 | 0 | 0 | 4 150 | 332 | 8.3 | 83 | 3 726.7 | 0 | 3 726.7 |
| 28 | 韦巧 | 采购部 | 采购人员 | 3 000 | 1 000 | 450 | 600 | 0 | 0 | 5 050 | 404 | 10.1 | 101 | 4 534.9 | 0 | 4 534.9 |
| 29 | 谢小琼 | 销售部 | 管理人员 | 1 500 | 800 | 550 | 800 | 0 | 0 | 3 650 | 292 | 7.3 | 73 | 3 277.7 | 0 | 3 277.7 |
| 30 | 赵秋连 | 销售部 | 销售人员 | 1 500 | 800 | 450 | 600 | 500 | 0 | 3 850 | 308 | 7.7 | 77 | 3 457.3 | 0 | 3 457.3 |

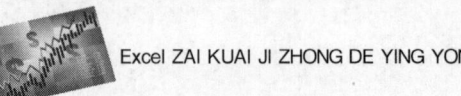

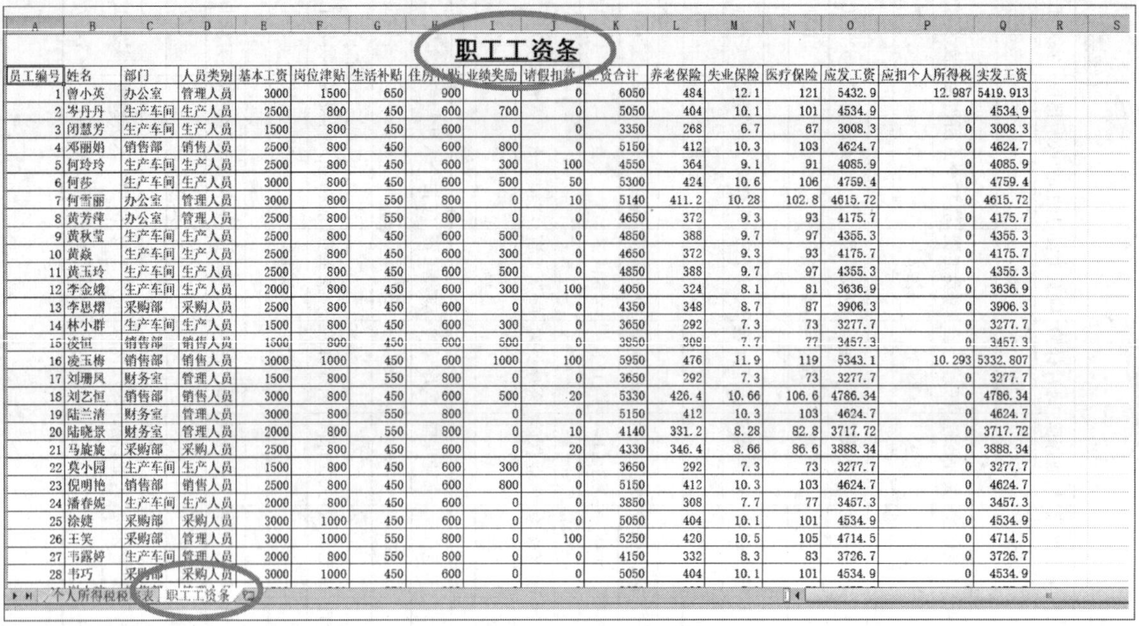

图 3-42 设置名称

图 3-43 插入工作行

(5) 在单元格 R2 录入"工资序号",在单元格区域 R3:R32 中填充 1~30,如图 3-46 所示;在单元格区域 R33:R62 录入"1~30"序号;在单元格区域 R63:R92 录入"1~30"序号,如图 3-47 所示。

单击第 2 行,单击鼠标右键选择"复制"。单击单元格 A63,单击鼠标右键,选择"粘贴"。用 Excel 的填充功能填充第 64 行到第 92 行,如图 3-48 所示。

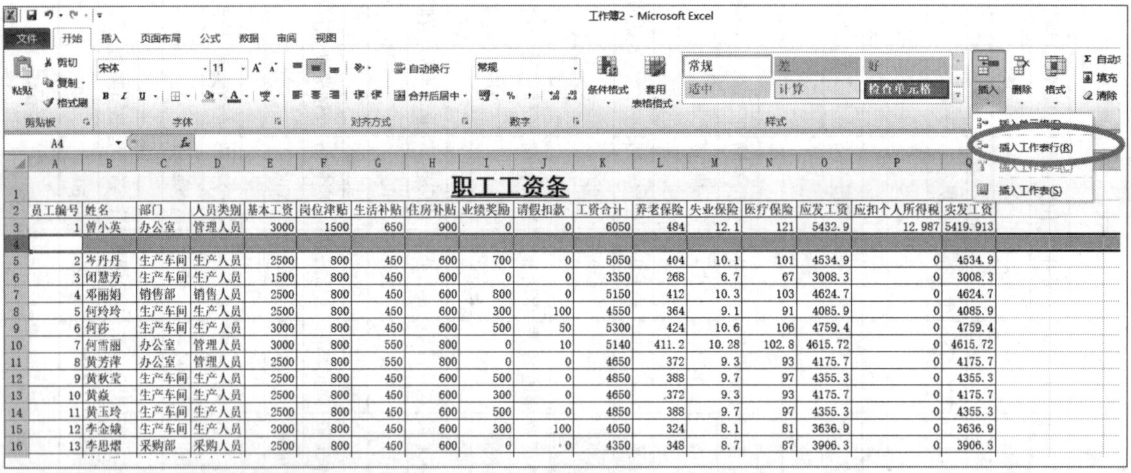

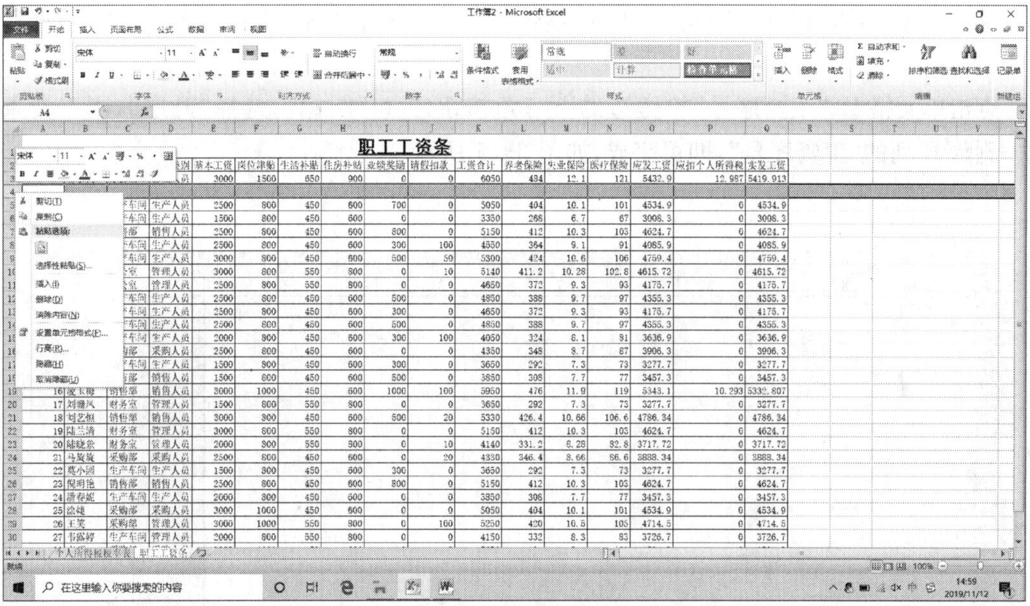

图 3-44 插入工作行

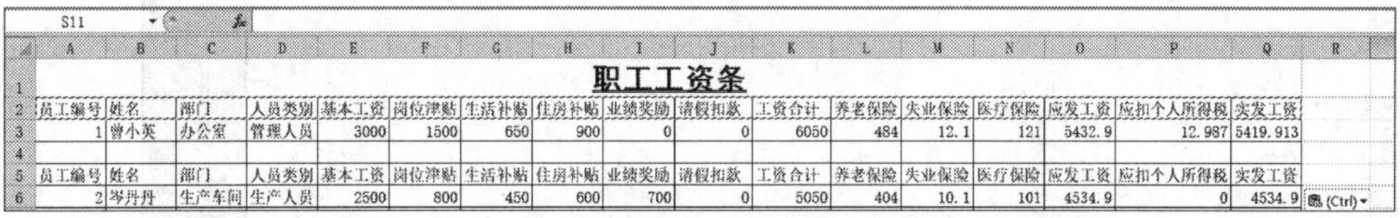

图 3-45 工资条项目

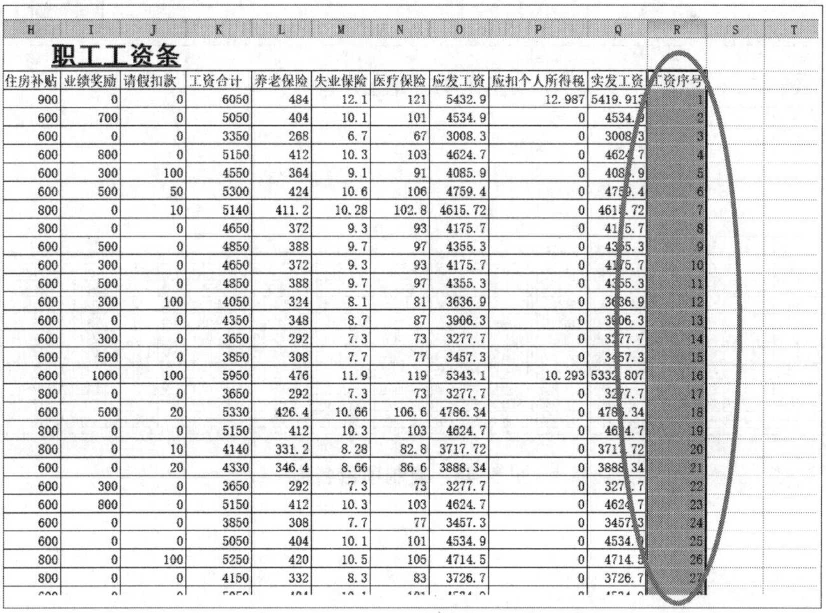

图 3-46 增加"工资序号"列

选择第 2 行，点击“开始”选项卡中的“编辑”组里的“排序和筛选”下拉菜单中的“筛选”，如图 3-49 和图 3-50 所示。

点击单元格 R2“工资序号”栏旁边的下三角按钮（“▾”图标），选择“升序”，则工资条形成。删除 R 列的“工资序号”，即可完成，如图 3-51 所示。

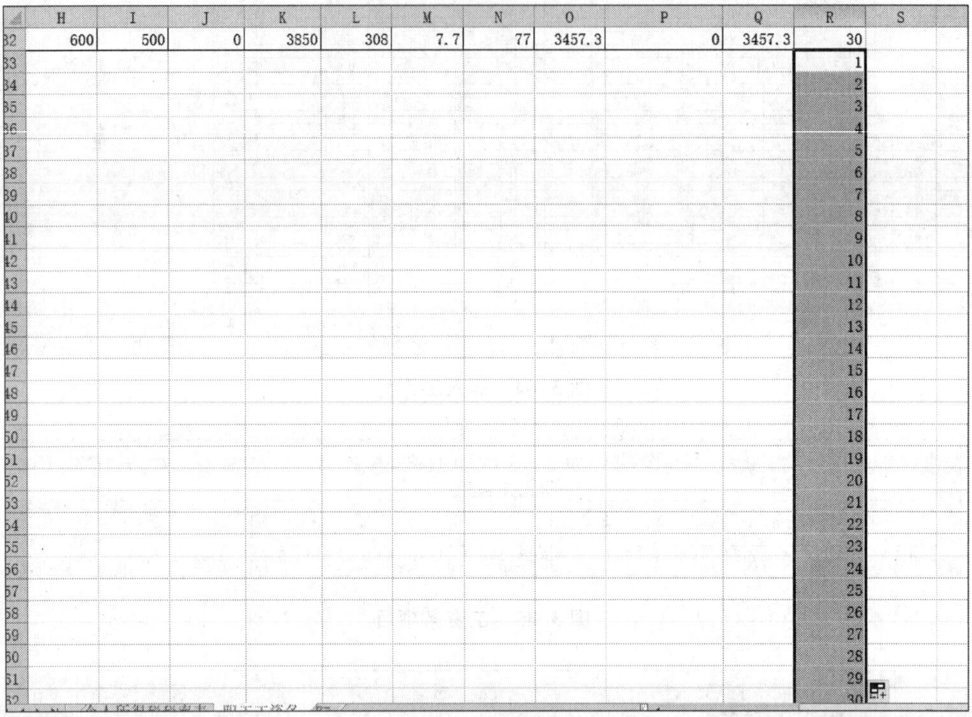

| | H | I | J | K | L | M | N | O | P | Q | R | S |
|---|---|---|---|---|---|---|---|---|---|---|---|---|
| 32 | 600 | 500 | 0 | 3850 | 308 | 7.7 | 77 | 3457.3 | 0 | 3457.3 | 30 | |
| 33 | | | | | | | | | | | 1 | |
| 34 | | | | | | | | | | | 2 | |
| 35 | | | | | | | | | | | 3 | |
| 36 | | | | | | | | | | | 4 | |
| 37 | | | | | | | | | | | 5 | |
| 38 | | | | | | | | | | | 6 | |
| 39 | | | | | | | | | | | 7 | |
| 40 | | | | | | | | | | | 8 | |
| 41 | | | | | | | | | | | 9 | |
| 42 | | | | | | | | | | | 10 | |
| 43 | | | | | | | | | | | 11 | |
| 44 | | | | | | | | | | | 12 | |
| 45 | | | | | | | | | | | 13 | |
| 46 | | | | | | | | | | | 14 | |
| 47 | | | | | | | | | | | 15 | |
| 48 | | | | | | | | | | | 16 | |
| 49 | | | | | | | | | | | 17 | |
| 50 | | | | | | | | | | | 18 | |
| 51 | | | | | | | | | | | 19 | |
| 52 | | | | | | | | | | | 20 | |
| 53 | | | | | | | | | | | 21 | |
| 54 | | | | | | | | | | | 22 | |
| 55 | | | | | | | | | | | 23 | |
| 56 | | | | | | | | | | | 24 | |
| 57 | | | | | | | | | | | 25 | |
| 58 | | | | | | | | | | | 26 | |
| 59 | | | | | | | | | | | 27 | |
| 60 | | | | | | | | | | | 28 | |
| 61 | | | | | | | | | | | 29 | |
| 62 | | | | | | | | | | | 30 | |

**图 3-47 增加序号**

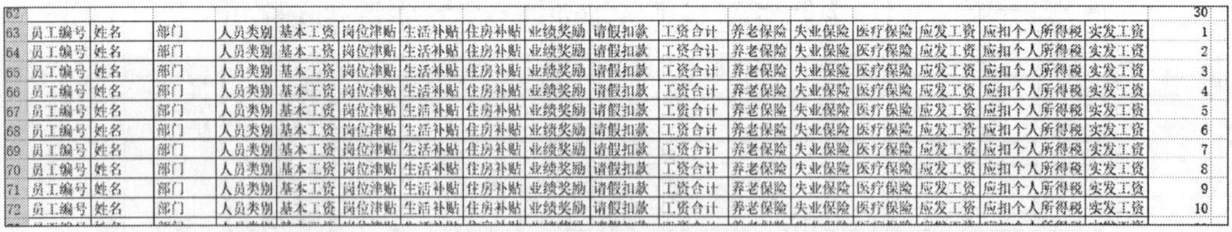

| | | | | | | | | | | | | | | | | | |
|---|---|---|---|---|---|---|---|---|---|---|---|---|---|---|---|---|---|
| 62 | | | | | | | | | | | | | | | | | 30 |
| 63 | 员工编号 | 姓名 | 部门 | 人员类别 | 基本工资 | 岗位津贴 | 生活补贴 | 住房补贴 | 业绩奖励 | 请假扣款 | 工资合计 | 养老保险 | 失业保险 | 医疗保险 | 应发工资 | 应扣个人所得税 | 实发工资 | 1 |
| 64 | 员工编号 | 姓名 | 部门 | 人员类别 | 基本工资 | 岗位津贴 | 生活补贴 | 住房补贴 | 业绩奖励 | 请假扣款 | 工资合计 | 养老保险 | 失业保险 | 医疗保险 | 应发工资 | 应扣个人所得税 | 实发工资 | 2 |
| 65 | 员工编号 | 姓名 | 部门 | 人员类别 | 基本工资 | 岗位津贴 | 生活补贴 | 住房补贴 | 业绩奖励 | 请假扣款 | 工资合计 | 养老保险 | 失业保险 | 医疗保险 | 应发工资 | 应扣个人所得税 | 实发工资 | 3 |
| 66 | 员工编号 | 姓名 | 部门 | 人员类别 | 基本工资 | 岗位津贴 | 生活补贴 | 住房补贴 | 业绩奖励 | 请假扣款 | 工资合计 | 养老保险 | 失业保险 | 医疗保险 | 应发工资 | 应扣个人所得税 | 实发工资 | 4 |
| 67 | 员工编号 | 姓名 | 部门 | 人员类别 | 基本工资 | 岗位津贴 | 生活补贴 | 住房补贴 | 业绩奖励 | 请假扣款 | 工资合计 | 养老保险 | 失业保险 | 医疗保险 | 应发工资 | 应扣个人所得税 | 实发工资 | 5 |
| 68 | 员工编号 | 姓名 | 部门 | 人员类别 | 基本工资 | 岗位津贴 | 生活补贴 | 住房补贴 | 业绩奖励 | 请假扣款 | 工资合计 | 养老保险 | 失业保险 | 医疗保险 | 应发工资 | 应扣个人所得税 | 实发工资 | 6 |
| 69 | 员工编号 | 姓名 | 部门 | 人员类别 | 基本工资 | 岗位津贴 | 生活补贴 | 住房补贴 | 业绩奖励 | 请假扣款 | 工资合计 | 养老保险 | 失业保险 | 医疗保险 | 应发工资 | 应扣个人所得税 | 实发工资 | 7 |
| 70 | 员工编号 | 姓名 | 部门 | 人员类别 | 基本工资 | 岗位津贴 | 生活补贴 | 住房补贴 | 业绩奖励 | 请假扣款 | 工资合计 | 养老保险 | 失业保险 | 医疗保险 | 应发工资 | 应扣个人所得税 | 实发工资 | 8 |
| 71 | 员工编号 | 姓名 | 部门 | 人员类别 | 基本工资 | 岗位津贴 | 生活补贴 | 住房补贴 | 业绩奖励 | 请假扣款 | 工资合计 | 养老保险 | 失业保险 | 医疗保险 | 应发工资 | 应扣个人所得税 | 实发工资 | 9 |
| 72 | 员工编号 | 姓名 | 部门 | 人员类别 | 基本工资 | 岗位津贴 | 生活补贴 | 住房补贴 | 业绩奖励 | 请假扣款 | 工资合计 | 养老保险 | 失业保险 | 医疗保险 | 应发工资 | 应扣个人所得税 | 实发工资 | 10 |

**图 3-48 复制项目名称**

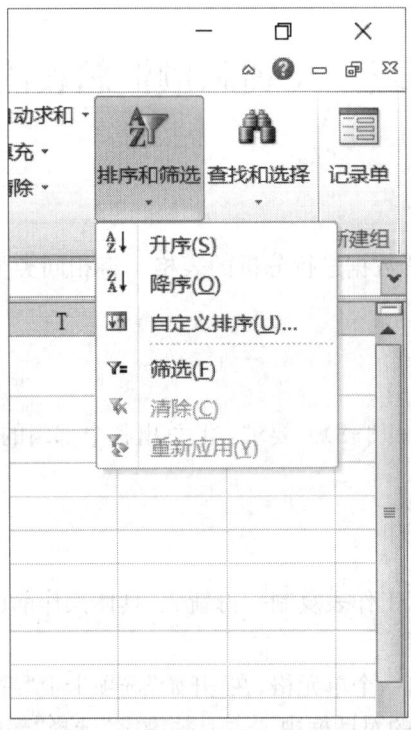

图 3-49 "排序和筛选"下拉菜单

图 3-50 启用筛选功能

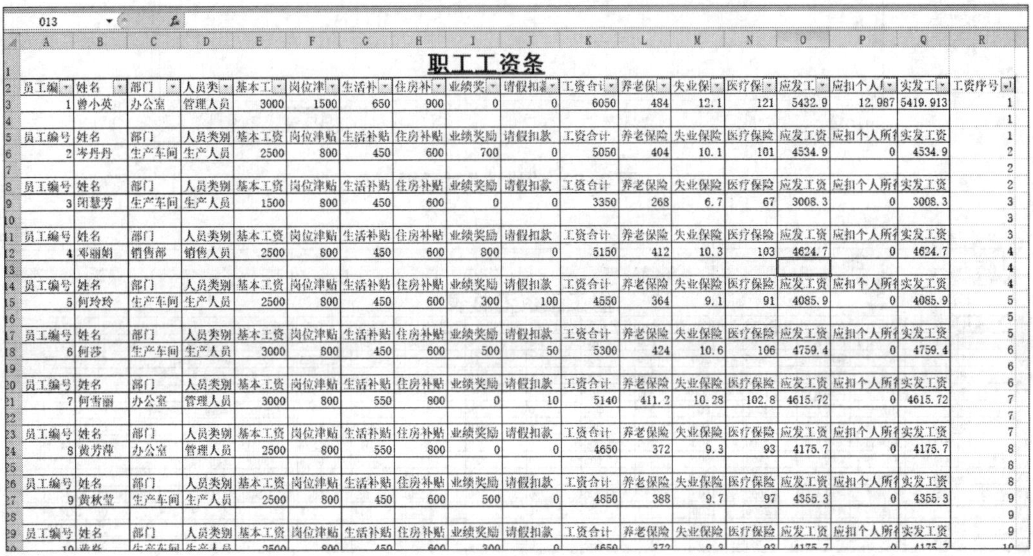

图 3-51 职工工资条

## 任务3.4　工资总额汇总表的创建

### 一、知识要点

工资总额汇总表是对工资数据进行分析的表格。将相同类型的数据统计出来，这就是数据的分类和汇总。

### 二、岗位任务

创建工资总额汇总表（见表3-8）。要求：汇总出各个部门的工资。

### 三、操作步骤

操作步骤如下：

（1）将"职工工资结算单"工作表复制一份新表，具体操作前已述及，在此不赘述。将新表的名称改为"职工工资汇总表"。

（2）单击表格区域内任何一个单元格，在"开始"选项卡上"编辑"组中单击"排序和筛选"，再选择"自定义排序"，在弹出的对话框中，"主要关键字"选择"部门"，"排序依据"选择"数值"，"次序"选择"升序"，单击"确定"按钮，如图3-52和图3-53所示。

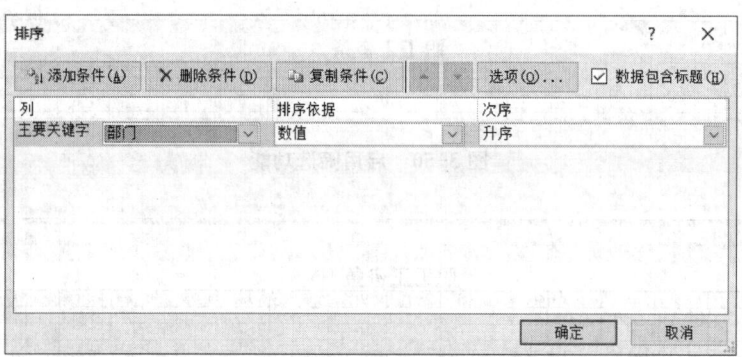

图3-52　"排序"对话框

图3-53　职工工资汇总表

表 3-8 工资总额汇总表

单位：元

| 员工编号 | 姓名 | 部门 | 人员类别 | 基本工资 | 岗位津贴 | 生活补贴 | 住房补贴 | 业绩奖励 | 请假扣款 | 工资合计 | 养老保险 | 失业保险 | 医疗保险 | 应发工资 | 应扣个人所得税 | 实发工资 |
|---|---|---|---|---|---|---|---|---|---|---|---|---|---|---|---|---|
| 1 | 曾小英 | 办公室 | 管理人员 | 3 000 | 1 500 | 650 | 900 | 0 | 0 | 6 050 | 484 | 12.1 | 121 | 5 432.9 | 12.987 | 5 419.913 |
| 7 | 何雪丽 | 办公室 | 管理人员 | 3 000 | 800 | 550 | 800 | 0 | 10 | 5 140 | 411.2 | 10.28 | 102.8 | 4 615.72 | 0 | 4 615.72 |
| 8 | 黄芳萍 | 办公室 | 管理人员 | 2 500 | 800 | 550 | 800 | 0 | 0 | 4 650 | 372 | 9.3 | 93 | 4 175.7 | 0 | 4 175.7 |
|  |  | 办公室汇总 |  |  |  |  |  |  |  |  |  |  |  | 14 224.32 |  |  |
| 17 | 刘珊凤 | 财务室 | 管理人员 | 1 500 | 800 | 550 | 800 | 0 | 0 | 3 650 | 292 | 7.3 | 73 | 3 277.7 | 0 | 3 277.7 |
| 19 | 陆兰清 | 财务室 | 管理人员 | 3 000 | 800 | 550 | 800 | 0 | 0 | 5 150 | 412 | 10.3 | 103 | 4 624.7 | 0 | 4 624.7 |
| 20 | 陆晓景 | 财务室 | 管理人员 | 2 000 | 800 | 550 | 800 | 0 | 10 | 4 140 | 331.2 | 8.28 | 82.8 | 3 717.72 | 0 | 3 717.72 |
|  |  | 财务室汇总 |  |  |  |  |  |  |  |  |  |  |  | 11 620.12 |  |  |
| 13 | 李思煜 | 采购部 | 采购人员 | 2 500 | 800 | 450 | 600 | 0 | 0 | 4 350 | 348 | 8.7 | 87 | 3 906.3 | 0 | 3 906.3 |
| 21 | 马旋旋 | 采购部 | 采购人员 | 2 500 | 800 | 450 | 600 | 0 | 20 | 4 330 | 346.4 | 8.66 | 86.6 | 3 888.34 | 0 | 3 888.34 |
| 25 | 涂健 | 采购部 | 采购人员 | 3 000 | 1 000 | 450 | 600 | 0 | 0 | 5 050 | 404 | 10.1 | 101 | 4 534.9 | 0 | 4 534.9 |
| 26 | 王笑 | 采购部 | 管理人员 | 3 000 | 1 000 | 550 | 800 | 0 | 100 | 5 250 | 420 | 10.5 | 105 | 4 714.5 | 0 | 4 714.5 |
| 28 | 韦巧 | 采购部 | 采购人员 | 3 000 | 1 000 | 450 | 600 | 0 | 0 | 5 050 | 404 | 10.1 | 101 | 4 534.9 | 0 | 4 534.9 |
|  |  | 采购部汇总 |  |  |  |  |  |  |  |  |  |  |  | 21 578.94 |  |  |
| 2 | 岑丹丹 | 生产车间 | 生产人员 | 2 500 | 800 | 450 | 600 | 700 | 0 | 5 050 | 404 | 10.1 | 101 | 4 534.9 | 0 | 4 534.9 |
| 3 | 闭慧芳 | 生产车间 | 生产人员 | 1 500 | 800 | 450 | 600 | 0 | 0 | 3 350 | 268 | 6.7 | 67 | 3 008.3 | 0 | 3 008.3 |
| 5 | 何玲玲 | 生产车间 | 生产人员 | 2 500 | 800 | 450 | 600 | 300 | 100 | 4 550 | 364 | 9.1 | 91 | 4 085.9 | 0 | 4 085.9 |

（续表）

| 员工编号 | 姓名 | 部门 | 人员类别 | 基本工资 | 岗位津贴 | 生活补贴 | 住房补贴 | 业绩奖励 | 请假扣款 | 工资合计 | 养老保险 | 失业保险 | 医疗保险 | 应发工资 | 应扣个人所得税 | 实发工资 |
|---|---|---|---|---|---|---|---|---|---|---|---|---|---|---|---|---|
| 6 | 何莎 | 生产车间 | 生产人员 | 3 000 | 800 | 450 | 600 | 500 | 50 | 5 300 | 424 | 10.6 | 106 | 4 759.4 | 0 | 4 759.4 |
| 9 | 黄秋莹 | 生产车间 | 生产人员 | 2 500 | 800 | 450 | 600 | 500 | 0 | 4 850 | 388 | 9.7 | 97 | 4 355.3 | 0 | 4 355.3 |
| 10 | 黄骖 | 生产车间 | 生产人员 | 2 500 | 800 | 450 | 600 | 300 | 0 | 4 650 | 372 | 9.3 | 93 | 4 175.7 | 0 | 4 175.7 |
| 11 | 黄玉玲 | 生产车间 | 生产人员 | 2 500 | 800 | 450 | 600 | 500 | 0 | 4 850 | 388 | 9.7 | 97 | 4 355.3 | 0 | 4 355.3 |
| 12 | 李金娥 | 生产车间 | 生产人员 | 2 000 | 800 | 450 | 600 | 300 | 100 | 4 050 | 324 | 8.1 | 81 | 3 636.9 | 0 | 3 636.9 |
| 14 | 林小群 | 生产车间 | 生产人员 | 1 500 | 800 | 450 | 600 | 300 | 0 | 3 650 | 292 | 7.3 | 73 | 3 277.7 | 0 | 3 277.7 |
| 22 | 莫小园 | 生产车间 | 生产人员 | 1 500 | 800 | 450 | 600 | 300 | 0 | 3 650 | 292 | 7.3 | 73 | 3 277.7 | 0 | 3 277.7 |
| 24 | 潘春妮 | 生产车间 | 生产人员 | 2 000 | 800 | 450 | 600 | 0 | 0 | 3 850 | 308 | 7.7 | 77 | 3 457.3 | 0 | 3 457.3 |
| 27 | 韦露婷 | 生产车间 | 管理人员 | 2 000 | | 550 | 800 | 0 | 0 | 4 150 | 332 | 8.3 | 83 | 3 726.7 | 0 | 3 726.7 |
| 生产车间汇总 | | | | | | | | | | | | | | 46 651.1 | | |
| 4 | 邓丽娟 | 销售部 | 销售人员 | 2 500 | 800 | 450 | 600 | 800 | 0 | 5 150 | 412 | 10.3 | 103 | 4 624.7 | 0 | 4 624.7 |
| 15 | 凌恒 | 销售部 | 销售人员 | 1 500 | 800 | 450 | 600 | 500 | 0 | 3 850 | 308 | 7.7 | 77 | 3 457.3 | 0 | 3 457.3 |
| 16 | 凌玉梅 | 销售部 | 销售人员 | 3 000 | 1 000 | 450 | 600 | 1 000 | 100 | 5 950 | 476 | 11.9 | 119 | 5 343.1 | 10.293 | 5 332.807 |
| 18 | 刘艺恒 | 销售部 | 销售人员 | 3 000 | 800 | 450 | 600 | 500 | 20 | 5 330 | 426.4 | 10.66 | 106.6 | 4 786.34 | 0 | 4 786.34 |
| 23 | 倪明艳 | 销售部 | 销售人员 | 2 500 | 800 | 450 | 600 | 800 | 0 | 5 150 | 412 | 10.3 | 103 | 4 624.7 | 0 | 4 624.7 |
| 29 | 谢小琮 | 销售部 | 管理人员 | 1 500 | 800 | 550 | 800 | 0 | 0 | 3 650 | 292 | 7.3 | 73 | 3 277.7 | 0 | 3 277.7 |
| 30 | 赵秋连 | 销售部 | 销售人员 | 1 500 | 800 | 450 | 600 | 500 | 0 | 3 850 | 308 | 7.7 | 77 | 3 457.3 | 0 | 3 457.3 |
| 销售部汇总 | | | | | | | | | | | | | | 29 571.14 | | |

（3）单击数据清单中任意一个非空单元格，在"数据"选项卡"分级显示"组中单击"分类汇总"，系统弹出"分类汇总"对话框。在弹出的对话框中进行设置，"分类字段"设为"部门"，"汇总方式"设为"求和"，"选定汇总项"设为"应发工资"。企业也可根据自身需要选择不同的分类汇总，如图 3-54 和图 3-55 所示。

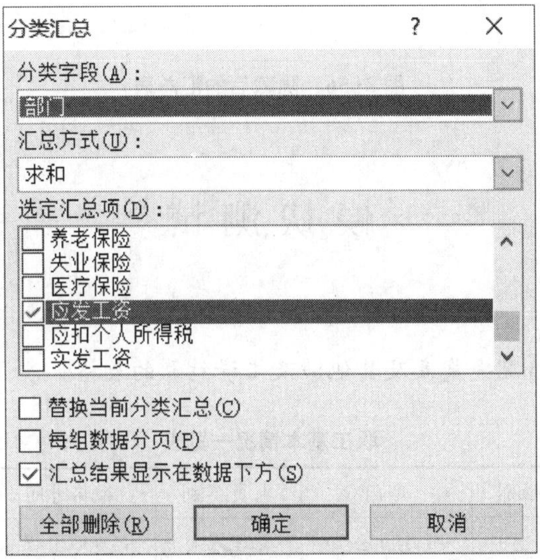

图 3-54　"分类汇总"对话框

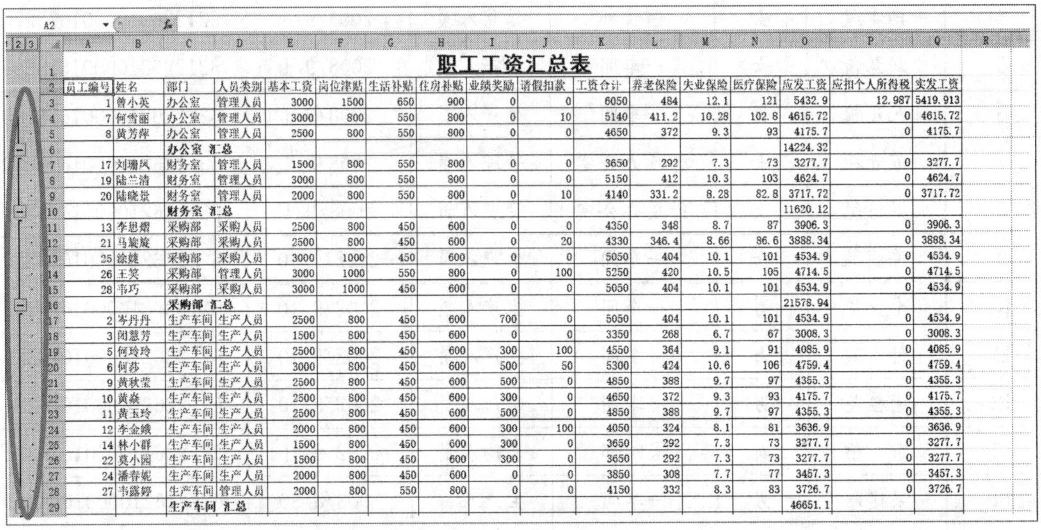

图 3-55　隐藏键的位置

（4）表格最左边的"－"号为隐藏按钮，单击此按钮，可以隐藏本级的明细数据，则"－"号变为"＋"号，如图 3-56 所示。

图 3-56  隐藏后的汇总表

## 模块测试

参考答案

A 企业的职工基本情况一览表及其他涉及工资结算的表格如表 3-9 至表 3-15 所示。

表 3-9　　　　　　　　　　职工基本情况一览表

| 员工编号 | 姓名 | 性别 | 部门 | 人员类别 | 入职时间 | 银行账号 |
|---|---|---|---|---|---|---|
| 1 | 李前程 | 男 | 行政办公室 | 管理人员 | 2000/9/7 | 6212262100001678261 |
| 2 | 谭惠敏 | 女 | 一车间 | 生产人员 | 2000/9/7 | 6212262100001678287 |
| 3 | 覃 桢 | 女 | 一车间 | 生产人员 | 2000/9/7 | 6212262100001678283 |
| 4 | 杨雪凤 | 女 | 销售部 | 销售人员 | 2001/9/6 | 6212262100001678270 |
| 5 | 刘慧倩 | 女 | 一车间 | 生产人员 | 2008/9/1 | 6212262100001678285 |
| 6 | 孔凡梅 | 男 | 一车间 | 生产人员 | 2008/9/1 | 6212262100001678288 |
| 7 | 苏开薇 | 女 | 行政办公室 | 管理人员 | 2008/9/1 | 6212262100001678266 |
| 8 | 梁诗敏 | 女 | 行政办公室 | 管理人员 | 2008/9/1 | 6212262100001678262 |
| 9 | 许丽敏 | 女 | 一车间 | 生产人员 | 2002/9/10 | 6212262100001678286 |
| 10 | 卓少华 | 男 | 一车间 | 生产人员 | 2002/9/10 | 6212262100001678282 |
| 11 | 付 璇 | 女 | 一车间 | 生产人员 | 2002/9/10 | 6212262100001678280 |
| 12 | 谢桂英 | 男 | 一车间 | 生产人员 | 2002/9/10 | 6212262100001678284 |
| 13 | 韦 柳 | 女 | 采购部 | 采购人员 | 2002/9/10 | 6212262100001678276 |
| 14 | 梁建萍 | 男 | 一车间 | 生产人员 | 2003/8/30 | 6212262100001678281 |
| 15 | 黄绪文 | 男 | 销售部 | 销售人员 | 2003/8/30 | 6212262100001678273 |
| 16 | 零翠萍 | 女 | 销售部 | 销售人员 | 2003/8/30 | 6212262100001678274 |
| 17 | 黄清丽 | 女 | 财务部 | 管理人员 | 2003/8/30 | 6212262100001678263 |
| 18 | 李 露 | 男 | 销售部 | 销售人员 | 2003/8/30 | 6212262100001678272 |
| 19 | 曾德伟 | 男 | 财务部 | 管理人员 | 2003/8/30 | 6212262100001678265 |

(续表)

| 员工编号 | 姓名 | 性别 | 部门 | 人员类别 | 入职时间 | 银行账号 |
|---|---|---|---|---|---|---|
| 20 | 梁敏莉 | 男 | 财务部 | 管理人员 | 2003/8/30 | 6212262100001678264 |
| 21 | 梁北妹 | 女 | 采购部 | 采购人员 | 2009/8/28 | 6212262100001678277 |
| 22 | 陈芳 | 女 | 一车间 | 生产人员 | 2009/8/28 | 6212262100001678290 |
| 23 | 谢映红 | 男 | 销售部 | 销售人员 | 2009/8/28 | 6212262100001678275 |
| 24 | 谢秦花 | 女 | 一车间 | 生产人员 | 2009/8/28 | 6212262100001678289 |
| 25 | 张艳丽 | 男 | 采购部 | 采购人员 | 2009/8/28 | 6212262100001678279 |
| 26 | 周日娇 | 男 | 采购部 | 管理人员 | 2009/8/28 | 6212262100001678267 |
| 27 | 黄彩艳 | 女 | 生产车间 | 管理人员 | 2009/8/28 | 6212262100001678268 |
| 28 | 韦莹 | 男 | 采购部 | 采购人员 | 2006/7/1 | 6212262100001678278 |
| 29 | 刘春芳 | 女 | 销售部 | 管理人员 | 2010/9/1 | 6212262100001678269 |
| 30 | 卢玉婷 | 女 | 销售部 | 销售人员 | 2013/9/7 | 6212262100001678271 |

表3-10　　　　　　　　　　　职工基本工资表　　　　　　　　　　　单位：元

| 员工编号 | 姓名 | 部门 | 人员类别 | 基本工资 | 岗位津贴 | 合计 |
|---|---|---|---|---|---|---|
| 1 | 李前程 | 行政办公室 | 管理人员 | 3 000 | 1 500 | 4 500 |
| 2 | 谭惠敏 | 一车间 | 生产人员 | 2 500 | 800 | 3 300 |
| 3 | 覃桢 | 一车间 | 生产人员 | 1 500 | 800 | 2 300 |
| 4 | 杨雪凤 | 销售部 | 销售人员 | 2 500 | 800 | 3 300 |
| 5 | 刘慧倩 | 一车间 | 生产人员 | 2 500 | 800 | 3 300 |
| 6 | 孔凡梅 | 一车间 | 生产人员 | 3 000 | 800 | 3 800 |
| 7 | 苏开薇 | 行政办公室 | 管理人员 | 3 000 | 800 | 3 800 |
| 8 | 梁诗敏 | 行政办公室 | 管理人员 | 2 500 | 800 | 3 300 |
| 9 | 许丽敏 | 一车间 | 生产人员 | 2 500 | 800 | 3 300 |
| 10 | 卓少华 | 一车间 | 生产人员 | 2 500 | 800 | 3 300 |
| 11 | 付璇 | 一车间 | 生产人员 | 2 500 | 800 | 3 300 |
| 12 | 谢桂英 | 一车间 | 生产人员 | 2 000 | 800 | 2 800 |
| 13 | 韦柳 | 采购部 | 采购人员 | 2 500 | 800 | 3 300 |
| 14 | 梁建萍 | 一车间 | 生产人员 | 1 500 | 800 | 2 300 |
| 15 | 黄绪文 | 销售部 | 销售人员 | 1 500 | 800 | 2 300 |
| 16 | 零翠萍 | 销售部 | 销售人员 | 3 000 | 1 000 | 4 000 |
| 17 | 黄清丽 | 财务部 | 管理人员 | 1 500 | 800 | 2 300 |
| 18 | 李露 | 销售部 | 销售人员 | 3 000 | 800 | 3 800 |

(续表)

| 员工编号 | 姓名 | 部门 | 人员类别 | 基本工资 | 岗位津贴 | 合计 |
| --- | --- | --- | --- | --- | --- | --- |
| 19 | 曾德伟 | 财务部 | 管理人员 | 3 000 | 800 | 3 800 |
| 20 | 梁敏莉 | 财务部 | 管理人员 | 2 000 | 800 | 2 800 |
| 21 | 梁北妹 | 采购部 | 采购人员 | 2 500 | 800 | 3 300 |
| 22 | 陈 芳 | 一车间 | 生产人员 | 1 500 | 800 | 2 300 |
| 23 | 谢映红 | 销售部 | 销售人员 | 2 500 | 800 | 3 300 |
| 24 | 谢秦花 | 一车间 | 生产人员 | 2 000 | 800 | 2 800 |
| 25 | 张艳丽 | 采购部 | 采购人员 | 3 000 | 1 000 | 4 000 |
| 26 | 周日娇 | 采购部 | 管理人员 | 3 000 | 1 000 | 4 000 |
| 27 | 黄彩艳 | 生产车间 | 管理人员 | 2 000 | 800 | 2 800 |
| 28 | 韦 莹 | 采购部 | 采购人员 | 3 000 | 1 000 | 4 000 |
| 29 | 刘春芳 | 销售部 | 管理人员 | 1 500 | 800 | 2 300 |
| 30 | 赵秋连 | 销售部 | 销售人员 | 1 500 | 800 | 2 300 |

表 3-11　　　　　　　　　　　职工福利表　　　　　　　　　　　单位：元

| 员工编号 | 姓名 | 部门 | 人员类别 | 生活补贴 | 住房补贴 | 合计 |
| --- | --- | --- | --- | --- | --- | --- |
| 1 | 李前程 | 行政办公室 | 管理人员 | 650 | 900 | 1 550 |
| 2 | 谭惠敏 | 一车间 | 生产人员 | 450 | 600 | 1 050 |
| 3 | 覃 桢 | 一车间 | 生产人员 | 450 | 600 | 1 050 |
| 4 | 杨雪凤 | 销售部 | 销售人员 | 450 | 600 | 1 050 |
| 5 | 刘慧倩 | 一车间 | 生产人员 | 450 | 600 | 1 050 |
| 6 | 孔凡梅 | 一车间 | 生产人员 | 450 | 600 | 1 050 |
| 7 | 苏开薇 | 行政办公室 | 管理人员 | 550 | 800 | 1 350 |
| 8 | 梁诗敏 | 行政办公室 | 管理人员 | 550 | 800 | 1 350 |
| 9 | 许丽敏 | 一车间 | 生产人员 | 450 | 600 | 1 050 |
| 10 | 卓少华 | 一车间 | 生产人员 | 450 | 600 | 1 050 |
| 11 | 付 璇 | 一车间 | 生产人员 | 450 | 600 | 1 050 |
| 12 | 谢桂英 | 一车间 | 生产人员 | 450 | 600 | 1 050 |
| 13 | 韦柳 | 采购部 | 采购人员 | 450 | 600 | 1 050 |
| 14 | 梁建萍 | 一车间 | 生产人员 | 450 | 600 | 1 050 |
| 15 | 黄绪文 | 销售部 | 销售人员 | 450 | 600 | 1 050 |
| 16 | 零翠萍 | 销售部 | 销售人员 | 450 | 600 | 1 050 |

(续表)

| 员工编号 | 姓名 | 部门 | 人员类别 | 生活补贴 | 住房补贴 | 合计 |
|---|---|---|---|---|---|---|
| 17 | 黄清丽 | 财务部 | 管理人员 | 550 | 800 | 1 350 |
| 18 | 李露 | 销售部 | 销售人员 | 450 | 600 | 1 050 |
| 19 | 曾德伟 | 财务部 | 管理人员 | 550 | 800 | 1 350 |
| 20 | 梁敏莉 | 财务部 | 管理人员 | 550 | 800 | 1 350 |
| 21 | 梁北妹 | 采购部 | 采购人员 | 450 | 600 | 1 050 |
| 22 | 陈芳 | 一车间 | 生产人员 | 450 | 600 | 1 050 |
| 23 | 谢映红 | 销售部 | 销售人员 | 450 | 600 | 1 050 |
| 24 | 谢秦花 | 一车间 | 生产人员 | 450 | 600 | 1 050 |
| 25 | 张艳丽 | 采购部 | 采购人员 | 450 | 600 | 1 050 |
| 26 | 周日娇 | 采购部 | 管理人员 | 550 | 800 | 1 350 |
| 27 | 黄彩艳 | 生产车间 | 管理人员 | 550 | 800 | 1 350 |
| 28 | 韦莹 | 采购部 | 采购人员 | 450 | 600 | 1 050 |
| 29 | 刘春芳 | 销售部 | 管理人员 | 550 | 800 | 1 350 |
| 30 | 赵秋连 | 销售部 | 销售人员 | 450 | 600 | 1 050 |

表 3-12　　职工考勤记录表　　金额单位：元

| 员工编号 | 姓名 | 部门 | 人员类别 | 病假天数（天） | 病假扣款金额 | 事假天数（天） | 事假扣款金额 | 请假扣款小计 |
|---|---|---|---|---|---|---|---|---|
| 1 | 李前程 | 行政办公室 | 管理人员 | | | | | |
| 2 | 谭惠敏 | 一车间 | 生产人员 | | | | | |
| 3 | 覃桢 | 一车间 | 生产人员 | | | | | |
| 4 | 杨雪凤 | 销售部 | 销售人员 | | | | | |
| 5 | 刘慧倩 | 一车间 | 生产人员 | | | 1 | 100 | 100 |
| 6 | 孔凡梅 | 一车间 | 生产人员 | 5 | 50 | | | 50 |
| 7 | 苏开薇 | 行政办公室 | 管理人员 | 1 | 10 | | | 10 |
| 8 | 梁诗敏 | 行政办公室 | 管理人员 | | | | | |
| 9 | 许丽敏 | 一车间 | 生产人员 | | | | | |
| 10 | 卓少华 | 一车间 | 生产人员 | | | | | |
| 11 | 付璇 | 一车间 | 生产人员 | | | | | |
| 12 | 谢桂英 | 一车间 | 生产人员 | | | 1 | 100 | 100 |
| 13 | 韦柳 | 采购部 | 采购人员 | | | | | |

(续表)

| 员工编号 | 姓名 | 部门 | 人员类别 | 病假天数（天） | 病假扣款金额 | 事假天数（天） | 事假扣款金额 | 请假扣款小计 |
|---|---|---|---|---|---|---|---|---|
| 14 | 梁建萍 | 一车间 | 生产人员 | | | | | |
| 15 | 黄绪文 | 销售部 | 销售人员 | | | | | |
| 16 | 零翠萍 | 销售部 | 销售人员 | | | 1 | 100 | 100 |
| 17 | 黄清丽 | 财务部 | 管理人员 | | | | | |
| 18 | 李露 | 销售部 | 销售人员 | 2 | 20 | | | 20 |
| 19 | 曾德伟 | 财务部 | 管理人员 | | | | | |
| 20 | 梁敏莉 | 财务部 | 管理人员 | 1 | 10 | | | 10 |
| 21 | 梁北妹 | 采购部 | 采购人员 | 2 | 20 | | | 20 |
| 22 | 陈芳 | 一车间 | 生产人员 | | | | | |
| 23 | 谢映红 | 销售部 | 销售人员 | | | | | |
| 24 | 谢秦花 | 一车间 | 生产人员 | | | | | |
| 25 | 张艳丽 | 采购部 | 采购人员 | | | | | |
| 26 | 周日娇 | 采购部 | 管理人员 | | | 1 | 100 | 100 |
| 27 | 黄彩艳 | 生产车间 | 管理人员 | | | | | |
| 28 | 韦莹 | 采购部 | 采购人员 | | | | | |
| 29 | 刘春芳 | 销售部 | 管理人员 | | | | | |
| 30 | 赵秋连 | 销售部 | 销售人员 | | | | | |

表 3-13　　　　　职工业绩考核表　　　　　单位：元

| 员工编号 | 姓名 | 部门 | 人员类别 | 生产业绩 | 销售业绩 | 业绩奖励合计 |
|---|---|---|---|---|---|---|
| 1 | 李前程 | 行政办公室 | 管理人员 | | | |
| 2 | 谭惠敏 | 一车间 | 生产人员 | 700 | | 700 |
| 3 | 覃桢 | 一车间 | 生产人员 | | | |
| 4 | 杨雪凤 | 销售部 | 销售人员 | | 800 | 800 |
| 5 | 刘慧倩 | 一车间 | 生产人员 | 300 | | 300 |
| 6 | 孔凡梅 | 一车间 | 生产人员 | 500 | | 500 |
| 7 | 苏开薇 | 行政办公室 | 管理人员 | | | |
| 8 | 梁诗敏 | 行政办公室 | 管理人员 | | | |
| 9 | 许丽敏 | 一车间 | 生产人员 | 500 | | 500 |

(续表)

| 员工编号 | 姓名 | 部门 | 人员类别 | 生产业绩 | 销售业绩 | 业绩奖励合计 |
|---|---|---|---|---|---|---|
| 10 | 卓少华 | 一车间 | 生产人员 | 300 | | 300 |
| 11 | 付璇 | 一车间 | 生产人员 | 500 | | 500 |
| 12 | 谢桂英 | 一车间 | 生产人员 | 300 | | 300 |
| 13 | 韦柳 | 采购部 | 采购人员 | | | |
| 14 | 梁建萍 | 一车间 | 生产人员 | 300 | | 300 |
| 15 | 黄绪文 | 销售部 | 销售人员 | | 500 | 500 |
| 16 | 零翠萍 | 销售部 | 销售人员 | | 1 000 | 1 000 |
| 17 | 黄清丽 | 财务部 | 管理人员 | | | |
| 18 | 李露 | 销售部 | 销售人员 | | 500 | 500 |
| 19 | 曾德伟 | 财务部 | 管理人员 | | | |
| 20 | 梁敏莉 | 财务部 | 管理人员 | | | |
| 21 | 梁北妹 | 采购部 | 采购人员 | | | |
| 22 | 陈芳 | 一车间 | 生产人员 | 300 | | 300 |
| 23 | 谢映红 | 销售部 | 销售人员 | | 800 | 800 |
| 24 | 谢秦花 | 一车间 | 生产人员 | | | |
| 25 | 张艳丽 | 采购部 | 采购人员 | | | |
| 26 | 周日娇 | 采购部 | 管理人员 | | | |
| 27 | 黄彩艳 | 生产车间 | 管理人员 | | | |
| 28 | 韦莹 | 采购部 | 采购人员 | | | |
| 29 | 刘春芳 | 销售部 | 管理人员 | | | |
| 30 | 赵秋连 | 销售部 | 销售人员 | | 500 | 500 |

表 3-14　　　　　　　　　　　社保扣款比例(个人部分)

| 项目 | 扣款比例 |
|---|---|
| 养老保险 | 8% |
| 失业保险 | 0.20% |
| 医疗保险 | 2% |

注：不同地方扣款比例存在差异。

表 3-15　　　　　　　　　　个人所得税税率表

| 级数 | 全年应纳税所得额 | 换算成月收入为 | 税率 | 速算扣除数 |
|---|---|---|---|---|
| 1 | 不超过 36 000 元的 | ≤3 000 元 | 3% | 0 |
| 2 | 超过 36 000 元至 144 000 元的部分 | >3 000 元，≤12 000 元 | 10% | 2 520 |
| 3 | 超过 144 000 元至 300 000 元的部分 | >12 000 元，≤25 000 元 | 20% | 16 920 |
| 4 | 超过 300 000 元至 420 000 元的部分 | >25 000 元，≤35 000 元 | 25% | 31 920 |
| 5 | 超过 420 000 元至 660 000 元的部分 | >35 000 元，≤55 000 元 | 30% | 52 920 |
| 6 | 超过 660 000 元至 960 000 元的部分 | >55 000 元，≤80 000 元 | 35% | 85 920 |
| 7 | 超过 960 000 元的部分 | >80 000 元 | 45% | 181 920 |

要求：根据所给的 A 企业职工相关资料，对该企业的职工工资结算单、职工工资条和职工工资汇总表进行相关设置。

# 模块 4

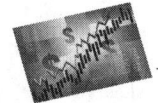

# 固定资产管理

[考核目标]
1. 认知固定资产卡片包含的内容。
2. 运用 Excel 表格功能建立固定资产管理的各类表格。
3. 认知综合运用 Excel 表格进行固定资产管理提高工作效率。

[实践目标]
1. 掌握运用 Excel 表格进行固定资产卡片的制作。
2. 掌握 Excel 数据有效性的定义、有关函数的应用等基本操作方法。

[知识点思维导图]

固定资产管理
- 固定资产卡片的建立
  - 建立固定资产卡片
  - 建立独立的固定资产卡片
- 固定资产的增减变动
  - 固定资产的增加
  - 固定资产的调拨
  - 固定资产的减少
- 固定资产折旧的计算
  - 直线法计提折旧
  - 双倍余额递减法计提折旧

## 任务 4.1　固定资产卡片的建立

### 活动 4.1.1　建立固定资产卡片

一、知识要点

固定资产卡片是进行固定资产明细核算的账簿,是固定资产管理中的基础数据。其项目包括卡片编号、固定资产编号、固定资产名称、规格型号、使用部门、使用状态、增加方式等。

二、岗位任务

在 Excel 中建立一张固定资产卡片。要求:格式和内容同表 4-1。

表 4-1　　　　　　　　　　　　　　　　　　　固定资产卡片

| 卡片编号 | 固定资产编号 | 固定资产名称 | 规格型号 | 使用部门 | 使用状态 | 增加方式 | 减少方式 | 开始使用日期 | 预计使用年限（年） | 原值 | 预计净残值率 | 净残值 | 已计提月份（月） | 本月计提额 | 折旧方法 |
|---|---|---|---|---|---|---|---|---|---|---|---|---|---|---|---|
| 001 | 1 | 复印机 | 佳能 | 管理部门 | 在用 | 购入 | 调拨 | 2016-10-28 | 8 | ¥28 000.00 | 2% | ¥560.00 | 16 | ¥285.83 | 直线法 |
| 002 | 2 | 小轿车 | 奥迪 A4 | 销售部门 | 在用 | 购入 | 出售 | 2012-8-5 | 10 | ¥380 000.00 | 5% | ¥19 000.00 | 66 | ¥3 008.33 | 直线法 |
| 003 | 3 | 台式电脑 | DELL | 财务部门 | 在用 | 购入 | 报废 | 2013-3-22 | 10 | ¥5 600.00 | 1% | ¥56.00 | 59 | ¥38.23 | 双倍余额递减法 |
| 004 | 4 | 办公楼 | 10万平方米 | 管理部门 | 在用 | 自建 | 出售 | 2011-5-16 | 50 | ¥600 000.00 | 25% | ¥150 000.00 | 81 | ¥750.00 | 直线法 |
| 005 | 5 | 打印机 | 惠普 | 销售部门 | 在用 | 调拨 | 报废 | 2015-6-6 | 6 | ¥3 500.00 | 2% | ¥70.00 | 56 | ¥47.64 | 直线法 |
| 006 | 6 | 笔记本电脑 | DELL | 管理部门 | 在用 | 购入 | 报废 | 2017-7-2 | 5 | ¥4 800.00 | 1% | ¥48.00 | 8 | ¥79.20 | 直线法 |
| 007 | 7 | 传真机 | 惠普 | 管理部门 | 在用 | 购入 | 报废 | 2016-12-5 | 5 | ¥6 000.00 | 1% | ¥60.00 | 14 | ¥99.00 | 直线法 |

## 三、操作步骤

操作步骤如下：

（1）新建一张工作表，单击左下的名称"sheet1"，点击鼠标右键，选择重命名为"固定资产卡片"，如图4-1所示。

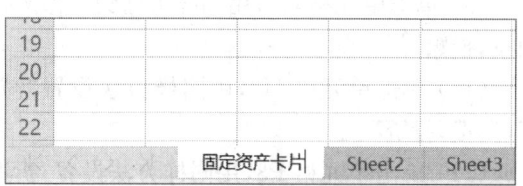

图4-1 固定资产卡片表

（2）单击单元格A1，输入标题"固定资产卡片"。选择单元格区域A1：P1，在"开始"选项卡上单击"对齐方式"中的"合并居中"按钮（"▣·"图标）。

（3）单击第2行各单元格，分别输入标题文本：卡片编号、固定资产编号、固定资产名称、规格型号、使用部门、使用状态、增加方式、减少方式、开始使用日期、预计使用年限、原值、预计净残值率、净残值、已计提月份、本月计提额、折旧方法，如图4-2所示。

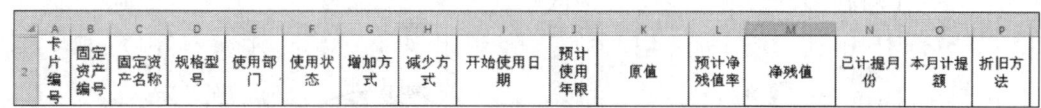

图4-2 固定资产卡片栏目信息

（4）鼠标选中单元格E3，选择菜单栏中的"数据"，点击"数据有效性"，打开"数据有效性"对话框。

（5）在"允许"下拉列表框中选择"序列"，同时在"来源"文本框中输入"管理部门,生产部门,销售部门,财务部门"（注：逗号在英文半角状态下录入）。使用部门数据有效性的设置如图4-3（a）所示。

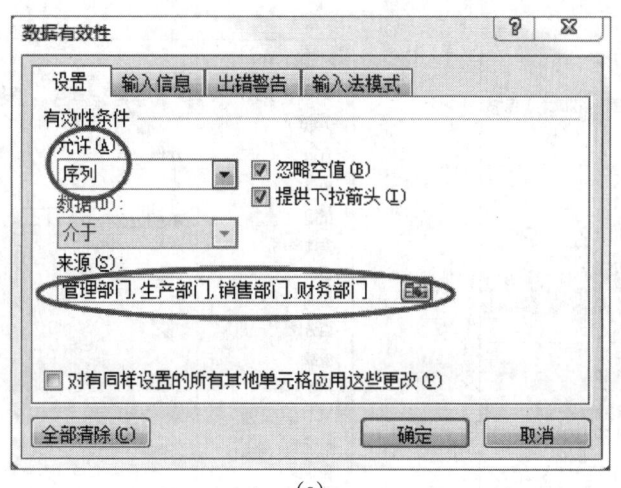 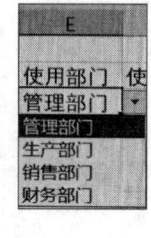

(a)　　　　　　　　　　　　　(b)

图4-3 使用部门数据有效性的设置

（6）单击"确定"按钮，在单元格E3右侧出现一个下拉按钮，如图4-3（b）所示。

（7）选中单元格E3，点击右下角的点，向下拖动鼠标，完成自动填充。

(8) 单击单元格 F3,用同样方法设置"使用状态"的数据有效性,在"来源"中输入"在用,季节性停用,停用",设置完毕后,利用自动填充功能,将其复制到下列的其他单元格中。

(9) 单击单元格 G3,用同样方法设置"增加方式"的数据有效性,来源中输入"自建,购入,调拨,捐赠"。

(10) 单击单元格 H3,用同样方法设置"减少方式"的数据有效性,来源中输入"出售,报废,调拨,投资"。

(11) 单击单元格 P3,用同样方法设置"折旧方法"的数据有效性,来源中输入"直线法,工作量法,双倍余额递减法,年数总和法"。

(12) 根据岗位任务的内容,往单元格中输入相应信息,设置适合的单元格格式,A列、B列设置为文本型,I列设置为日期型,K列、M列设置为货币型,L列设置为百分比型,设置如图 4-4 所示。

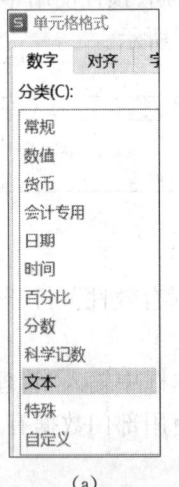

(a)

(b)

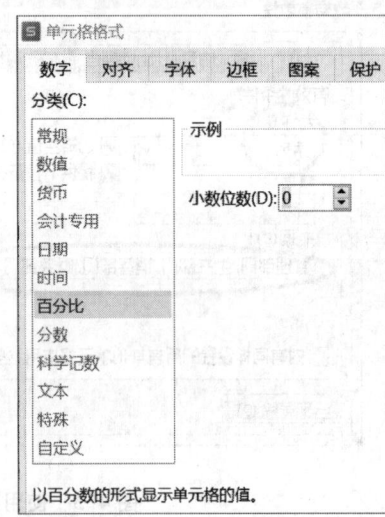

(c)                                    (d)

图 4-4  设置合适的单元格格式

(13) 单击单元格 M3,在公式编辑栏中输入公式“=K3 * L3”(净残值=原值 * 净残值率),输入完成后按回车键,单元格 M3 中会自动计算出当前固定资产的净残值;利用 Excel 的自动填充功能完成所有固定资产的净残值计算,结果如图 4-5 所示。

M3 fx =K3*L3

表4-1 固定资产卡片

| 卡片编码 | 固定资产编号 | 固定资产名称 | 规格型号 | 使用部门 | 使用状态 | 增加方式 | 减少方式 | 开始使用日期 | 预计使用年限 | 原值 | 预计净残值率 | 净残值 | 已计提月份 | 本月计提额 | 折旧方法 |
|---|---|---|---|---|---|---|---|---|---|---|---|---|---|---|---|
| 001 | 1 | 复印机 | 佳能 | 管理部门 | 在用 | 购入 | 调拨 | 2016-10-28 | 8 | ¥28,000.00 | 2% | ¥560.00 | 40 | ¥285.83 | 直线法 |
| 002 | 2 | 小轿车 | 奥迪A4 | 销售部门 | 在用 | 购入 | 出售 | 2012-8-5 | 10 | ¥380,000.00 | 5% | ¥19,000.00 | 90 | ¥3,008.33 | 直线法 |
| 003 | 3 | 台式电脑 | DELL | 财务部门 | 在用 | 购入 | 报废 | 2013-3-22 | 10 | ¥5,600.00 | 1% | ¥56.00 | 83 | ¥24.47 | 双倍余额递减法 |
| 004 | 4 | 办公楼 | 10万平方米 | 管理部门 | 在用 | 自建 | 出售 | 2011-5-16 | 50 | ¥600,000.00 | 25% | ¥150,000.00 | 105 | ¥750.00 | 直线法 |
| 005 | 5 | 打印机 | 惠普 | 财务部门 | 在用 | 购入 | 报废 | 2015-6-6 | 6 | ¥3,500.00 | 2% | ¥70.00 | 56 | ¥47.64 | 直线法 |
| 006 | 6 | 笔记本电脑 | DELL | 管理部门 | 在用 | 购入 | 报废 | 2017-7-2 | 5 | ¥4,800.00 | 1% | ¥48.00 | 32 | ¥79.20 | 直线法 |
| 007 | 7 | 传真机 | 惠普 | 管理部门 | 在用 | 购入 | 调拨 | 2016-12-5 | 5 | ¥6,000.00 | 1% | ¥60.00 | 38 | ¥99.00 | 直线法 |

**图 4-5 固定资产净残值的公式设置与计算结果**

## 活动 4.1.2 建立独立的固定资产卡片

### 一、知识要点

独立的固定资产卡片是单独为一项固定资产建立的卡片。其项目包括卡片编号、固定资产卡片编号、规格型号、增加方式、使用状况、原值等。

### 二、岗位任务

建立一张独立的固定资产卡片。要求:格式和内容同表 4-2。

**表 4-2 独立的固定资产卡片**

| 固定资产卡片 | | | | | | | | | | |
|---|---|---|---|---|---|---|---|---|---|---|
| 卡片编号 | | 001 | | | | | | | | |
| | | | | | | | | | | |
| 固定资产卡片编号 | | 1 | | 固定资产名称 | | 复印机 | | | | |
| 类别编号 | | | | 类别名称 | | | | | | |
| 规格型号 | | 佳能 | | 存放地点 | | 管理部门 | | | | |
| 增加方式 | | 购入 | | 使用年限 | | 8 | | 折旧方法 | | 直线法 |

（续表）

固定资产卡片

| 使用状况 | 在用 | 累计工作量 | | 工作量单位 | |
| --- | --- | --- | --- | --- | --- |
| 工作总量 | | 已计提折旧 | | 币种 | 人民币 |
| 开始使用日期 | 2016-10-28 | 汇率 | | 币种单位 | |
| 外币原值 | | 预计净残值率 | 2% | 净残值 | ￥560.00 |
| 原值 | ￥28 000.00 | 月折旧率 | | 月折旧额 | |
| 累计折旧 | | 对应折旧科目 | | 项目 | |
| 净值 | | | | | |
| | | | | | |
| | | | | | |
| 录入人 | | | | 录入日期 | |

## 三、操作步骤

操作步骤如下：

（1）在已建立好的固定资产卡片表中再新增一张工作表，重命名为"独立的固定资产卡片"，如图 4-6 所示。

（2）输入固定资产卡片的内容：

在单元格 A1 输入"固定资产卡片"，选中单元格区域 A1:K1，单击工具栏中的"合并后居中"按钮，设置其格式。

图 4-6　独立固定资产卡片工作表

在单元格 A3 输入"卡片编号"，在单元格 A5 输入"固定资产卡片编号"，在 A 列依次输入"类别编号""规格型号""增加方式""使用状态""工作总量""开始使用日期""外币原值""原值""累计折旧""净值"，在单元格 A18 输入"录入人"。

在单元格 E5 输入"固定资产名称"，在余下的 E 列依次输入"类别名称""使用部门""预计使用年限""累计工作量""已计提折旧""汇率""预计净残值率""月折旧率""对应折旧科目"。

在单元格 I8 输入"折旧方法"，在余下的 I 列依次输入"工作量单位""币种""币种单位""净残值""月折旧额""项目"。在单元格 I18 输入"录入日期"。

（3）选择整个工作表，单击菜单栏中的"开始"→"格式"→"行高"，在弹出的对话框中选择"行高"，在右侧的框内输入合适的行高，如图 4-7 所示。如果在子菜单中选择"自动调整行高"，则 Excel 将自动帮用户设置出最合适的行高。

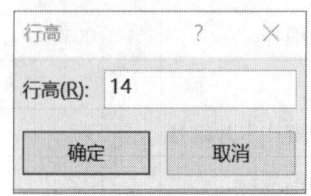

图 4-7　设置行高

（4）可用光标直接调整行高、列宽，这样更方便快捷。例如，要改变 Excel 表格中 A 列的列宽，将光标指针移到 A、B 两列的分隔线处，这时光标指针变成黑色的"＋"号时，按住光标右键，向右拖动则增加列宽，向左拖动则减少列宽，宽度适合时释放光标即可。

（5）选择要对齐的单元格区域 C5：C18，G5：G18，K5：K18（连续选择时可按住"Ctrl"键），单击菜单栏的"开始"→"格式"→"设置单元格格式"，在弹出的对话框中单击"对齐"选项卡，选择"水平对齐"→"靠右（缩进）"→"垂直对齐"→"居中"，其他默认不变。单击"确定"按钮。该设置使得这三列数据对齐方式均为水平靠右，垂直居中。

（6）选择单元格区域 C5：C15，单击菜单栏中的"开始"→"边框"，如图 4-8 所示，点右边的下拉箭头选择下框线，选中单元格 C5，再点击菜单栏里的格式刷按钮（" "图标），分别刷一下单元格 C18，单元格区域 G5：G14，单元格区域 K8：K14，单元格 K18，最后的结果如图 4-9 所示。

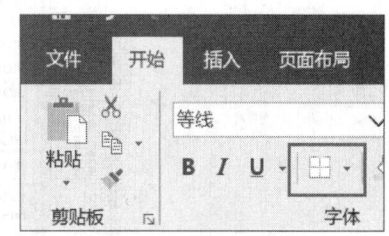

图 4-8　设置边框格式

图 4-9　独立的固定资产卡片

（7）在"独立的固定资产卡片"工作表中，单击单元格 C5，单击菜单栏中的"公式"→"插入函数"，在弹出的"插入函数"对话框中，选择"或选择类别"→"查找与引用"→"选择函数"→"VLOOKUP"，单击"确定"按钮，如图 4-10 所示。

（8）在新弹出的"函数参数"对话框中，做如图 4-11 所示的设置。该设置的含义是：在单元格 C5 中显示"固定资产信息库"中单元格区域 A3：P9 中数字与单元格 C3 内数字一致的值。

（9）用同样的方法，设置其他各项目单元格的函数。为了减少工作量，可采用复制公式的方法，将单元格 C5 中的公式"＝VLOOKUP(C3,固定资产卡片！＄A＄3：＄P＄9,2,0)"，复制到需要显示固定资产信息的各个单元格，但是复制完成后，必须做小幅修改，需要把各项目中倒数第二个参数数字修改为该项目在"固定资产卡片"中所对应的列号，如在单元格 C7 的"规格型号"在"固定资产卡片"中位于第 4 列，单元格 C7 公式中的倒数第二个参数由单元格 C5 中的"2"改为"4"。另外，单元格 C1、C5 应设置为文本型，单元格 C11 应设置为日期型，单元格 C13、K12、K13 应设置为货币型，单元格 J10 应填写为"人民币"，单元格 G12 应设置为百分比。

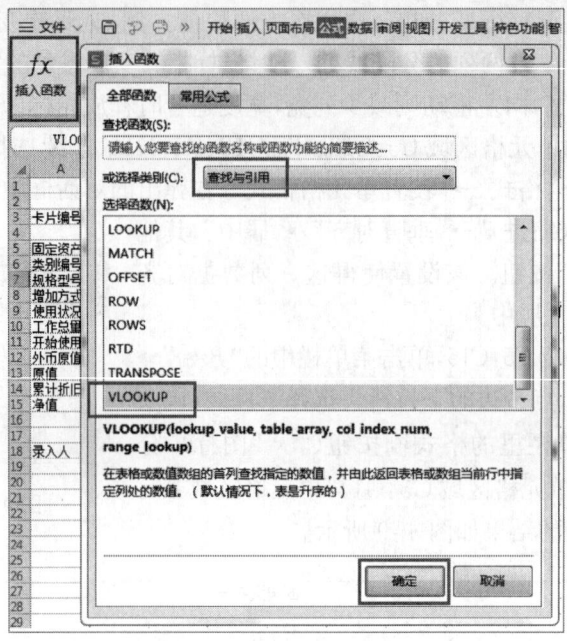

图 4-10 "插入函数"对话框

图 4-11 VLOOKUP 函数的参数设置

(10) 在单元格 C3 输入任意一个卡片编号,相对应于该编号的固定资产信息就立即显示出来了,而改变了固定资产卡片编号,则可以查看编号变换后的固定资产信息。如果在单元格 C3 对卡片编号进行数据有效性处理,查看固定资产信息会更为便捷,如图 4-12 所示。

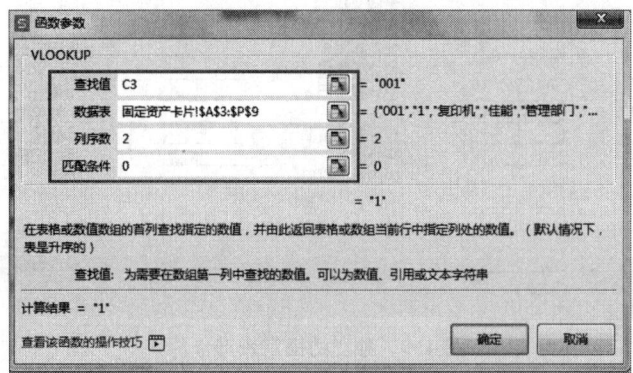

图 4-12 卡片编号为 001 的固定资产内容

# 任务 4.2　固定资产的增减变动

## 活动 4.2.1　固定资产的增加

### 一、知识要点

固定资产的增加是根据需要将购入或以其他方式增加的固定资产的信息添加到固定资产卡片中的操作。

### 二、岗位任务

2020 年 1 月 15 日,企业销售部门又购入一台复印一体机,型号为 HP-01,使用状态为在用,预计可以使用 8 年,原值为 8 800 元,净残值率为 1%,用直线法计提折旧。要求：根据此资料在固定资产卡片中新增固定资产。

### 三、操作步骤

操作步骤如下：

（1）单击固定资产卡片数据区域的任意单元格,单击菜单栏中的"数据"→"记录单"命令,系统弹出"固定资产卡片"对话框,如图 4-13 所示。

（2）单击"新建"按钮,显示空白的记录单;根据资料录入固定资产增加的信息,如图 4-14 所示;输入完毕后单击"关闭"按钮。

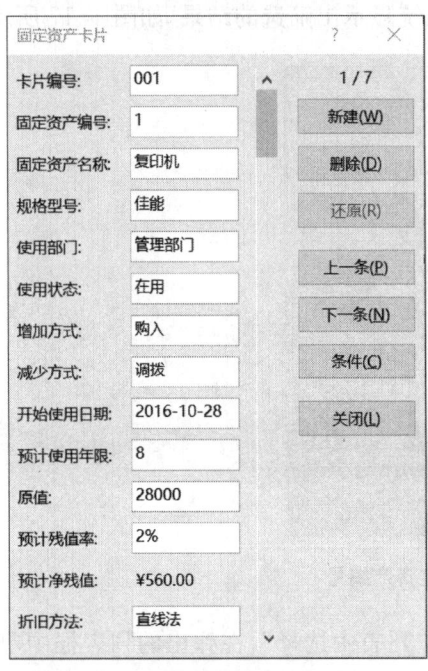

图 4-13　"固定资产卡片"对话框

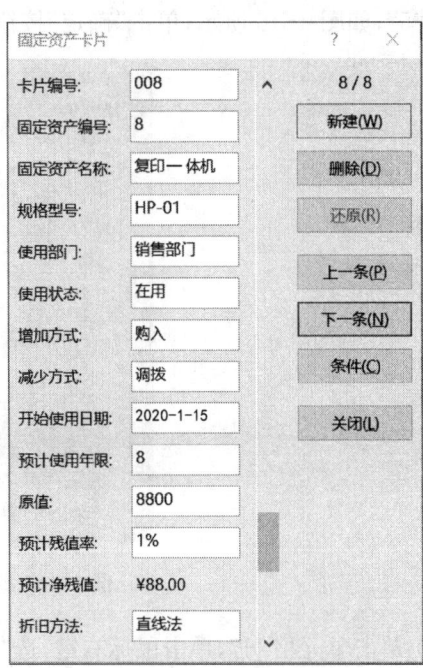

图 4-14　录入新固定资产信息

## 活动 4.2.2　固定资产的调拨

### 一、知识要点

固定资产的调拨是指将固定资产从一个部门调拨到另一个部门的操作。

### 二、岗位任务

2020年10月,财务部门将打印机调拨到销售部门。要求:根据此资料在固定资产卡片中调拨固定资产。

### 三、操作步骤

操作步骤如下:

(1) 选中第2行,单击菜单栏中的"数据"→"筛选"命令,使工作表处于筛选状态。此时表头位置全部会产生一个下拉按钮,如图4-15所示。

图4-15　工作表处于筛选状态

(2) 单击"固定资产编号"右侧的下拉按钮,在下拉列表框中选择需要调拨的固定资产卡片编号"5",如图4-16所示;单击"确定"按钮后,系统显示出筛选的结果,如图4-17所示。

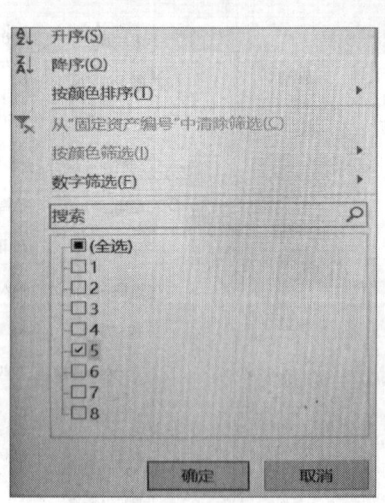

图4-16　筛选固定资产编号

(3) 单击单元格H7,单击鼠标右键,选"从下拉列表中选择",在弹出的列表框中单击"调拨",固定资产调出财务部门,如图4-18所示。

| | A | B | C | D | E | F | G | H | I | J | K | L | M | N | O | P |
|---|---|---|---|---|---|---|---|---|---|---|---|---|---|---|---|---|
| 1 | | | | | | | | 固定资产卡片 | | | | | | | | |
| 2 | | | | | | | | | | | | | | | | |
| 3 | 卡片编 | 固定资产编号 | 固定资产 | 规格型号 | 使用部 | 使用状 | 增加方 | 减少方 | 开始使用日期 | 预计使用年限 | 原值 | 预计净残值率 | 净残值 | 已计提月份 | 本月计提 | 折旧方 |
| 7 | 005 | 5 | 打印机 | 惠普 | 财务部门 | 在用 | 购入 | 报废 | 2015-6-6 | 6 | ¥3,500.00 | 2% | ¥70.00 | 56 | ¥47.64 | 直线法 |

图 4-17　固定资产筛选结果

| | A | B | C | D | E | F | G | H | I | J | K | L | M | N | O | P |
|---|---|---|---|---|---|---|---|---|---|---|---|---|---|---|---|---|
| 1 | | | | | | | | 固定资产卡片 | | | | | | | | |
| 2 | | | | | | | | | | | | | | | | |
| 3 | 卡片编 | 固定资产编号 | 固定资产 | 规格型号 | 使用部 | 使用状 | 增加方 | 减少方 | 开始使用日期 | 预计使用年限 | 原值 | 预计净残值率 | 净残值 | 已计提月份 | 本月计提 | 折旧方 |
| 7 | 005 | 5 | 打印机 | 惠普 | 财务部门 | 在用 | 购入 | 调拨 | 2015-6-6 | 6 | ¥3,500.00 | 2% | ¥70.00 | 56 | ¥47.64 | 直线法 |

图 4-18　固定资产本月调拨（财务部门调出）

（4）在下月初，单击单元格 G7，将增加方式改为"调拨"，将使用部门名称改为"销售部门"，减少方式可暂定为"报废"，固定资产调入销售部门，如图 4-19 所示。

| | A | B | C | D | E | F | G | H | I | J | K | L | M | N | O | P |
|---|---|---|---|---|---|---|---|---|---|---|---|---|---|---|---|---|
| 1 | | | | | | | | 固定资产卡片 | | | | | | | | |
| 2 | | | | | | | | | | | | | | | | |
| 3 | 卡片编 | 固定资产编号 | 固定资产 | 规格型号 | 使用部 | 使用状 | 增加方 | 减少方 | 开始使用日期 | 预计使用年限 | 原值 | 预计净残值率 | 净残值 | 已计提月份 | 本月计提 | 折旧方 |
| 7 | 005 | 5 | 打印机 | 惠普 | 销售部门 | 在用 | 调拨 | 报废 | 2015-6-6 | 6 | ¥3,500.00 | 2% | ¥70.00 | 56 | ¥47.64 | 直线法 |

图 4-19　固定资产下月调拨（销售部门调入）

## 活动 4.2.3　固定资产的减少

### 一、知识要点

固定资产的减少是指由于出售、损毁、报废等原因，将固定资产从固定资产卡片中删除的操作。

### 二、岗位任务

将企业固定资产编号为 7 的传真机报废。

### 三、操作步骤

操作步骤如下：

（1）按照前面的方法，使固定资产处于筛选状态。

（2）单击单元格 B2 右侧的下拉按钮，把全选的勾去掉，选择要报废的固定资产编号"7"，筛选的结果如图 4-20 所示。

| 1 | | | | | | | | | 固定资产卡片 | | | | | | | |
|---|---|---|---|---|---|---|---|---|---|---|---|---|---|---|---|---|
| | A | B | C | D | E | F | G | H | I | J | K | L | M | N | O | P |
| 2 | 卡片编码 | 固定资产编号 | 固定资产名称 | 规格型号 | 使用部门 | 使用状态 | 增加方式 | 减少方式 | 开始使用日期 | 预计使用年限 | 原值 | 预计净残值率 | 净残值 | 已计提月份 | 本月计提额 | 折旧方法 |
| 9 | 007 | 7 | 传真机 | 惠普 | 管理部门 | 在用 | 购入 | 调拨 | 2016-12-5 | 5 | ¥6,000.00 | 1% | ¥60.00 | 38 | ¥99.00 | 直线法 |

图 4-20 固定资产减少的筛选结果

（3）选中单元格 H9，单击鼠标右键，选"从下拉列表中选择"，在弹出的列表框中选择固定资产减少方式为"报废"，如图 4-21 所示，从而完成固定资产减少的操作。

| 1 | | | | | | | | | 固定资产卡片 | | | | | | | |
|---|---|---|---|---|---|---|---|---|---|---|---|---|---|---|---|---|
| | A | B | C | D | E | F | G | H | I | J | K | L | M | N | O | P |
| 2 | 卡片编码 | 固定资产编号 | 固定资产名称 | 规格型号 | 使用部门 | 使用状态 | 增加方式 | 减少方式 | 开始使用日期 | 预计使用年限 | 原值 | 预计净残值率 | 净残值 | 已计提月份 | 本月计提额 | 折旧方法 |
| 9 | 007 | 7 | 传真机 | 惠普 | 管理部门 | 在用 | 购入 | 报废 | 2016-12-5 | 5 | ¥6,000.00 | 1% | ¥60.00 | 38 | ¥99.00 | 直线法 |

图 4-21 固定资产减少方式选择"报废"

# 任务4.3 固定资产折旧的计算

## 活动 4.3.1 直线法计提折旧

### 一、知识要点

直线法又称为平均年限法，它是根据固定资产的原值、预计净残值和预计清理费用，按照预计使用年限平均计算折旧的一种方法。其计算公式如下：

年折旧额＝(固定资产－残值)÷使用年限

年折旧率＝(1－预计净残值率)÷预计使用年限×100％

月折旧率＝年折旧率÷12

月折旧额＝固定资产原值×月折旧率

按平均年限法计算折旧额可以使用 SLN 函数来计算。SLN 函数返回的固定资产在一个期间是线性折旧值，因此，使用 SLN 函数计算出的每个月份或年份的折旧额是相等的。

### 二、岗位任务

运用 Excel 表格中的 SLN 函数计算按直线法计提的折旧额。要求：格式和内容同图 4-22。

| 固定资产卡片 | | | | | | | | | | | | | |
|---|---|---|---|---|---|---|---|---|---|---|---|---|---|
| 卡片编码 | 固定资产编号 | 固定资产 | 规格型号 | 使用部门 | 使用状态 | 增加方式 | 减少方式 | 开始使用日期 | 预计使用年限 | 原值 | 预计净残值率 | 净残值 | 已计提月份 | 本月计提额 | 折旧方法 |
| 001 | 1 | 复印机 | 佳能 | 管理部门 | 在用 | 购入 | 调拨 | 2016-10-28 | 8 | ¥28,000.00 | 2% | ¥560.00 | 40 | ¥285.83 | 直线法 |
| 002 | 2 | 小轿车 | 奥迪A4 | 销售部门 | 在用 | 购入 | 出售 | 2012-8-5 | 10 | ¥380,000.00 | 5% | ¥19,000.00 | 90 | ¥3,008.33 | 直线法 |
| 004 | 4 | 办公楼 | 10万平方米 | 管理部门 | 在用 | 自建 | 出售 | 2011-5-16 | 50 | ¥600,000.00 | 25% | ¥150,000.00 | 105 | ¥750.00 | 直线法 |
| 005 | 5 | 打印机 | 惠普 | 销售部门 | 在用 | 调拨 | 报废 | 2015-6-6 | 6 | ¥3,500.00 | 2% | ¥70.00 | 56 | ¥47.64 | 直线法 |
| 006 | 6 | 笔记本电脑 | DELL | 管理部门 | 在用 | 购入 | 报废 | 2017-7-2 | 5 | ¥4,800.00 | 1% | ¥48.00 | 32 | ¥79.20 | 直线法 |
| 007 | 7 | 传真机 | 惠普 | 管理部门 | 在用 | 购入 | 报废 | 2016-12-5 | 5 | ¥6,000.00 | 1% | ¥60.00 | 38 | ¥99.00 | 直线法 |
| 008 | 8 | 复印一体机 | HP-01 | 销售部门 | 在用 | 购入 | 调拨 | 2020-1-15 | 8 | ¥8,800.00 | 1% | ¥88.00 | 1 | ¥90.75 | 直线法 |

图 4-22　固定资产折旧的计提

### 三、操作步骤

操作步骤如下：

（1）选中 N 列，单击鼠标右键，选择"设置单元格格式"，在"分类"中选择"常规"，单击"确定"按钮。选中 O 列，设置单元格格式中的"分类"为"货币"。

（2）单击单元格 A2，单击菜单栏上的"插入"→"整行"，在第 2 行上再插入一行。单击新的单元格 A2，输入"折旧计提基准日"，然后选中单元格区域 A2:C2，单击工具栏的"合并后居中"按钮，调整表格到合适的宽度。单击单元格 D2，输入"2020-3-2"。单击单元格 J2，输入"单位："，在单元格 K2 中输入"××公司"，在单元格 N2 中输入"制表："，在单元格 O2 中输入制表人的名字"×××"。

（3）单击单元格 N4，在公式编辑栏中输入公式"=INT(DAYS360(I4,$D$2)/30)"，按回车键即可计算出第一项固定资产的已计提月份。

（4）使用 Excel 的自动填充功能，计算出其他各项固定资产的已计提月份，如图 4-23 所示。

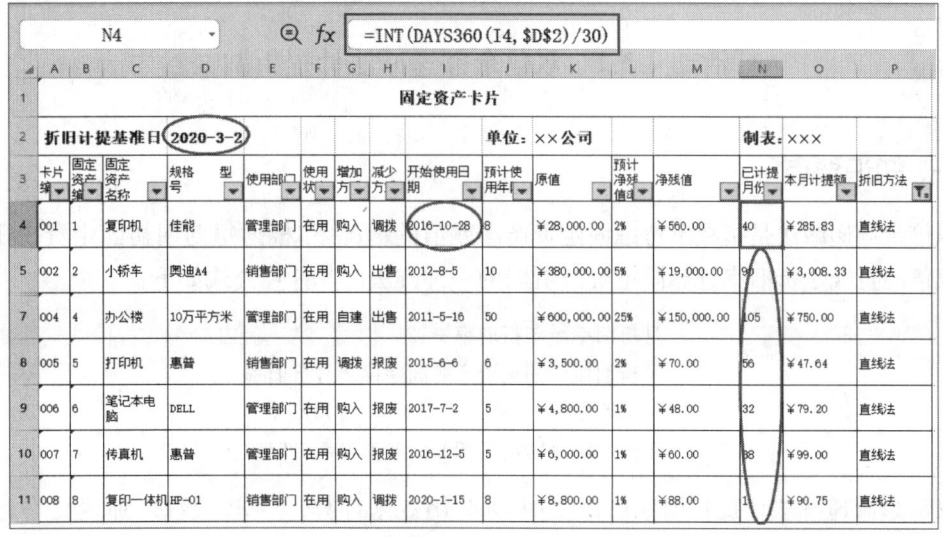

图 4-23　直线法下已计提月份的计算

(5) 单击单元格 O4,在公式编辑栏内输入公式"=IF(F4="报废",0,SLN(K4,M4,J4)/12)",按回车键后即可计算出该固定资产折旧的本月计提额(双引号应为英文半角状态下)。

(6) 固定资产编号为 1~2、4~8 的固定资产均使用直线法计提折旧,因此可以使用自动填充功能,计算该七项固定资产的折旧额:直接选中单元格 O4,单击光标右键,在弹出的菜单中选择复制,然后在相应的单元格内粘贴公式,按回车键后,即可计算出相应的固定资产本月折旧额,如图 4-24 所示。

图 4-24 直线法下本月折旧额计算

## 活动 4.3.2 双倍余额递减法计提折旧

### 一、知识要点

双倍余额递减法是指在不考虑固定资产净残值的情况下,根据每期期初固定资产账面余额和双倍的直线法折旧率计算固定资产折旧的一种方法。其计算公式如下:

月折旧率=年折旧率÷12
月折旧额=固定资产账面净值×月折旧率
年折旧率=2÷预计使用年限×100%
年折旧额=固定资产账面净值×年折旧额

双倍余额递减法计提折旧额可以使用 DDB 函数来计算。DDB 函数以加速比率计算折旧,第一阶段的折旧额最高,在后继阶段中会逐渐减少。根据现行会计制度的规定,企业采用双倍余额递减法时,应当在其固定资产折旧年限到期以前的 2 年内,将固定资产净值(扣除净残值)平均摊销,所以前期计提折旧使用 DDB 函数,最后 2 年计提折旧使用 SLN 函数。

## 二、岗位任务

运用 Excel 表格中的 DDB 函数和 SLN 函数来计算按双倍余额递减法法计提的折旧额。要求:格式和内容同图 4-25。

图 4-25  固定资产折旧计提表

## 三、操作步骤

操作步骤如下:

(1) 单击单元格 O6,在公式编辑栏内输入公式"=DDB(K6,M6,J6,INT(N6/12)+1)/12"。因为用 DDB 函数计算得出的每年折旧额也是各不相同的,所以要计算出本月折旧额,则需要先计算出当年的折旧额,然后除以 12 得到每月折旧额。该项固定资产已计提 59 个月,所以公式"=DDB(K8,M8,J8,INT(N8/12)+1)"计算出第五年的折旧额,然后除以 12,则得出第五年每月的折旧额。

(2) 按回车键,即可计算出此项固定资产本月折旧额。最后的结果如图 4-26 所示。

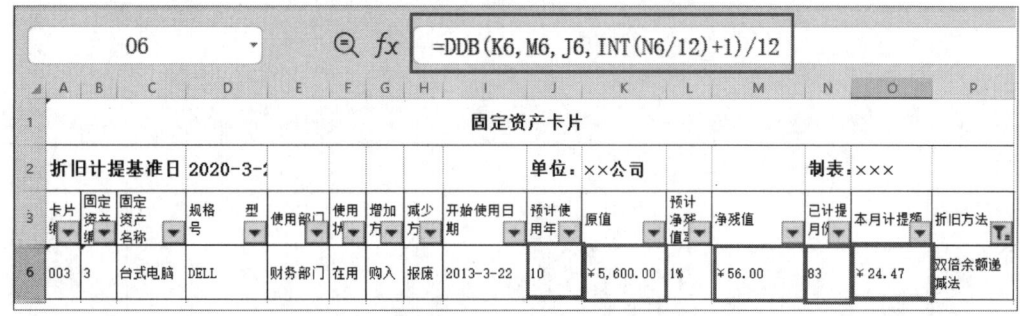

图 4-26  双倍余额递减法下本月折旧额的计算

# 模 块 测 试

参考答案

宜宾酒业的固定资产取得情况如下:

(1) 2020年4月15日,购入计算机,型号为HP,该资产归客服部门使用,该固定资产的使用年限为6年,折旧方法为直线法,原值为9 000元,净残值率为5%。

(2) 2020年5月11日,购入服务器,型号为HP,该资产归客服部门使用,该固定资产的使用年限为10年,折旧方法为直线法,原值为180 000元,净残值率为1%。

(3) 2020年4月23日,购入压膜机,型号为东方6型,该资产归销售部门使用,该固定资产的使用年限为15年,折旧方法为双倍余额递减法,原值为30 000元,净残值率为2%。

(4) 2020年5月26日,购入办公楼,型号为0,该资产归经理室使用,该固定资产的使用年限为30年,折旧方法为直线法,原值为2 100 000元,净残值率为1%。

(5) 2020年6月7日,购入空调,型号为HT925,该资产归客服部门使用,该固定资产的使用年限为8年,折旧方法为直线法,原值为5 000元,净残值率为2%。

(6) 2020年7月4日,购入七座商务车,型号为W12,该资产归销售部门使用,该固定资产的使用年限为10年,折旧方法为双倍余额递减法,原值为260 000元,净残值率为2%。

(7) 2020年8月19日,购入轿车,型号为本田雅阁,该资产归经理室使用,该固定资产的使用年限为10年,折旧方法为直线法,原值为180 000元,净残值率为2%。

要求:

(1) 设计固定资产卡片,使用户单击指定的按钮就能快速进行固定资产新增登记和变更登记,指定查询日期,快速计算出已计提月份和本月折旧额(计算时请使用具体年份,如2020年)。

(2) 根据上述数据进行固定资产取得登记。

# 模块 5

# 往来账款管理

**[考核目标]**

1. 认知往来账款在企业经济业务活动中的表现。
2. 认知运用 Excel 表格功能来建立往来业务的样式框架。
3. 认知运用 Excel 表格来实现系统、有序、快速的工作,提高工作效率。

**[实践目标]**

1. 掌握运用 Excel 表格功能来建立快速了解往来账款情况的操作方法。
2. 掌握运用 Excel 表格来实现往来账款管理系统工作簿的制作。
3. 掌握有关函数的应用、不同类型图表的制作和编辑、回顾数据名称的定义等基本操作方法。

**[知识点思维导图]**

```
                    ┌─ 应收款项表的创建 ┬─ 往来客户表的建立
                    │                    └─ 应收款项表的建立
                    │
                    │                           ┌─ 应收账款账龄的设置
                    ├─ 应收账款账龄分析表的创建 ┼─ 应收账款账龄分析表的建立
                    │                           └─ 坏账准备的计提
                    │
                    ├─ 应收票据账期金额分析图的创建
往来账款管理 ───────┤
                    ├─ 应付款项表的创建 ┬─ 供应商往来表的建立
                    │                    └─ 应付款项表的建立
                    │
                    │                           ┌─ 应付账款账龄的设置
                    ├─ 应付账款账龄分析表的创建 ┴─ 应付账款账龄分析表的建立
                    │
                    └─ 应付款账期金额分析图的创建
```

## 任务 5.1  应收款项表的创建

### 活动 5.1.1  往来客户表的建立

一、知识要点

应收账款是指企业因销售商品、产品或提供劳务等原因,应向购货客户或接受劳务的客户收取的款项或代垫的运杂费等。

二、岗位任务

根据表 5-1 的相关信息,在 Excel 中建立一张往来客户表,如图 5-1 所示。

表 5-1  客户及应收款信息

| 客户代码 | 客户名称 | 发票号码 | 期初余额 | 开票日期 | 收款期限(天) |
|---|---|---|---|---|---|
| c01 | 金优超市 | T6216 | ¥600.00 | 2018-10-8 | 70 |
| c02 | 广丰商场 | L2178 | ¥25 000.00 | 2019-5-2 | 30 |
| c03 | 荣千实业 | K2903 | ¥8 000.00 | 2019-5-9 | 30 |
| c04 | 润发房产 | F8440 | ¥10 000.00 | 2018-7-14 | 90 |
| c05 | 和裕大厦 | C1156 | ¥30 000.00 | 2018-2-17 | 50 |
| c06 | 汇久商场 | J9105 | ¥17 000.00 | 2018-1-6 | 90 |
| c07 | 本佳服饰 | Y5392 | ¥500.00 | 2017-12-27 | 10 |
| c08 | 思创实业 | P3799 | ¥4 000.00 | 2018-12-1 | 40 |

**往来客户表**

| 客户代码 | 客户名称 | 借或贷 | 期初余额 |
|---|---|---|---|
| c01 | 金优超市 | 借 | ¥600.00 |
| c02 | 广丰商场 | 借 | ¥25000.00 |
| c03 | 荣千实业 | 借 | ¥8000.00 |
| c04 | 润发房产 | 借 | ¥10000.00 |
| c05 | 和裕大厦 | 借 | ¥30000.00 |
| c06 | 汇久商场 | 借 | ¥17000.00 |
| c07 | 本佳服饰 | 借 | ¥500.00 |
| c08 | 思创实业 | 借 | ¥4000.00 |

图 5-1  往来客户表

## 三、操作步骤

操作步骤如下：

（1）新建一个工作簿，在此工作簿中把"Sheet1"重命名为"往来客户表"。

（2）在工作簿中的"往来客户表"里，选择单元格区域 A1:D1，单击"合并后居中"，输入"往来客户表"。在单元格区域 A2:D2 分别输入"客户代码""客户名称""借或贷""期初余额"，完成后效果如图 5-2 所示。

图 5-2　往来客户表头编制

（3）根据表 5-1 的内容，在"往来客户表"中输入相应的客户代码、客户名称和期初余额，如图 5-3 所示。

图 5-3　往来客户效果图

（4）单击单元格 C3，在公式编辑栏内输入公式"=IF(D3=0,"","借")"，系统显示相应的计算结果后用 Excel 的自动填充功能自动填充 C 列，如图 5-4 所示。

图 5-4　往来客户"借或贷"公式

(5) 单击"往来客户表"工作表,选择单元格区域 A3:D10。

(6) 单击功能区的"公式"→"定义名称"→"新建名称",系统弹出"新建名称"对话框,在"名称"中输入"往来客户表",在"范围"中选择"往来客户表",单击"确定"按钮,如图 5-5 所示。

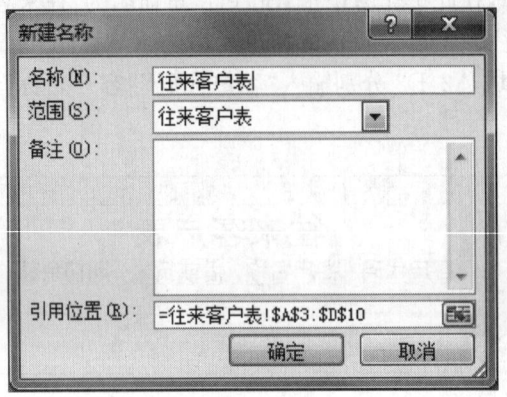

图 5-5 "新建名称"对话框

## 活动 5.1.2 应收款项表的建立

### 一、知识要点

应收款项表包括客户代码、客户名称、收款期限、到期日等项目。

### 二、岗位任务

建立一张应收款项表。要求:设置好相关公式后,"客户名称""到期日""是否到期"等栏的数据会自动显示,如图 5-6 所示。

| 应收款项表 | | | | | | | | | | | | |
|---|---|---|---|---|---|---|---|---|---|---|---|---|
| 客户代码 | 客户名称 | 发票号码 | 期初余额 | 开票日期 | 收款期限 | 到期日 | 是否到期 | 未到期 | 0–60天 | 61–120天 | 121–365天 | 366–720天 |
| c01 | 金优超市 | T6216 | ¥600.00 | 2018/10/8 | 70 | 2018/12/17 | 是 | | | | | |
| c02 | 广丰商场 | L2178 | ¥25000.00 | 2019/5/2 | 30 | 2019/6/1 | 否 | | | | | |
| c03 | 荣千实业 | K2903 | ¥8000.00 | 2019/5/9 | 30 | 2019/6/8 | 否 | | | | | |
| c04 | 润发房产 | F8440 | ¥10000.00 | 2018/7/14 | 90 | 2018/10/12 | 否 | | | | | |
| c05 | 和裕大厦 | C1156 | ¥30000.00 | 2018/2/17 | 50 | 2018/4/8 | 否 | | | | | |
| c06 | 汇久商场 | J9105 | ¥17000.00 | 2018/1/6 | 90 | 2018/4/6 | 否 | | | | | |
| c07 | 本佳服饰 | Y5392 | ¥500.00 | 2017/12/27 | 10 | 2018/1/6 | 否 | | | | | |
| c08 | 思创实业 | P3799 | ¥4000.00 | 2018/12/1 | 40 | 2019/1/10 | 否 | | | | | |
| | | | 应收款合计: | | | | | | | | | |
| | | | | | | 今天日期: | 2019/5/20 | | | | | |

图 5-6 应收款项表

### 三、操作步骤

操作步骤如下:

(1) 在相同的工作簿中把"Sheet2"重命名为"应收款项表"。

(2) 选中单元格区域 A1:M1,单击工具栏的"合并及居中"按钮,输入"应收款项表",设置其格式。

(3) 根据表 5-1 的表头,先在单元格区域 A2:F2 分别输入"客户代码""客户名称""发票号码""期初余额""开票日期""收款期限",然后根据表 5-2 信息补全"客户代码"列相关数据。

(4) 单击单元格 B3,应用 VLOOKUP 函数,提取"往来客户表"中的客户名称,函数参数的"Lookup_value"设置为"A3","Table_arrary"设置为"往来客户表!往来客户表","Col_index_num"设置为"2",如图 5-7 所示。

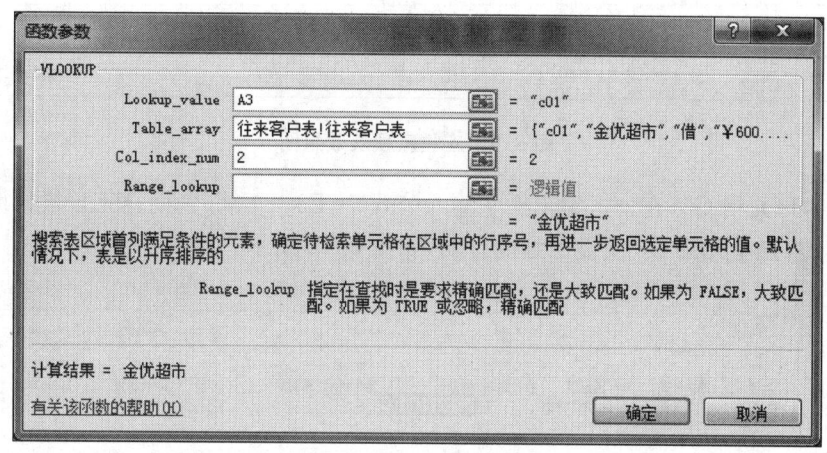

图 5-7　VLOOKUP 函数

(5) 利用 Excel 的自动填充功能将该列其他单元格的数据引入。

(6) 根据表 5-1 所给的数据,补充"应收款项表"其他列的内容。

如果要修改日期格式,则单击单元格 E3,选择功能区的"开始"→"单元格"→"格式"→"设置单元格格式",在弹出的"设置单元格格式"对话框中选择"数字"选项卡,在"分类"中选择"日期",则在右侧的"类型"中可以选择任意想要的日期格式,如图 5-8 所示。

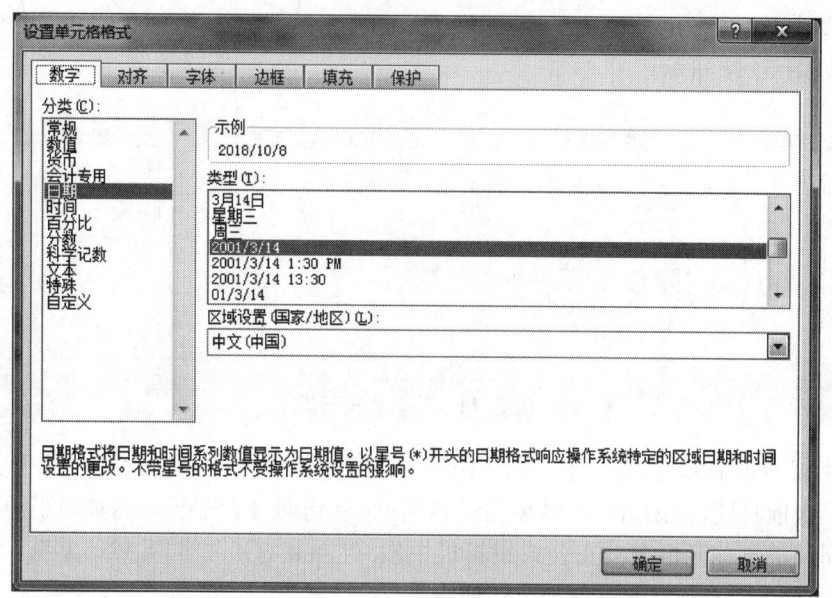

图 5-8　设置日期格式

(7) 原始数据输入完成后,分别在单元格 G2、H2、I2、J2、K2、L2、M2 中输入"到期日""是否到期""未到期""0－60 天""61－120 天""121－365 天""366－720 天",如图 5-9 所示。

| | A | B | C | D | E | F | G | H | I | J | K | L | M |
|---|---|---|---|---|---|---|---|---|---|---|---|---|---|
| 1 | | | | | | | | | | | | | |
| 2 | 客户代码 | 客户名称 | 发票号码 | 期初余额 | 开票日期 | 收款期限 | 到期日 | 是否到期 | 未到期 | 0-60天 | 61-120天 | 121-365天 | 366-720天 |
| 3 | c01 | 金优超市 | T6216 | ￥600.00 | 2018/10/8 | 70 | | | | | | | |
| 4 | c02 | 广丰商场 | L2178 | ￥25000.00 | 2019/5/2 | 30 | | | | | | | |
| 5 | c03 | 荣千实业 | K2903 | ￥8000.00 | 2019/5/9 | 30 | | | | | | | |
| 6 | c04 | 润发房产 | F8440 | ￥10000.00 | 2018/7/14 | 90 | | | | | | | |
| 7 | c05 | 和裕大厦 | C1156 | ￥30000.00 | 2018/2/17 | 50 | | | | | | | |
| 8 | c06 | 汇久商场 | J9105 | ￥17000.00 | 2018/1/6 | 90 | | | | | | | |
| 9 | c07 | 本佳服饰 | Y5392 | ￥500.00 | 2017/12/27 | 10 | | | | | | | |
| 10 | c08 | 思创实业 | P3799 | ￥4000.00 | 2018/12/1 | 40 | | | | | | | |

图 5-9 应收款项表效果图

(8) 单击单元格 G3,在公式编辑栏中输入公式"＝E3＋F3"(到期日＝开票日期＋收款期限),按回车键,则单元格 G3 便显示到期日期,如图 5-10 所示。

| | A | B | C | D | E | F | G | H | I | J | K | L | M |
|---|---|---|---|---|---|---|---|---|---|---|---|---|---|
| | G3 | | fx | =E3+F3 | | | | | | | | | |
| 1 | | | | | | | | | | | | | |
| 2 | 客户代码 | 客户名称 | 发票号码 | 期初余额 | 开票日期 | 收款期限 | 到期日 | 是否到期 | 未到期 | 0-60天 | 61-120天 | 121-365天 | 366-720天 |
| 3 | c01 | 金优超市 | T6216 | ￥600.00 | 2018/10/8 | 70 | 2018/12/17 | | | | | | |
| 4 | c02 | 广丰商场 | L2178 | ￥25000.00 | 2019/5/2 | 30 | | | | | | | |
| 5 | c03 | 荣千实业 | K2903 | ￥8000.00 | 2019/5/9 | 30 | | | | | | | |
| 6 | c04 | 润发房产 | F8440 | ￥10000.00 | 2018/7/14 | 90 | | | | | | | |
| 7 | c05 | 和裕大厦 | C1156 | ￥30000.00 | 2018/2/17 | 50 | | | | | | | |
| 8 | c06 | 汇久商场 | J9105 | ￥17000.00 | 2018/1/6 | 90 | | | | | | | |
| 9 | c07 | 本佳服饰 | Y5392 | ￥500.00 | 2017/12/27 | 10 | | | | | | | |
| 10 | c08 | 思创实业 | P3799 | ￥4000.00 | 2018/12/1 | 40 | | | | | | | |

图 5-10 设置到期日

(9) 使用 Excel 的自动填充功能输入 G 列所有客户应收账款的到期日。

(10) 选中单元格区域 A11:H11,单击工具栏的"合并后居中"按钮("合并后居中"图标),输入"应收款合计:"。

(11) 单击单元格 H12,输入"今天日期:"。假设当前日期为"2019/5/20",将其输入单元格 I12 中,如图 5-11 所示。

| | A | B | C | D | E | F | G | H | I | J | K | L | M |
|---|---|---|---|---|---|---|---|---|---|---|---|---|---|
| 1 | | | | | | | 应收款项表 | | | | | | |
| 2 | 客户代码 | 客户名称 | 发票号码 | 期初余额 | 开票日期 | 收款期限 | 到期日 | 是否到期 | 未到期 | 0-60天 | 61-120天 | 121-365天 | 366-720天 |
| 3 | c01 | 金优超市 | T6216 | ￥600.00 | 2018/10/8 | 70 | 2018/12/17 | | | | | | |
| 4 | c02 | 广丰商场 | L2178 | ￥25000.00 | 2019/5/2 | 30 | 2019/6/1 | | | | | | |
| 5 | c03 | 荣千实业 | K2903 | ￥8000.00 | 2019/5/9 | 30 | 2019/6/8 | | | | | | |
| 6 | c04 | 润发房产 | F8440 | ￥10000.00 | 2018/7/14 | 90 | 2018/10/12 | | | | | | |
| 7 | c05 | 和裕大厦 | C1156 | ￥30000.00 | 2018/2/17 | 50 | 2018/4/8 | | | | | | |
| 8 | c06 | 汇久商场 | J9105 | ￥17000.00 | 2018/1/6 | 90 | 2018/4/6 | | | | | | |
| 9 | c07 | 本佳服饰 | Y5392 | ￥500.00 | 2017/12/27 | 10 | 2018/1/6 | | | | | | |
| 10 | c08 | 思创实业 | P3799 | ￥4000.00 | 2018/12/1 | 40 | 2019/1/10 | | | | | | |
| 11 | | | | | 应收款合计: | | | | | | | | |
| 12 | | | | | | | | 今天日期: | 2019/5/20 | | | | |

图 5-11 输入当前日期

(12) 判断应收款项是否到期。利用 IF 函数,判定各个客户的应收款项是否到期。如果到期日小于当前日期,则说明应收款项已经到期;如果到期日大于当前日期,则说明该应收款项还未到期。单击单元格 H3,在公式编辑栏中输入"=IF(G3<$I$12,"是","否")",按回车键后,单元格 H3 显示应收款项是否到期。

(13) 使用 Excel 的自动填充功能填充 H 列,判断各客户的应收款项是否到期,如图 5-12

所示。

|   | A | B | C | D | E | F | G | H | I | J | K | L | M |
|---|---|---|---|---|---|---|---|---|---|---|---|---|---|
| 1 | | | | | | | 应收款项表 | | | | | | |
| 2 | 客户代码 | 客户名称 | 发票号码 | 期初余额 | 开票日期 | 收款期限 | 到期日 | 是否到期 | 未到期 | 0-60天 | 61-120天 | 121-365天 | 366-720天 |
| 3 | c01 | 金优超市 | T6216 | ¥600.00 | 2018/10/8 | 70 | 2018/12/17 | 是 | | | | | |
| 4 | c02 | 广丰商场 | L2178 | ¥25000.00 | 2019/5/2 | 30 | 2019/6/1 | 否 | | | | | |
| 5 | c03 | 荣千实业 | K2903 | ¥8000.00 | 2019/5/9 | 30 | 2019/6/8 | 否 | | | | | |
| 6 | c04 | 润发房产 | F8440 | ¥10000.00 | 2018/7/14 | 90 | 2018/10/12 | 是 | | | | | |
| 7 | c05 | 和裕大厦 | C1156 | ¥30000.00 | 2018/2/17 | 50 | 2018/4/8 | 是 | | | | | |
| 8 | c06 | 汇久商场 | J9105 | ¥17000.00 | 2018/1/6 | 90 | 2018/4/6 | 是 | | | | | |
| 9 | c07 | 本佳服饰 | Y5392 | ¥500.00 | 2017/12/27 | 10 | 2018/1/6 | 是 | | | | | |
| 10 | c08 | 思创实业 | P3799 | ¥4000.00 | 2018/12/1 | 40 | 2019/1/10 | 是 | | | | | |
| 11 | | | | 应收款合计: | | | | | | | | | |
| 12 | | | | | | | 今天日期: | 2019/5/20 | | | | | |

H3 =IF(G3<$I$12,"是","否")

图 5-12 判断应收款项是否到期

## 任务 5.2 应收账款账龄分析表的创建

### 活动 5.2.1 应收账款账龄的设置

#### 一、知识要点

应收账款账龄分析是依据企业每一笔应收账款的账龄来划分账龄组来进行的,当不同顾客拖欠的多笔应收账款中存在多种账龄时,所拖欠的应收账款就可能会被划分为不同的账龄组。

#### 二、岗位任务

在应收款项表里增加应收账款账龄分析功能,效果如图 5-13 所示。

|   | C | D | E | F | G | H | I | J | K | L | M |
|---|---|---|---|---|---|---|---|---|---|---|---|
| 1 | | | | | 应收款项表 | | | | | | |
| 2 | 发票号码 | 期初余额 | 开票日期 | 收款期限 | 到期日 | 是否到期 | 未到期 | 0-60天 | 61-120天 | 121-365天 | 366-720天 |
| 3 | T6216 | ¥600.00 | 2018/10/8 | 70 | 2018/12/17 | 是 | --- | --- | --- | ¥600.00 | --- |
| 4 | L2178 | ¥25,000.00 | 2019/5/2 | 30 | 2019/6/1 | 否 | ¥25,000.00 | --- | --- | --- | --- |
| 5 | K2903 | ¥8,000.00 | 2019/5/9 | 30 | 2019/6/8 | 否 | ¥8,000.00 | --- | --- | --- | --- |
| 6 | F8440 | ¥10,000.00 | 2018/7/14 | 90 | 2018/10/12 | 是 | --- | --- | --- | ¥10,000.00 | --- |
| 7 | C1156 | ¥30,000.00 | 2018/2/17 | 50 | 2018/4/8 | 是 | --- | --- | --- | --- | ¥30,000.00 |
| 8 | J9105 | ¥17,000.00 | 2018/1/6 | 90 | 2018/4/6 | 是 | --- | --- | --- | --- | ¥17,000.00 |
| 9 | Y5392 | ¥500.00 | 2017/12/27 | 10 | 2018/1/6 | 是 | --- | --- | --- | --- | ¥500.00 |
| 10 | P3799 | ¥4,000.00 | 2018/12/1 | 40 | 2019/1/10 | 是 | --- | --- | --- | ¥4,000.00 | --- |
| 11 | | 应收款合计: | | | | | ¥33,000.00 | 0.00 | 0.00 | ¥14,600.00 | ¥47,500.00 |
| 12 | | | | | 今天日期: | 2019/5/20 | | | | | |

图 5-13 应收账款账龄分析

#### 三、操作步骤

操作步骤如下:

(1) 单击单元格 I3,在公式编辑栏内输入公式"=IF($I$12-G3<0,D3,"——")"。

(2) 单击单元格 J3,在公式编辑栏内输入公式"=IF(AND($I$12-G3>0,$I$12-G3<=60),D3,"——")"。

(3) 单击单元格 K3,在公式编辑栏内输入公式"=IF(AND($I$12-G3>60,$I$12-G3<=120),D3,"——")"。

(4) 单击单元格 L3,在公式编辑栏内输入公式"=IF(AND($I$12-G3>120,$I$12-G3<=365),D3,"——")"。

(5) 单击单元格 M3,在公式编辑栏内输入公式"=IF(AND($I$12-G3>365,$I$12-G3<=720),D3,"——")"。

IF 函数的含义在于,若满足账龄判断条件,则返回值为该笔应收账款的金额;若不满足条件,则返回值为"——"。

(6) 继续使用 IF 函数将其他应收账款分别进行账龄的分类,将设置好公式的当列单元格利用 Excel 的自动填充功能往下进行拖拉,完成后如图 5-14 所示。

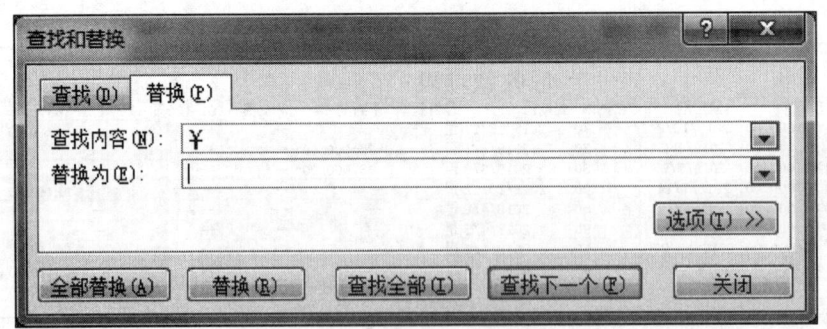

图 5-14　应收账款账龄分类

若输入者在涉及金额的单元格数据前加了"￥"符号,由于带有"￥"符号的金额无法进行求和计算,因此我们需要单击"编辑"栏的"查找和选择",选择"替换",将表格里的"￥"符号去除,即替换为空值,如图 5-15 所示(带有"￥"符号的金额可以进行求和计算)。

图 5-15　将"￥"符号去除

(7) 单击单元格 I11,在公式编辑栏输入公式"=SUM(I3:I10)"后按回车键,单元格 I11 即显示为未到期的应收账款相加。

(8) 利用 Excel 的自动填充功能将单元格 I11 的公式复制到单元格 J11、K11、L11、M11,

让各个不同账龄区间的应收账款相加填入这几个单元格,如图 5-16 所示。

|   | C | D | E | F | G | H | I | J | K | L | M |
|---|---|---|---|---|---|---|---|---|---|---|---|
| 1 | 应收款项表 | | | | | | | | | | |
| 2 | 发票号码 | 期初余额 | 开票日期 | 收款期限 | 到期日 | 是否到期 | 未到期 | 0-60天 | 61-120天 | 121-365天 | 366-720天 |
| 3 | T6216 | 600.00 | 2018/10/8 | 70 | 2018/12/17 | 是 | --- | --- | --- | 600.00 | --- |
| 4 | L2178 | 25,000.00 | 2019/5/2 | 30 | 2019/6/1 | 否 | 25,000.00 | --- | --- | --- | --- |
| 5 | K2903 | 8,000.00 | 2019/5/9 | 30 | 2019/6/8 | 否 | 8,000.00 | --- | --- | --- | --- |
| 6 | F8440 | 10,000.00 | 2018/7/14 | 90 | 2018/10/12 | 是 | --- | --- | --- | 10,000.00 | --- |
| 7 | C1156 | 30,000.00 | 2018/2/17 | 50 | 2018/4/8 | 是 | --- | --- | --- | --- | 30,000.00 |
| 8 | J9105 | 17,000.00 | 2018/1/6 | 90 | 2018/4/6 | 是 | --- | --- | --- | --- | 17,000.00 |
| 9 | Y5392 | 500.00 | 2017/12/27 | 10 | 2018/1/6 | 是 | --- | --- | --- | --- | 500.00 |
| 10 | P3799 | 4,000.00 | 2018/12/1 | 40 | 2019/1/10 | 是 | --- | --- | --- | 4,000.00 | --- |
| 11 | 应收款合计: | | | | | | 33,000.00 | 0.00 | 0.00 | 14,600.00 | 47,500.00 |
| 12 | | | | | | 今天日期: | 2019/5/20 | | | | |

图 5-16 应收款汇总

## 活动 5.2.2 应收账款账龄分析表的建立

### 一、知识要点

应收账款账龄分析是在应收账款的日常管理中,企业通过所掌握的每个客户的应收账款的账龄,并依据账龄的长短来合理制定应收账款的催收制度和进行坏账准备提取的行为。

### 二、岗位任务

在工作簿中,建立一张"应收账款账龄分析表",如图 5-17 所示。

| | A | B | C |
|---|---|---|---|
| 1 | 应收账款账龄分析表 | | |
| 2 | | | |
| 3 | 账龄 | 应收款金额 | 百分率 |
| 4 | 未到期 | ¥33,000.00 | 34.70% |
| 5 | 0-60天 | ¥0.00 | 0.00% |
| 6 | 61-120天 | ¥0.00 | 0.00% |
| 7 | 121-365天 | ¥14,600.00 | 15.35% |
| 8 | 366-720天 | ¥47,500.00 | 49.95% |
| 9 | 合计 | ¥95,100.00 | 100.00% |

图 5-17 应收账款账龄分析表

### 三、操作步骤

操作步骤如下:

(1)在同工作簿中把"Sheet3"重命名为"应收账款账龄分析表"。选择单元格区域 A1:C1,单击工具栏的"合并及居中"按钮,输入"应收账款账龄分析表",设置格式。分别在单元格 A3、B3、C3 中输入"账龄""应收款金额""百分率"。

(2)选择"应收款项表"工作表中的单元格区域 I2:M2,单击鼠标右键进行复制。

(3) 单击"应收账款账龄分析表"工作表中单元格 A4,单击鼠标右键,选择"选择性粘贴",在弹出的对话框中,"粘贴"选择"数值","运算"选择"无",并在"转置"前的方框内打钩,这样就将账龄区域垂直复制到单元格区域 A4:A8,如图 5-18 所示。

(4) 输入应收账款金额,方法同步骤(2)的账龄输入方法。单击单元格 A9,输入"合计",在单元格 B9 的公式编辑栏内输入"=SUM(B4:B8)",最后的结果如图 5-19 所示。

(5) 单击单元格 C4,在公式编辑栏内输入公式"=B4/B$9",按回车键后即显示结果,如图 5-20 所示。

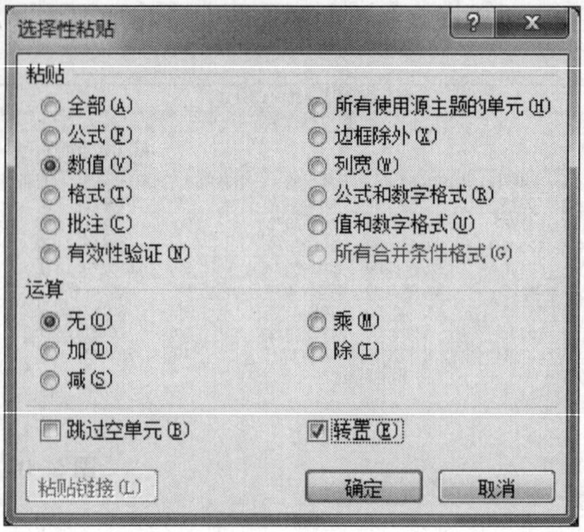

图 5-18 选择性粘贴

图 5-19 应收款金额合计

图 5-20 计算结果

应收账款账龄分析主要是分析不同账龄的应收款金额在应收款合计金额中所占的比例,因此,应收账款账龄分析表内的"百分率"一栏为不同账龄区内的应收款金额占应收款合计金额的比例。

(6) 选中单元格区域 C4:C9,单击鼠标右键,选择"设置单元格格式",在弹出的"设置单元格格式"对话框中选择"数字"选项卡,在"分类"中选择"百分比","小数位数"选择"2"。

(7) 将整个 C 列各个账龄按此方法计算相应的百分率。

(8) 选中单元格区域 B4:B9,点击鼠标右键,单击"设置单元格格式",将单元格格式调整为"货币","小数位数"为"2",同理适用于之前及之后任务活动中带有金额单元格的格式设置,以后不赘述,最终效果如图 5-21 所示。

图 5-21 不同账龄应收款百分率

## 活动 5.2.3　坏账准备的计提

### 一、知识要点

坏账准备的核算方法一般有两种：直接转销法和备抵法。我国《企业会计准则》规定，企业应采用备抵法核算坏账准备。备抵法是指按期估计坏账损失、形成坏账准备的方法。

### 二、岗位任务

假设某企业 2018 年 12 月 10 日"坏账准备"账户余额为贷方金额 1 032 元。要求：使用账龄分析法对坏账损失进行估计，如图 5-22 所示。

|  | A | B | C | D |
|---|---|---|---|---|
| 1 | 坏账准备计提表 | | | |
| 2 | 账龄 | 应收款金额 | 估计损失率 | 估计损失金额 |
| 3 | 未到期 | ¥33,000.00 | 0.50% | ¥165.00 |
| 4 | 0-60天 | ¥0.00 | 1.00% | ¥0.00 |
| 5 | 61-120天 | ¥0.00 | 2.00% | ¥0.00 |
| 6 | 121-365天 | ¥14,600.00 | 3.00% | ¥438.00 |
| 7 | 366-720天 | ¥47,500.00 | 5.00% | ¥2,375.00 |
| 8 | 合计 | ¥95,100.00 | 11.50% | ¥2,978.00 |

图 5-22　坏账准备计提表

### 三、操作步骤

操作步骤如下：

（1）在工作簿中插入新的工作表，将其重命名为"坏账准备计提表"，将单元格区域 A1:D1 中的数据"合并后居中"，填入"坏账准备计提表"中，并设置相应格式。在单元格 A2、B2、C2、D2 分别填入"账龄""应收款金额""估计损失率""估计损失金额"。应收账款的账龄及应收账款金额根据"应收账款账龄分析表"（见图 5-21）相应内容，点击"复制"，在相应处点击"粘贴选项"里的"保留源格式粘贴"，如图 5-23 所示。

（2）在单元格区域 C3:C7 中分别录入估计损失比率"0.5％""1％""2％""3％""5％"。

（3）单击单元格 D3，在公式编辑栏内输入公式"＝B3＊C3"（估计损失金额＝应收款金额×估计损失率），按回车健后即显示结果。

（4）利用 Excel 的自动填充功能来计算不同账龄应收账款的估计损失金额。选择单元格 C8，在公式编辑栏内设置公式"＝SUM(C3：C7)"，利用 Excel 的自动填充功能，将该公式复制到单元格 D8，最终效果如图 5-24 所示。

图 5-23　应收款账龄及金额数据

（5）如图 5-24 所示，该企业计算出的 2019 年 5 月 20 日"坏账准备"账户的账面金额应为 2 978 元，该企业要根据前期"坏账准备"科目的账面余额来计算本期应入账金额。原有"坏账

| | A | B | C | D |
|---|---|---|---|---|
| 1 | | 坏账准备计提表 | | |
| 2 | 账龄 | 应收款金额 | 估计损失率 | 估计损失金额 |
| 3 | 未到期 | ¥33,000.00 | 0.50% | ¥165.00 |
| 4 | 0-60天 | ¥0.00 | 1.00% | ¥0.00 |
| 5 | 61-120天 | ¥0.00 | 2.00% | ¥0.00 |
| 6 | 121-365天 | ¥14,600.00 | 3.00% | ¥438.00 |
| 7 | 366-720天 | ¥47,500.00 | 5.00% | ¥2,375.00 |
| 8 | 合计 | ¥95,100.00 | 11.50% | ¥2,978.00 |

图 5-24　不同应收款的估计损失金额

准备"账户的贷方余额为 1 032 元,所以本期调整分录的金额为 1 946 元(2 978－1 032)。该企业应编制如下调整分录:

　　借:信用减值损失　　　　　　　　　　　　　　　　　　　　　　　　　1 946
　　　　贷:坏账准备　　　　　　　　　　　　　　　　　　　　　　　　　　1 946

## 任务 5.3　应收票据账期金额分析图的创建

### 一、知识要点

应收票据是指企业在采用商业汇票结算方式时,因销售商品、产品或提供劳务而收到的商业汇票。对应收票据实施管理的第一步就是建立应收票据账期数据。

### 二、岗位任务

假设任务 5.3 中的应收账款都由商业汇票支付,根据"应收款项表"中的数据(见图 5-16),生成一张应收票据账期金额分析图,如图 5-25 所示。

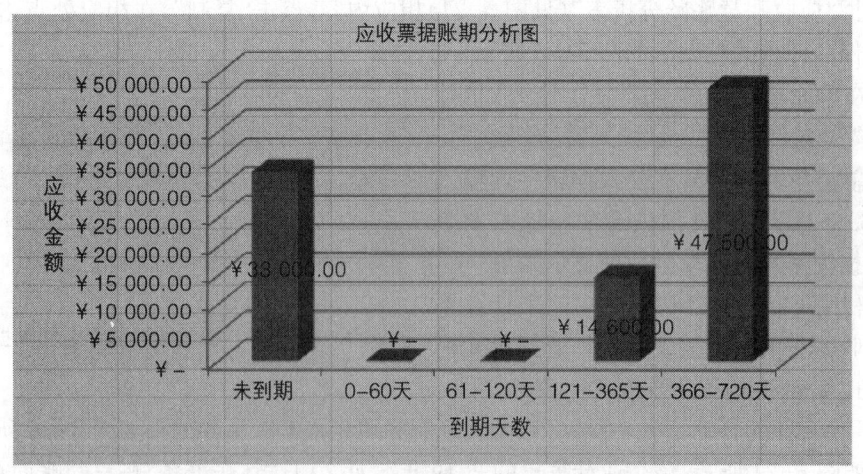

图 5-25　应收票据账期金额分析图

## 三、操作步骤

（1）在工作簿中新增一张工作表，并将其命名为"应收票据账期分析图"，如图5-26所示。

图5-26　工作表命名

（2）单击功能区的"插入"→"图表"→"柱形图"→"三维堆积柱形图"图标，生成空白图表区，如图5-27所示。

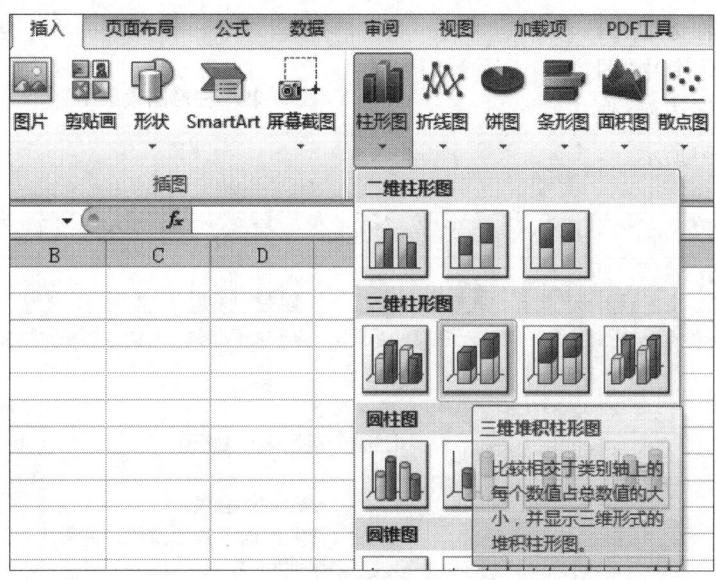

图5-27　插入三维堆积柱形图

（3）鼠标右击空白图表区，单击"选择数据"命令，系统弹出"选择数据源"对话框，单击对话框的"图表数据区域"输入栏，选中"应收款项表"中需要分析的单元格区域I2:M2和单元格区域I11:M11（可按住"Ctrl"键选择不连续区域），如图5-28所示。

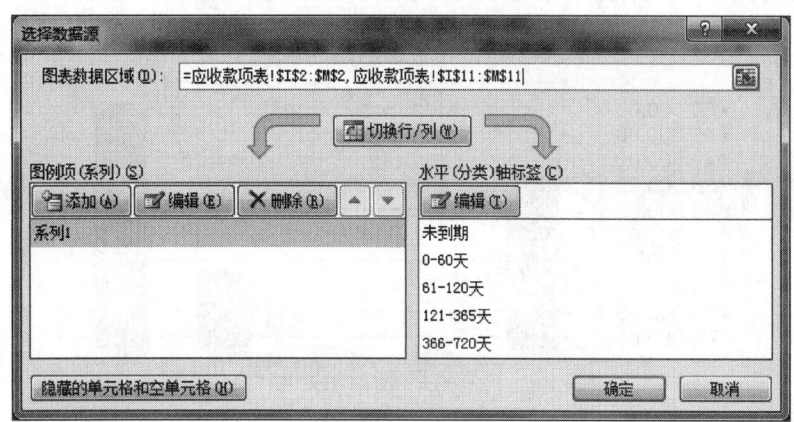

图5-28　设置应收款图表数据源

（4）单击【确定】按钮，生成图形，如图5-29所示。

（5）用鼠标左键单击图表，在"布局"选项卡中选择"标签"→"图表标题"→"图表上方"，"图表标题"输入"应收票据账期分析图"，再次单击图表区，同样在"布局"选项卡中选择"标签"栏里的"坐标轴标题、图例、数据标签"选项，其中"图例"选择"无"，关闭图例，坐标轴设置如图5-30所示。

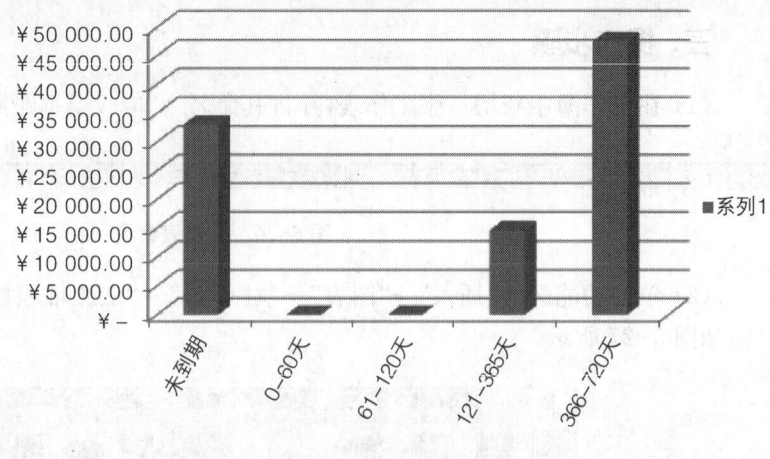

图5-29　柱形图效果图

图5-30　图表标题选项设置

（6）将横、纵坐标轴的标题分别修改为"到期天数"和"应收金额"，如图5-31所示。

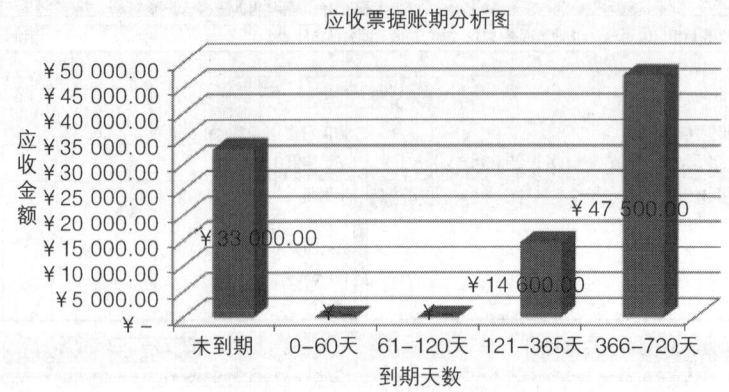

图5-31　编辑坐标轴标题

(7) 将应收票据账期分析图调整到合适的位置,单击图表外围任意白色区域,单击光标右键,在弹出的菜单中选择"设置图表区域格式",系统即弹出"设置图表区格式"选项卡,如图 5-32 所示。

图 5-32　设置图表区格式

(8) 在"设置图表区格式"选项卡中,可以选择自己需要的效果对图形进行设置,如图 5-33 所示。

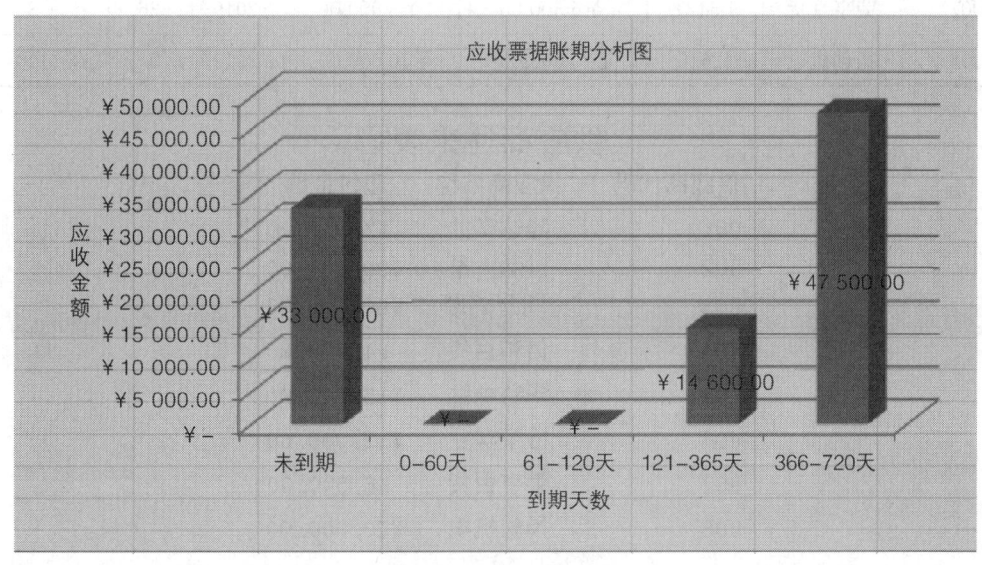

图 5-33　完成后效果图

# 任务 5.4 应付款项表的创建

## 活动 5.4.1 供应商往来表的建立

### 一、知识要点

应付账款是指企业因购买材料、商品或接受劳务等应当支付给货物提供者或劳务提供者的款项。它是在商品交易中买方先收货后付款时发生的一种信用形式。

### 二、岗位任务

根据表 5-2，在 Excel 中建立一张供应商往来表，如图 5-34 所示。

表 5-2　　供应商及应付款信息

| 供应商代码 | 供应商名称 | 发票号码 | 应付金额 | 已付金额 | 开票日期 | 付款期限(天) |
|---|---|---|---|---|---|---|
| U01 | 隆达实业 | M3040 | ¥7 000.00 | 0 | 2020-1-1 | 100 |
| U02 | 进弘大厦 | A9113 | ¥90 000.00 | ¥3 000.00 | 2019-8-17 | 50 |
| U03 | 润万大厦 | P3462 | ¥60 000.00 | ¥20 000.00 | 2018-2-14 | 120 |
| U04 | 信和百货 | J5528 | ¥4 000.00 | 0 | 2019-12-29 | 90 |
| U05 | 华科电脑 | D4717 | ¥15 000.00 | ¥2 000.00 | 2020-3-3 | 60 |
| U06 | 裕荣实业 | T6910 | ¥12 000.00 | ¥4 000.00 | 2020-2-5 | 120 |
| U07 | 荣亨百货 | L5421 | ¥6 500.00 | ¥3 000.00 | 2019-11-26 | 30 |
| U08 | 扬创机电 | J2616 | ¥20 000.00 | ¥10 000.00 | 2019-11-9 | 120 |

| 供应商往来表 | | |
|---|---|---|
| 供应商代码 | 供应商名称 | 应付金额 |
| U01 | 隆达实业 | ¥7,000.00 |
| U02 | 进弘大厦 | ¥90,000.00 |
| U03 | 润万大厦 | ¥60,000.00 |
| U04 | 信和百货 | ¥4,000.00 |
| U05 | 华科电脑 | ¥15,000.00 |
| U06 | 裕荣实业 | ¥12,000.00 |
| U07 | 荣亨百货 | ¥6,500.00 |
| U08 | 扬创机电 | ¥20,000.00 |

图 5-34　供应商往来表

### 三、操作步骤

操作步骤如下：

（1）在同一个工作簿中新建一张表，命名为"供应商往来表"。

（2）在"供应商往来表"中，选择单元格区域 A1:C1，单击"合并后居中"按钮，输入表的标题"供应商往来表"，调整其字体大小。

（3）根据表 5-2 中的信息，在单元格区域 A2:C2 输入"供应商代码""供应商名称""应付款金额"，并在对应列完成相关信息的录入，输入完成后如图 5-35 所示。

（4）单击"供应商往来表"工作表，选择单元格区域 A3:C10。

（5）单击功能区的"公式"→"定义名称"→"新建名称"，系统弹出"新建名称"对话框，在"名称"中输入"供应商往来表"，在"范围"中选择"供应商往来表"，单击"确定"按钮，如图 5-36 所示。

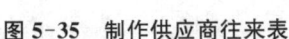

图 5-35　制作供应商往来表

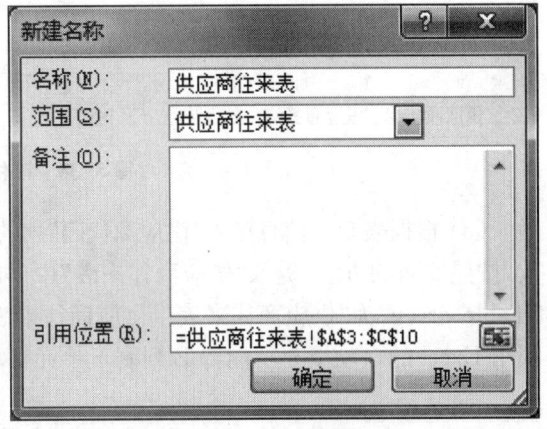

图 5-36　定义名称

## 活动 5.4.2　应付款项表的建立

### 一、知识要点

应付款项表包括供应商代码、供应商名称、发票号码、应付金额等项目。

### 二、岗位任务

建立一张应付款项表。要求：设置好相关公式后，"供应商名称""未付金额""到期日""是否到期"等栏数据会自动显示，如图 5-37 所示。

### 三、操作步骤

操作步骤如下：

（1）在同一个工作簿中新建一张工作表，将其命名为"应付款项表"。

图 5-37 应付款项表

(2) 在"应付款项表"中,选择单元格区域 A1:J1,单击"合并后居中"按钮,输入表的标题"应付款项表",并调整字体大小,根据图 5-38 在单元格区域 A2:J2 输入表头。

图 5-38 应付款项表表头

(3) 根据表 5-2 信息输入"供应商代码"列的相关数据,单击单元格 B3,应用"VLOOKUP"函数,按照前面的方法,提取"供应商往来表"中供应商名称。设置参数"Lookup_value"为"A3","Table_array"为"供应商往来表!供应商往来表","Col_index_num"为"2",如图 5-39 所示,利用 Excel 的自动填充功能将 B 列剩下单元格填写完毕。

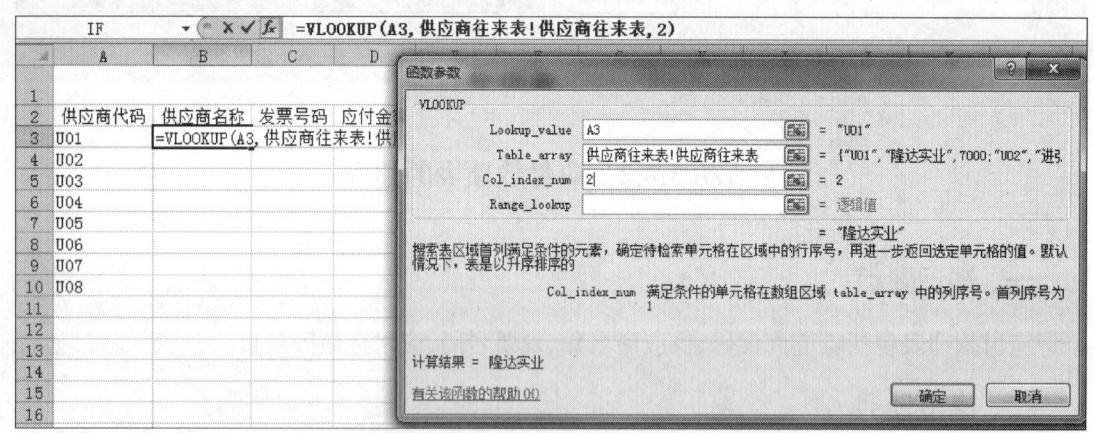

图 5-39 设置 VLOOUP 函数参数

(4) 根据表 5-2 所给的数据,输入"应付款项表"的其他内容,如图 5-40 所示。

(5) 单击单元格 F3,在公式编辑栏输入"=D3-E3"(未付款金额=应付款金额-已付款金额),单击回车键,则在单元格 F3 计算出未付金额。

(6) 利用 Excel 的自动填充功能,将 F 列其他供应商的未付金额计算出来,如图 5-41 所示。

| | A | B | C | D | E | F | G | H | I | J |
|---|---|---|---|---|---|---|---|---|---|---|
| 1 | 应付款项表 | | | | | | | | | |
| 2 | 供应商代码 | 供应商名称 | 发票号码 | 应付金额 | 已付金额 | 未付金额 | 开票日期 | 付款期限 | 到期日 | 是否到期 |
| 3 | U01 | 隆达实业 | M3040 | ¥7,000.00 | ¥0.00 | | 2020/1/1 | 100 | | |
| 4 | U02 | 进弘大厦 | A9113 | ¥90,000.00 | ¥3,000.00 | | 2019/8/17 | 50 | | |
| 5 | U03 | 润万大厦 | P3462 | ¥60,000.00 | ¥20,000.00 | | 2018/2/14 | 120 | | |
| 6 | U04 | 信和百货 | J5528 | ¥4,000.00 | ¥0.00 | | 2019/12/29 | 90 | | |
| 7 | U05 | 华科电脑 | D4717 | ¥15,000.00 | ¥2,000.00 | | 2020/3/3 | 60 | | |
| 8 | U06 | 裕荣实业 | T6910 | ¥12,000.00 | ¥4,000.00 | | 2020/2/5 | 120 | | |
| 9 | U07 | 荣亨百货 | L5421 | ¥6,500.00 | ¥3,000.00 | | 2019/11/26 | 30 | | |
| 10 | U08 | 扬创机电 | J2616 | ¥20,000.00 | ¥10,000.00 | | 2019/11/9 | 120 | | |

图 5-40　应付款项表效果图

F3　　=D3-E3

| | A | B | C | D | E | F | G | H | I | J |
|---|---|---|---|---|---|---|---|---|---|---|
| 1 | 应付款项表 | | | | | | | | | |
| 2 | 供应商代码 | 供应商名称 | 发票号码 | 应付金额 | 已付金额 | 未付金额 | 开票日期 | 付款期限 | 到期日 | 是否到期 |
| 3 | U01 | 隆达实业 | M3040 | ¥7,000.00 | ¥0.00 | ¥7,000.00 | 2020/1/1 | 100 | | |
| 4 | U02 | 进弘大厦 | A9113 | ¥90,000.00 | ¥3,000.00 | ¥87,000.00 | 2019/8/17 | 50 | | |
| 5 | U03 | 润万大厦 | P3462 | ¥60,000.00 | ¥20,000.00 | ¥40,000.00 | 2018/2/14 | 120 | | |
| 6 | U04 | 信和百货 | J5528 | ¥4,000.00 | ¥0.00 | ¥4,000.00 | 2019/12/29 | 90 | | |
| 7 | U05 | 华科电脑 | D4717 | ¥15,000.00 | ¥2,000.00 | ¥13,000.00 | 2020/3/3 | 60 | | |
| 8 | U06 | 裕荣实业 | T6910 | ¥12,000.00 | ¥4,000.00 | ¥8,000.00 | 2020/2/5 | 120 | | |
| 9 | U07 | 荣亨百货 | L5421 | ¥6,500.00 | ¥3,000.00 | ¥3,500.00 | 2019/11/26 | 30 | | |
| 10 | U08 | 扬创机电 | J2616 | ¥20,000.00 | ¥10,000.00 | ¥10,000.00 | 2019/11/9 | 120 | | |

图 5-41　计算未付金额

(7) 单击单元格 I3,在公式编辑栏输入公式"＝G3＋H3"(到期日期＝开票日期＋付款期限),按回车键,则单元格 I3 便会显示到期日。

(8) 利用 Excel 的自动填充功能,将 I 列的其他供应商应付款项到期日计算出来,如图 5-42 所示。

I3　　=G3+H3

| | A | B | C | D | E | F | G | H | I | J |
|---|---|---|---|---|---|---|---|---|---|---|
| 1 | 应付款项表 | | | | | | | | | |
| 2 | 供应商代码 | 供应商名称 | 发票号码 | 应付金额 | 已付金额 | 未付金额 | 开票日期 | 付款期限 | 到期日 | 是否到期 |
| 3 | U01 | 隆达实业 | M3040 | ¥7,000.00 | ¥0.00 | ¥7,000.00 | 2020/1/1 | 100 | 2020/4/10 | |
| 4 | U02 | 进弘大厦 | A9113 | ¥90,000.00 | ¥3,000.00 | ¥87,000.00 | 2019/8/17 | 50 | 2019/10/6 | |
| 5 | U03 | 润万大厦 | P3462 | ¥60,000.00 | ¥20,000.00 | ¥40,000.00 | 2018/2/14 | 120 | 2018/6/14 | |
| 6 | U04 | 信和百货 | J5528 | ¥4,000.00 | ¥0.00 | ¥4,000.00 | 2019/12/29 | 90 | 2020/3/28 | |
| 7 | U05 | 华科电脑 | D4717 | ¥15,000.00 | ¥2,000.00 | ¥13,000.00 | 2020/3/3 | 60 | 2020/5/2 | |
| 8 | U06 | 裕荣实业 | T6910 | ¥12,000.00 | ¥4,000.00 | ¥8,000.00 | 2020/2/5 | 120 | 2020/6/4 | |
| 9 | U07 | 荣亨百货 | L5421 | ¥6,500.00 | ¥3,000.00 | ¥3,500.00 | 2019/11/26 | 30 | 2019/12/26 | |
| 10 | U08 | 扬创机电 | J2616 | ¥20,000.00 | ¥10,000.00 | ¥10,000.00 | 2019/11/9 | 120 | 2020/3/8 | |
| 11 | | | | | | | | | | |

图 5-42　计算到期日

(9) 判断应付款项是否到期。假设当前日期为 2020 年 3 月 10 日,利用 IF 函数,判断各个供应商的应付款项是否到期;如果到期日小于当前日期,则该应付账款已经到期;如果到期日大于当前日期,则该应付账款未到期。具体操作为:单击单元格 I12,输入"今天日期:";单击单元格 J12,输入"2020/3/10";单击单元格 J3,在公式编辑栏中输入"＝IF(I3＜$J$12,

"是","否")",按回车键后,则单元格 J3 会显示出是否到期。利用 Excel 的自动填充功能,可以判断 J 列的其他供应商的应付款项是否到期,如图 5-43 所示。

图 5-43 计算到期日期

# 任务 5.5 应付账款账龄分析表的创建

## 活动 5.5.1 应付账款账龄的设置

### 一、知识要点

应付账款账龄分析是依据企业每一笔应付账款的账龄划分账龄组来进行的。当企业拖欠不同供应商的多笔应付账款中存在多种账龄时,所拖欠的应付而未付的账款就可能会被划分为不同的账龄组。

### 二、岗位任务

在应付款项表里增加应付账款账龄分析功能,效果如图 5-44 所示。

图 5-44 应付账款账龄分析

## 三、操作步骤

操作步骤如下：

（1）在单元格区域 K2：O2 输入企业应付账款的未到期金额和账龄区间，分为"未到期金额""0-30 天""31-60 天""61-90 天""90 天以上"等栏，如图 5-45 所示。

| | A | B | C | D | E | F | G | H | I | J | K | L | M | N | O |
|---|---|---|---|---|---|---|---|---|---|---|---|---|---|---|---|
| 1 | | | | | | 应付款项表 | | | | | | | | | |
| 2 | 供应商代码 | 供应商名称 | 发票号码 | 应付金额 | 已付金额 | 未付金额 | 开票日期 | 付款期限 | 到期日 | 是否到期 | 未到期金额 | 0-30天 | 31-60天 | 61-90天 | 90天以上 |
| 3 | U01 | 隆达实业 | M3040 | ¥7,000.00 | ¥0.00 | ¥7,000.00 | 2020/1/1 | 100 | 2020/4/10 | 否 | | | | | |
| 4 | U02 | 进弘大厦 | A9113 | ¥90,000.00 | ¥3,000.00 | ¥87,000.00 | 2019/8/17 | 50 | 2019/10/6 | 是 | | | | | |
| 5 | U03 | 润万大厦 | P3462 | ¥60,000.00 | ¥20,000.00 | ¥40,000.00 | 2018/2/14 | 120 | 2018/6/14 | 是 | | | | | |
| 6 | U04 | 信和百货 | J5528 | ¥4,000.00 | ¥0.00 | ¥4,000.00 | 2019/12/29 | 90 | 2020/3/28 | 否 | | | | | |
| 7 | U05 | 华科电脑 | D4717 | ¥15,000.00 | ¥2,000.00 | ¥13,000.00 | 2020/3/3 | 60 | 2020/5/2 | 否 | | | | | |
| 8 | U06 | 裕荣实业 | T6910 | ¥12,000.00 | ¥4,000.00 | ¥8,000.00 | 2020/2/5 | 120 | 2020/6/4 | 否 | | | | | |
| 9 | U07 | 荣亨百货 | L5421 | ¥6,500.00 | ¥3,000.00 | ¥3,500.00 | 2019/11/26 | 30 | 2019/12/26 | 是 | | | | | |
| 10 | U08 | 扬创机电 | J2616 | ¥20,000.00 | ¥10,000.00 | ¥10,000.00 | 2019/11/9 | 120 | 2020/3/8 | 是 | | | | | |
| 11 | | | | | | | | | | | | | | | |
| 12 | | | | | | | | | | 今天日期： | 2020/3/10 | | | | |

图 5-45　设置账龄区间

（2）单击单元格 K3，在公式编辑栏内输入公式"=IF(I3-$J$12<0,"--",F3)"。

（3）单击单元格 L3，在公式编辑栏内输入公式"=IF(AND($J$12-I3>0,$J$12-I3<=30),F3,"--")"。

（4）单击单元格 M3，在公式编辑栏内输入公式"=IF(AND($J$12-I3>30,$J$12-I3<=60),F3,"--")"。

（5）单击单元格 N3，在公式编辑栏内输入公式"=IF(AND($J$12-I3>60,$J$12-I3<=90),F3,"--")"。

（6）单击单元格 O3，在公式编辑栏内输入公式"=IF($J$12-I3>90,F3,"--")"。

（7）继续使用 IF 函数将其他应付账款分别进行账龄的分类，将设置好公式的当列单元格利用 Excel 的自动填充功能往下进行拖拉，并完成单元格格式调整，完成后结果如图 5-46 所示。

| | A | B | C | D | E | F | G | H | I | J | K | L | M | N | O |
|---|---|---|---|---|---|---|---|---|---|---|---|---|---|---|---|
| 1 | | | | | | 应付款项表 | | | | | | | | | |
| 2 | 供应商代码 | 供应商名称 | 发票号码 | 应付金额 | 已付金额 | 未付金额 | 开票日期 | 付款期限 | 到期日 | 是否到期 | 未到期金额 | 0-30天 | 31-60天 | 61-90天 | 90天以上 |
| 3 | U01 | 隆达实业 | M3040 | ¥7,000.00 | ¥0.00 | ¥7,000.00 | 2020/1/1 | 100 | 2020/4/10 | 否 | ¥7,000.00 | -- | -- | -- | -- |
| 4 | U02 | 进弘大厦 | A9113 | ¥90,000.00 | ¥3,000.00 | ¥87,000.00 | 2019/8/17 | 50 | 2019/10/6 | 是 | -- | -- | -- | -- | ¥87,000.00 |
| 5 | U03 | 润万大厦 | P3462 | ¥60,000.00 | ¥20,000.00 | ¥40,000.00 | 2018/2/14 | 120 | 2018/6/14 | 是 | -- | -- | -- | -- | ¥40,000.00 |
| 6 | U04 | 信和百货 | J5528 | ¥4,000.00 | ¥0.00 | ¥4,000.00 | 2019/12/29 | 90 | 2020/3/28 | 否 | ¥4,000.00 | -- | -- | -- | -- |
| 7 | U05 | 华科电脑 | D4717 | ¥15,000.00 | ¥2,000.00 | ¥13,000.00 | 2020/3/3 | 60 | 2020/5/2 | 否 | ¥13,000.00 | -- | -- | -- | -- |
| 8 | U06 | 裕荣实业 | T6910 | ¥12,000.00 | ¥4,000.00 | ¥8,000.00 | 2020/2/5 | 120 | 2020/6/4 | 否 | ¥8,000.00 | -- | -- | -- | -- |
| 9 | U07 | 荣亨百货 | L5421 | ¥6,500.00 | ¥3,000.00 | ¥3,500.00 | 2019/11/26 | 30 | 2019/12/26 | 是 | -- | -- | -- | ¥3,500.00 | -- |
| 10 | U08 | 扬创机电 | J2616 | ¥20,000.00 | ¥10,000.00 | ¥10,000.00 | 2019/11/9 | 120 | 2020/3/8 | 是 | -- | ¥10,000.00 | -- | -- | -- |
| 11 | | | | | | | | | | | | | | | |
| 12 | | | | | | | | | | 今天日期： | 2020/3/10 | | | | |

图 5-46　应付款账龄分类

IF 函数的含义在于，若满足账龄判断条件，则返回值为该笔应付款的未付款金额；若不满足条件，则返回值为"--"。

（8）合并单元格区域 A11：J11，填入"应付账款合计："。

（9）单击单元格 K11，在公式编辑栏输入公式"=SUM(K3：K10)"，按回车键，在单元格 K11 即显示为未到期的应付账款金额相加之和。

（10）利用 Excel 的自动填充功能，将单元格 K11 的公式复制到单元格 L11、M11、N11、O11，将各个不同账龄区间的应付账款相加，并填入这几个单元格，如图 5-47 所示。

| | A | B | C | D | E | F | G | H | I | J | K | L | M | N | O |
|---|---|---|---|---|---|---|---|---|---|---|---|---|---|---|---|
| 1 | 应付款项表 | | | | | | | | | | | | | | |
| 2 | 供应商代码 | 供应商名称 | 发票号码 | 应付金额 | 已付金额 | 未付金额 | 开票日期 | 付款期限 | 到期日 | 是否到期 | 未到期金额 | 0-30天 | 31-60天 | 61-90天 | 90天以上 |
| 3 | U01 | 隆达实业 | M3040 | ¥7,000.00 | ¥0.00 | ¥7,000.00 | 2020/1/1 | 100 | 2020/4/10 | 否 | ¥7,000.00 | -- | -- | -- | -- |
| 4 | U02 | 进弘大厦 | A9113 | ¥90,000.00 | ¥3,000.00 | ¥87,000.00 | 2019/8/17 | 50 | 2019/10/6 | 是 | -- | -- | -- | -- | ¥87,000.00 |
| 5 | U03 | 润万大厦 | P3462 | ¥60,000.00 | ¥20,000.00 | ¥40,000.00 | 2018/2/14 | 120 | 2018/6/14 | 是 | -- | -- | -- | -- | ¥40,000.00 |
| 6 | U04 | 信和百货 | J5528 | ¥4,000.00 | ¥0.00 | ¥4,000.00 | 2019/12/29 | 90 | 2020/3/28 | 否 | ¥4,000.00 | -- | -- | -- | -- |
| 7 | U05 | 华ителоф | D4717 | ¥15,000.00 | ¥2,000.00 | ¥13,000.00 | 2020/3/3 | 60 | 2020/5/2 | 否 | ¥13,000.00 | -- | -- | -- | -- |
| 8 | U06 | 裕荣实业 | T6910 | ¥12,000.00 | ¥4,000.00 | ¥8,000.00 | 2020/2/5 | 120 | 2020/6/4 | 否 | ¥8,000.00 | -- | -- | -- | -- |
| 9 | U07 | 荣亨百货 | L5421 | ¥6,500.00 | ¥3,000.00 | ¥3,500.00 | 2019/11/26 | 30 | 2019/12/26 | 是 | -- | -- | -- | ¥3,500.00 | -- |
| 10 | U08 | 扬创机电 | J2616 | ¥20,000.00 | ¥10,000.00 | ¥10,000.00 | 2019/11/9 | 120 | 2020/3/8 | 是 | -- | ¥10,000.00 | -- | -- | -- |
| 11 | | | | | | 应付账款合计: | | | | | ¥32,000.00 | ¥10,000.00 | ¥0.00 | ¥3,500.00 | ¥127,000.00 |
| 12 | | | | | | | | | 今天日期: | 2020/3/10 | | | | | |

图 5-47 不同账龄应付款合计

## 活动 5.5.2 应付账款账龄分析表的建立

### 一、知识要点

应付账款账龄分析主要用来分析不同账龄的应付款未付金额在总应付款未付金额中所占的比例。因此,应付款账龄分析表内的"百分率"栏为不同账龄区内的应付款未付金额占应付款未付金额合计的比例。

### 二、岗位任务

在工作簿中,建立一张"应付账款账龄分析表",如图 5-48 所示。

| | A | B | C |
|---|---|---|---|
| 1 | 应付账款账龄分析表 | | |
| 2 | | | |
| 3 | 账龄 | 应付金额 | 百分率 |
| 4 | 未到期金额 | ¥32,000.00 | 18.55% |
| 5 | 0-30天 | ¥10,000.00 | 5.80% |
| 6 | 31-60天 | ¥0.00 | 0.00% |
| 7 | 61-90天 | ¥3,500.00 | 2.03% |
| 8 | 90天以上 | ¥127,000.00 | 73.62% |
| 9 | 合计 | ¥172,500.00 | 100.00% |

图 5-48 应付账款账龄分析表

### 三、操作步骤

操作步骤如下:

(1) 在同一个工作簿里,插入一张新的工作表,将其重命名为"应付账款账龄分析表",输入并完成账龄分析表有关内容,如图 5-49 所示。

其中,单元格区域 A4:A8,B4:B8 的内容可以用前面介绍过的"选择性粘贴"的方法来填写。

(2) 单击单元格 A9,输入"合计",在其公式编辑栏中输入公式"=SUM(B4:B8)",按回车键,如图 5-50 所示。

图 5-49　应付款账龄分析表

图 5-50　应付款金额合计

（3）单击单元格 C4，在公式编辑栏输入公式"＝B4/B＄9"，按回车键后显示结果。此时显示结果为小数，设置单元格格式，让其显示为百分率数。利用 Excel 的自动填充功能，计算 C 列其他的百分率，如图 5-51 所示。

图 5-51　不同账龄应付款的百分率

## 任务 5.6　应付款账期金额分析图的创建

### 一、知识要点

在对应付款进行了详细的分析之后，为了能够更直观、清楚地了解应付款账期金额的分析情况，我们还需要创建一个应付款账期金额分析图，以图表的形式来展现账期金额情况。

### 二、岗位任务

根据应付款项表（见图 5-43）的数据，生成一张应付款账期金额分析图，如图 5-52 所示。

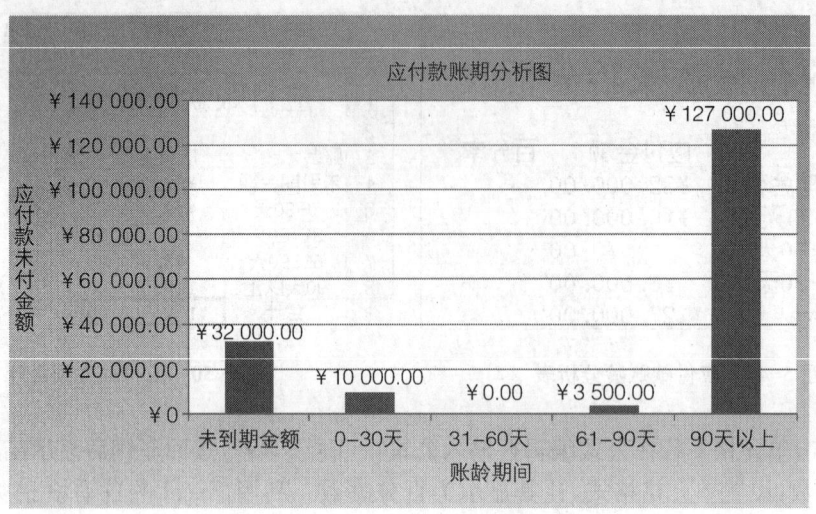

图 5-52　应付款账期金额分析图

### 三、操作步骤

操作步骤如下：

（1）在工作簿中新增一张工作表，并将其命名为"应付款账期金额分析图"，如图 5-53 所示。

图 5-53　工作表命名

（2）单击功能区的"插入"→"图表"→"二维柱形图"→"簇状柱形图"图标，生成空白图表区，如图 5-54 所示。

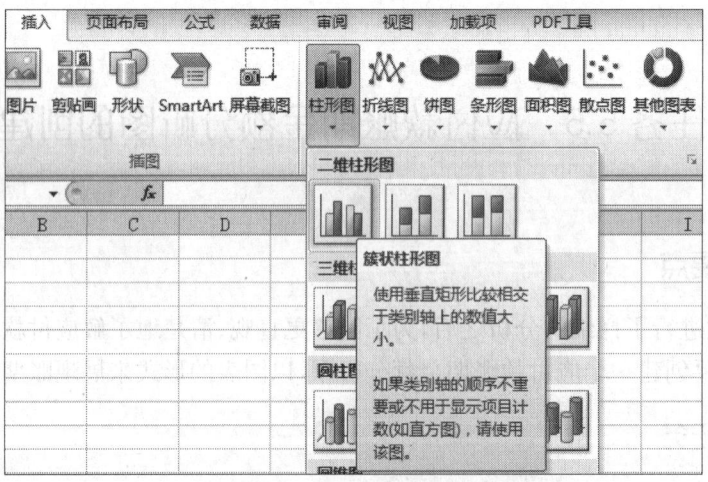

图 5-54　插入图表

（3）用鼠标右键单击空白图表区，单击"选择数据"命令，系统弹出"选择数据源"对话框，单击对话框的"图表数据区域"输入栏，选中"应付款项表"中需要分析的单元格区域 K2:O2 和 K11:O11（可按住"Ctrl"键选择不连续区域），如图 5-55 所示。

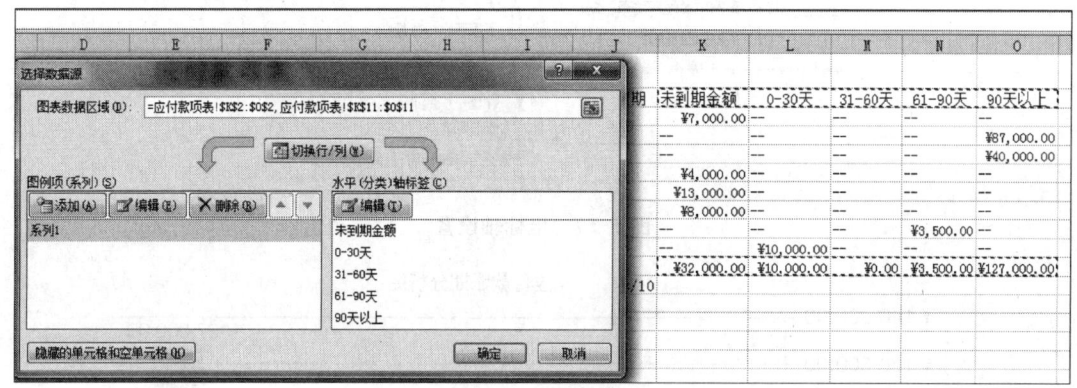

图 5-55　选择数据源

（4）单击"确定"按钮，显示的结果如图 5-56 所示。

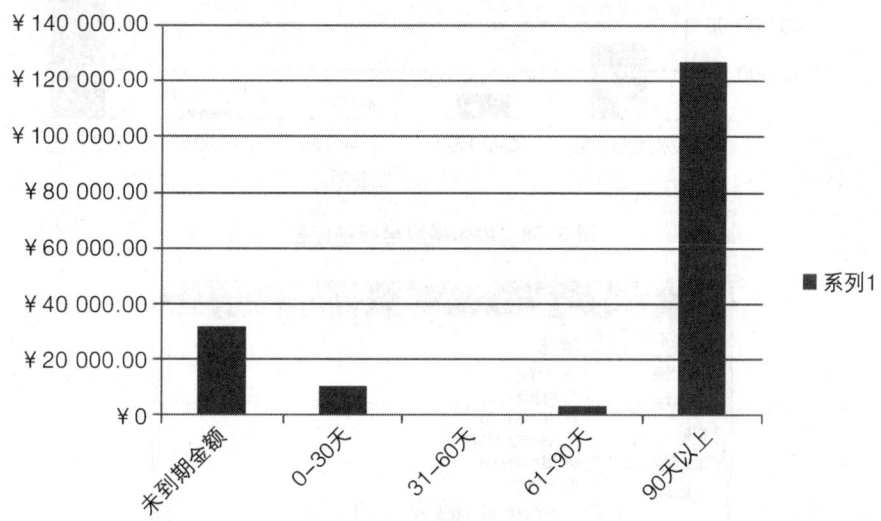

图 5-56　柱状效果图

（5）用鼠标左键单击图表，在"布局"选项卡中选择"标签"→"图表标题"→"图表上方"，"图表标题"输入"应付款账期分析图"，再次单击图表区，同样在"布局"选项卡中选择"标签"栏里的"坐标轴标题、图例、数据标签"选项，其中"图例"选择"无"，关闭图例。坐标轴设置如图 5-57 所示。

（6）将横、纵坐标轴的标题分别修改为"账龄期间"和"应付款未付金额"，如图 5-58 所示。

（7）将应收票据账期分析图调整到合适的位置，单击图表外围任意白色区域，单击光标右键，在弹出的菜单中选择"设置图表区域格式"，系统即显现"设置图表区格式"对话框，如图 5-59 所示。

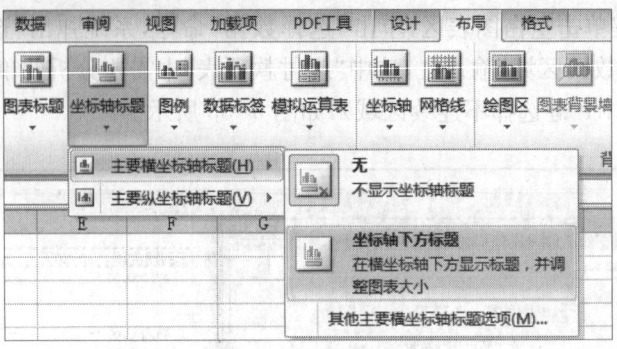

图 5-57 坐标轴设置

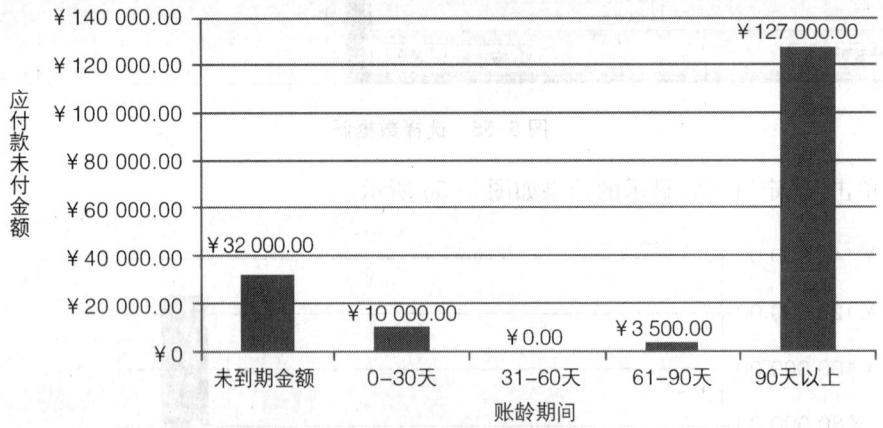

图 5-58 编辑横纵坐标轴标题

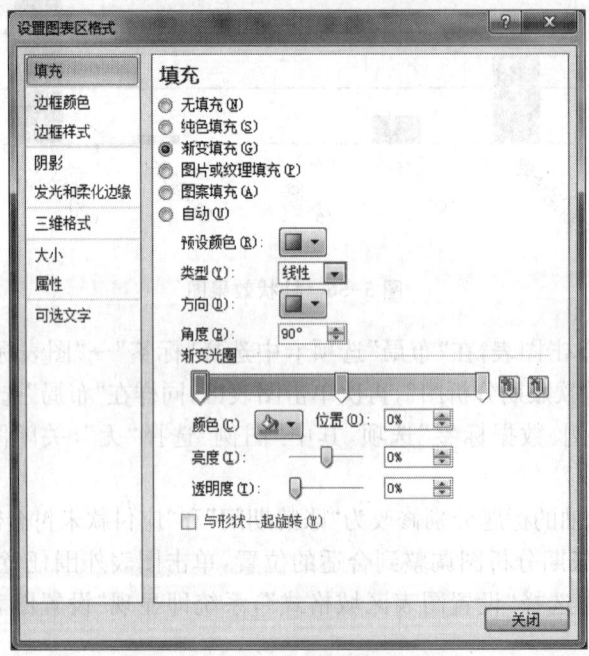

图 5-59 设置图表区格式

（8）通过操作"设置图表区格式"对话框，可以选择自己需要的效果对图形进行设置，如图 5-60 所示。

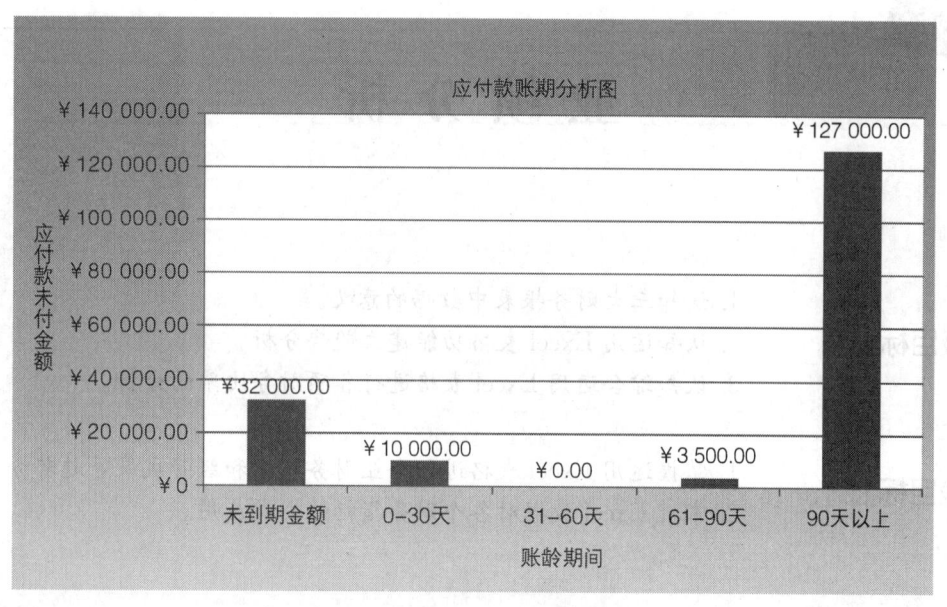

图 5-60　应付款账龄分析图

## 模 块 测 试

参考答案

假设今天日期是 2020 年 3 月 15 日，根据图 5-61 的内容在 Excel 中进行录入。

| | A | B | C | D | E | F | G | H | I | J | K | L | M | N | O |
|---|---|---|---|---|---|---|---|---|---|---|---|---|---|---|---|
| 1 | | | | 应付款项表 | | | | | | | | | | | |
| 2 | 供应商代码 | 供应商名称 | 发票号码 | 应付金额 | 已付金额 | 未付金额 | 开票日期 | 付款期限 | 到期日 | 是否到期 | 未到期金额 | 0-30天 | 31-60天 | 61-90天 | 90天以上 |
| 3 | L01 | 飞庆百货 | K3778 | ¥9,000.00 | ¥0.00 | | 2020/1/1 | 100 | | | | | | | |
| 4 | L02 | 广安实业 | K3190 | ¥30,000.00 | ¥5,000.00 | | 2019/8/17 | 50 | | | | | | | |
| 5 | L03 | 久泰大厦 | G4320 | ¥40,000.00 | ¥30,000.00 | | 2018/2/14 | 120 | | | | | | | |
| 6 | L04 | 同福百货 | B7006 | ¥12,000.00 | ¥0.00 | | 2019/12/5 | 90 | | | | | | | |
| 7 | L05 | 多德实业 | G9322 | ¥16,000.00 | ¥2,000.00 | | 2019/12/12 | 50 | | | | | | | |
| 8 | L06 | 元晶大厦 | M1838 | ¥9,000.00 | ¥1,000.00 | | 2020/2/5 | 120 | | | | | | | |
| 9 | L07 | 义康酒业 | J5453 | ¥16,500.00 | ¥3,000.00 | | 2019/11/26 | 30 | | | | | | | |
| 10 | L08 | 美协超市 | M7511 | ¥70,000.00 | ¥60,000.00 | | 2019/11/9 | 120 | | | | | | | |
| 11 | | | | 应付账款合计： | | | | | | | | | | | |
| 12 | | | | | | | | | 今天日期： | 2020/3/15 | | | | | |

图 5-61　应付款项表

要求："未付金额""到期日""是否到期""未到期或已到期金额""应付账款合计"为通过设置公式自动显示。

# 模块 6

# 业 绩 分 析

[考核目标]
1. 认知三大财务报表中数据的意义。
2. 认知运用 Excel 表格功能建立趋势分析。
3. 认知综合运用 Excel 表格进行各项财务比率的分析。

[实践目标]
1. 掌握运用 Excel 表格进行企业财务状况和经营成果等趋势分析。
2. 掌握 Excel 数据对各个财务指标的公式应用。

[知识点思维导图]

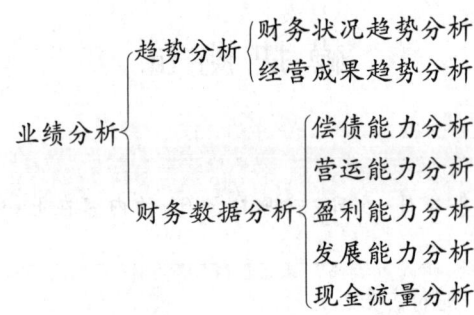

## 任务 6.1　趋势分析

### 一、知识要点

我们在财务分析时,只对一个会计期间的财务数据进行分析往往不够全面,因为一个会计年度中可能存在些偶然的现象或事项,这些事项不具备代表性;但如果对若干个会计期间的财务数据按时间作为序列进行分析,一般来说就能够判断其发展趋势,有助于分析存在的问题,从而可以正确地决策和较好地规划未来,这就是趋势分析。趋势分析可分为财务状况趋势分析和经营成果趋势分析,财务状况主要来自资产负债表数据,经营成果主要来自利润表数据。

图表法是将企业连续几个会计年度的财务数据指标绘制成图,并根据图形走势来判断企业财务状况或经营状况及其变化趋势的方法。

## 二、岗位任务

根据 A 企业的利润表(简表)和连续 5 年的营业净利润情况表(见表 6-1 和表 6-2),做出 A 企业近 5 年的营业利润分析。要求:营业利润分析可视且直观(最终结果见图 6-5)。

表 6-1　　　　　　　　　　　　　利润表(简表)

编制单位:A 企业　　　　　　　2019 年 1 月　　　　　　　　　　　　会企 02 表
单位:元

| 项　目 | 行次 | 本月金额 | 本年金额 |
|---|---|---|---|
| 一、营业收入 | 1 | 20 000.00 | 20 000.00 |
| 　减:营业成本 | 2 | 13 000.00 | 13 000.00 |
| 　　税金及附加 | 3 | | |
| 　　销售费用 | 4 | | |
| 　　管理费用 | 5 | 500.00 | 500.00 |
| 　　研发费用 | 6 | | |
| 　　财务费用 | 7 | | |
| 　　其中:利息费用 | 8 | | |
| 　　　　利息收入 | 9 | | |
| 　加:其他收益 | 10 | | |
| 　　投资收益(损失以"-"号填列) | 11 | | |
| 　　其中:对联营企业和合营企业的投资收益 | 12 | | |
| 　　　　以摊余成本计量的金融资产最终确认收益 | 13 | | |
| 　　净敞口套期收益(损失以"-"号填列) | 14 | | |
| 　　公允价值变动收益(损失以"-"号填列) | 15 | | |
| 　　信用减值损失(损失以"-"号填列) | 16 | | |
| 　　资产减值损失(损失以"-"号填列) | 17 | | |
| 　　资产处置收益(损失以"-"号填列) | 18 | | |
| 二、营业利润(亏损以"-"号填列) | 19 | 6 500.00 | 6 500.00 |
| 　加:营业外收入 | 20 | | |
| 　减:营业外支出 | 21 | | |
| 三、利润总额(亏损总额以"-"号填列) | 22 | 6 500.00 | 6 500.00 |
| 　减:所得税费用 | 23 | 1 625.00 | 1 625.00 |
| 四、净利润(净亏损以"-"号填列) | 24 | 4 875.00 | 4 875.00 |

表 6-2　　　　　A 企业 2015 年至 2019 年每年 1 月份营业净利润情况表　　　　　单位:元

| 年度 | 2015 年 | 2016 年 | 2017 年 | 2018 年 | 2019 年 |
|---|---|---|---|---|---|
| 营业净利润 | 3 500 | 2 000 | 5 000 | 5 500 | 6 500 |

### 三、操作步骤

操作步骤如下:

(1) 打开"2015 年—2019 年营业利润情况"表。在"插入图表"选项卡上的"图表"组中单击" 折线图 "图标,图表类型选择"带数据标记的折线图",如图 6-1 所示。

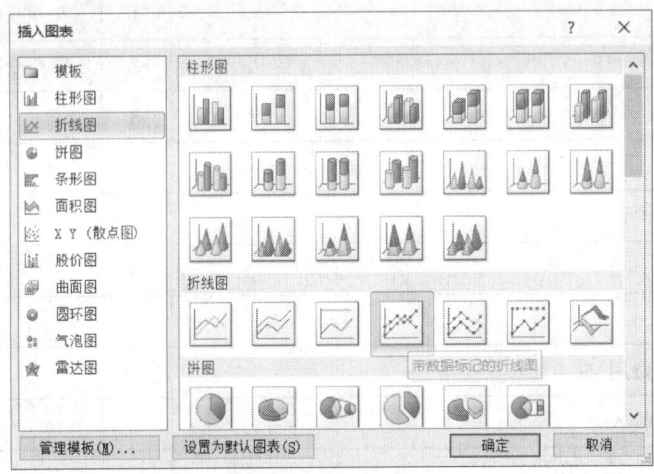

图 6-1　插入图表

(2) 生成空白图表,点击空白图表任意位置,表上方出现"图表工具",其中包含"设计""布局""格式"选项卡,如图 6-2 所示。

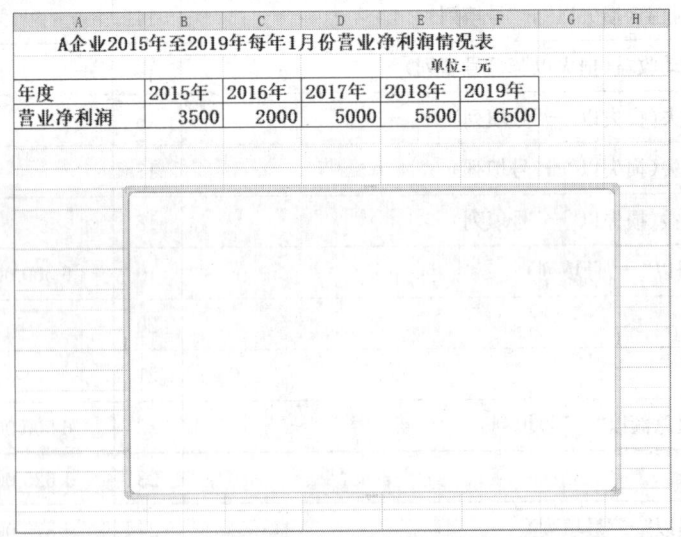

图 6-2　图表样式

(3) 在图表工具"设计"选项卡上,点击"选择数据",系统弹出"选择数据源"对话框。在打开的对话框中,点击"图表数据区域"右边的"▦"图标,选择"2015年—2019年营业利润情况"表格中的单元格区域A3:F4,再点击"▦"图标返回。点击"确定"按钮,如图6-3所示。

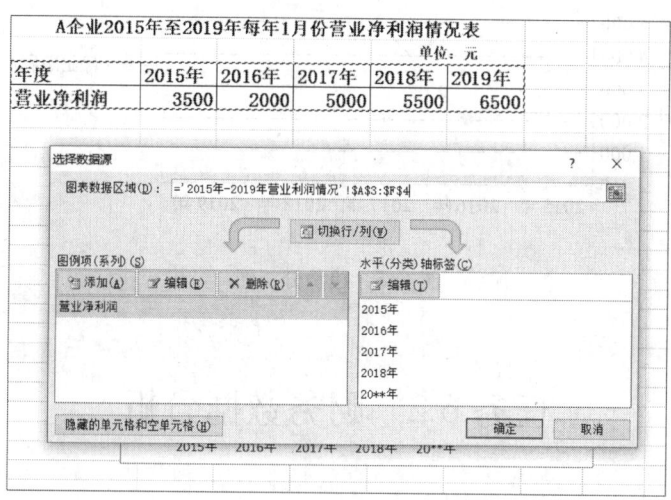

图6-3 选择数据源

(4) 在图表工具"布局"选项卡的"标签"组中,单击"图表标题",选择"图表上方",给图表输入标题。单击"坐标轴标题",分别给图表设置横、纵坐标标题,如图6-4所示。

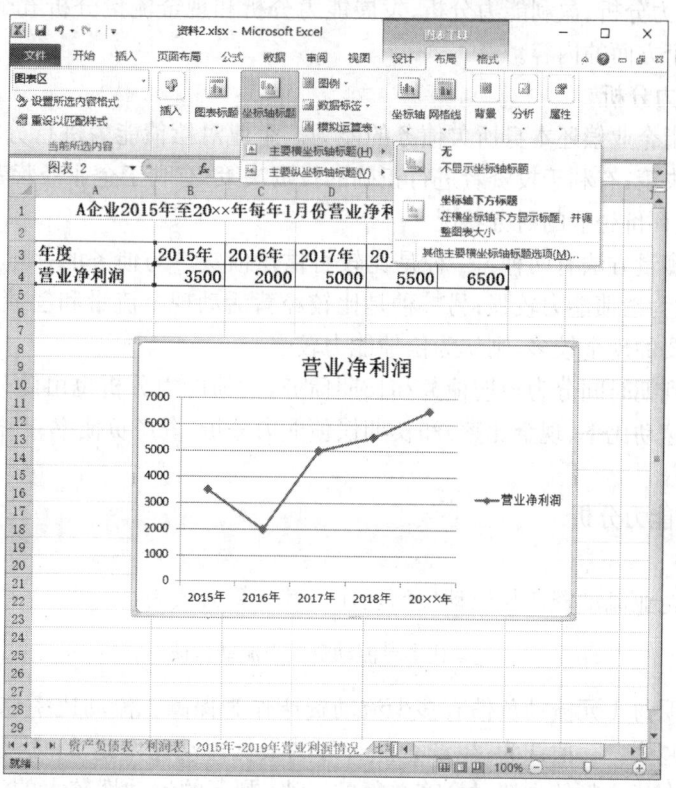

图6-4 图表标题

最终的营业利润趋势分析图如图 6-5 所示。

图 6-5　趋势分析图

## 任务 6.2　财务数据分析

### 一、知识要点

财务数据分析也称为财务指标分析,是通过财务报表数据的相对关系来揭示企业经营管理的各方面问题的分析方法。它是企业最主要的财务分析方法。财务数据分析主要包括偿债能力分析、营运能力分析、盈利能力分析、发展能力分析和现金流量分析五个方面内容。本任务主要介绍前三个方面的内容。

#### (一) 偿债能力分析

偿债能力是指企业偿还本身所欠债务的能力。企业对偿债能力进行分析,有利于债权人进行正确的借贷决策;有利于投资者进行正确的投资决策;有利于企业经营者进行正确的经营决策;有利于正确评价企业的财务状况。

偿债能力的衡量方法有两种:一种是比较可供偿债资产与债务的存量,资产存量超过债务存量较多,则认为偿债能力较强;另一种是比较经营活动现金流量和偿债所需现金,如果生产的现金超过需要的现金较多,则认为偿债能力较强。

债务一般按到期时间分为短期债务和长期债务,偿债能力分析也由此分为短期偿债能力分析(流动比率、速动比率、现金比率)和长期偿债能力分析(资产负债率、产权比率、权益乘数、利息保障倍数)。

1. 短期偿债能力分析

1) 流动比率

流动比率是企业流动资产与流动负债之比。其计算公式为:

$$流动比率 = 流动资产 \div 流动负债$$

流动比率表明每 1 元流动负债有多少流动资产作为保障。流动比率越大,通常反映企业的短期偿债能力越强。一般认为,生产企业合理的最低流动比率是 2。这是因为流动资产中变现能力最差的存货金额约占流动资产总额的一半,剩下的流动性较大的流动资产至少要等于流动负债,企业短期偿债能力才会有保证。

2) 速动比率

速动比率是企业速动资产与流动负债之比。其计算公式为:

$$速动比率=速动资产 \div 流动负债$$

构成流动资产的各项目,流动性差别很大。其中,货币资金、以公允价值计量且其变动计入当期损益的金融资产和各种应收款项,可以在较短时间内变现,称为速动资产;其余的流动资产,包括存货、预付款项、1年内到期的非流动资产和其他流动资产等,属于非速动资产。

3) 现金比率

现金资产包括货币资金和交易性金融资产。现金资产与流动负债的比值称为现金比率。现金比率的计算公式为:

$$现金比率=(货币资金+交易性金融资产) \div 流动负债$$

现金比率剔除了应收账款对偿债能力的影响,最能反映企业短期偿债能力,表明每1元流动负债有多少现金资产作为偿债保障。由于流动价负债是在1年内(或一个营业周期内)陆续到期清偿的,所以并不需要企业时时保留相当于流动负债金额的现金资产。经验研究表明,0.2的现金比率就可以接受。而这一比率过高,就意味着企业资源占用在盈利能力较低的现金资产上,从而影响了企业盈利能力。

2. 长期偿债能力分析

1) 资产负债率

资产负债率是企业负债总额与资产总额之比。其计算公式为:

$$资产负债率=负债总额 \div 资产总额 \times 100\%$$

资产负债率反映总资产中有多大比例是通过负债取得的,可以衡量企业清算时资产对债权人权益的保障程度。当资产负债率高于50%时,表明企业资产来源主要依靠的是负债,财务风险较大;当资产负债率低于50%时,表明企业资产的主要来源是所有者权益,财务比较稳健。这一比率越低,表明企业资产对负债的保障能力越高,企业长期偿债能力越强。

2) 产权比率

产权比率又称资本负债率,是负债总额与所有者权益之比。它是企业财务结构稳健与否的重要标志。其计算公式为:

$$产权比率=负债总额 \div 所有者权益 \times 100\%$$

产权比率不仅反映了由债权人提供的资本与所有者提供的资本的相对关系,即企业财务结构是否稳定;而且反映了债权人资本受股东权益保障的程度,或者是企业清算时对债权人利益的保障程度。一般来说,该比率越低,表明企业长期偿债能力越强,债权人权益保障程度越高。企业在对该比率进行分析时同样需要结合自身的具体情况加以分析,当企业的资产收益率大于负债利息率时,负债经营有利于提高资金收益率,获得额外的利润,这时的产权比率可适当高些。产权比率高,是高风险、高报酬的财务结构;产权比率低,是低风险、低报酬的财务结构。

3) 权益乘数

权益乘数是总资产与股东权益的比值。其计算公式为:

$$权益乘数 = 总资产 \div 股东权益$$

权益乘数表明股东每投入1元钱可实际拥有和控制的金额。在企业存在负债的情况,权益乘数大于1。企业负债比例越高,权益乘数越大。产权比率和权益乘数是资产负债率的另外两种表现形式,是常用的反映财务杠杆水平的指标。

4) 利息保障倍数

利息保障倍数又称已获利息倍数,是指企业息税前利润与应付利息之比。它是用来衡量偿付借款利息能力的指标。其计算公式为:

$$利息保障倍数 = 息税前利润 \div 应付利息$$
$$= (净利润 + 利润表中的利息费用 + 所得税) \div 应付利息$$

式中,息税前利润是指利润表中扣除利息费用和所得税前的利润;应付利息是指本期发生的全部应付利息,不仅包括财务费用中的利息费用,还应包括计入固定资产成本的资本化利息。资本化利息虽然不在利润表中扣除,但仍然是要偿还的。利息保障倍数主要用于衡量企业支付利息的能力,企业如果没有足够大的息税前利润,利息的支付就会发生困难。

利息保障倍数反映支付利息的利润来源(息税前利润)与利息支出之间的关系。该比率越高,长期偿债能力越强。从长期看,利息保障倍数至少要大于1(国际公认标准为3),也就是说,息税前利润至少要大于应付利息,企业才具有偿还债务利息的可能性。如果利息保障倍数过低,企业将面临亏损、偿债的安全性与稳定性下降的风险。在短期内,如果利息保障倍数小于1,企业也仍然具有利息支付能力,因为计算息税前利润时减去的一些折旧和摊销费用并不需要支付现金,但这种支付能力是暂时的,当企业需要重置资产时,势必发生支付困难。所以,企业在对该指标进行分析时,需要比较连续多个会计年度(如5年),确保企业付息能力的稳定性。

(二) 营运能力分析

营运能力主要指企业资产运用、循环效率高低的能力。一般而言,资金周转速度越快,说明企业的资金管理水平越高,资金利用效率越高,企业可以以较少的投入获得较多的收益。因此,营运能力指标是通过投入与产出(主要指收入)之间的关系反映。企业营运能力分析主要包括流动资产营运能力分析、固定资产营运能力分析和总资产营运能力分析三个方面。

1. 流动资产营运能力分析

1) 应收账款周转率(次数)和应收账款周转天数

应收账款在流动资产中有着举足轻重的地位,企业若能及时收回应收账款,不仅能增强企业的短期偿债能力,也可反映出企业管理应收账款的效率。反映应收账款周转情况的比率有应收账款周转率(次数)和应收账款周转天数。

应收账款周转率(次数)是指一定时期内商品或产品营业收入与应收账款平均余额的比值。它表明一定时期内应收账款平均收回的次数。其计算公式为:

$$应收账款周转率(次数) = \frac{营业收入}{应收账款平均余额} = \frac{营业收入}{期初应收账款 + 期末应收账款} \div 2$$

应收账款周转天数是指应收账款周转一次(从销售开始到收回现金)所需要的时间。其计算公式为:

$$应收账款周转天数 = 计算期天数 \div 应收账款周转率(次数)$$
$$= 计算期天数 \times 应收账款平均余额 \div 营业收入$$

通常,应收账款周转率(次数)越高,或应收账款周转天数越短,表明企业应收账款管理效率越高。

2) 存货周转率(次数)和存货周转天数

在流动资产中,存货所占比重较大,存货的流动性直接影响企业的流动比率。反映存货周转情况的比率有存货周转率(次数)和存货周转天数。

存货周转率(次数)是指一定时期内企业营业成本与存货平均占用额的比率。它是衡量和评价购入存货、投入生产、销售收回等环节管理效率的综合性指标。其计算公式为:

$$存货周转率(次数) = 营业成本 \div 存货平均余额$$
$$存货平均余额 = (期初存货 + 期末存货) \div 2$$

式中,营业成本为利润表中"营业成本"项目的数值。

存货周转天数是指存货周转一次(即存货从取得到销售)所需要的时间。其计算公式为:

$$存货周转天数 = 计算期天数 \div 存货周转率(次数)$$
$$= 计算期天数 \times 存货平均余额 \div 营业成本$$

一般来讲,存货周转速度越快,存货占用水平越低,流动性越强,存货转化为现金或应收账款的速度就越快,这样会增强企业的短期偿债能力及盈利能力。企业通过存货周转速度分析,有利于找出存货管理中存在的问题,尽可能降低资金占用水平。

3) 流动资产周转率(次数)和流动资产周转天数

流动资产周转率(次数)是反映企业流动资产周转速度的指标。流动资产周转率(次数)是指一定时期内营业收入净额与企业流动资产平均余额之间的比率。其计算公式为:

$$流动资产周转率(次数) = 营业收入净额 \div 流动资产平均余额$$
$$流动资产平均余额 = (期初流动资产 + 期末流动资产) \div 2$$

流动资产周转天数是指企业的流动资产每周转一次所需要的时间。其计算公式为:

$$流动资产周转天数 = 计算期天数 \div 流动资产周转率(次数)$$
$$= 计算期天数 \times 流动资产平均余额 \div 营业收入净额$$

在一定时期内,流动资产周转率(次数)越高,表明以相同的流动资产完成的周转额越多,流动资产利用效果越好;流动资产周转天数越少,表明流动资产在经历生产销售各阶段所占用的时间越短,可相对节约流动资产,增强企业盈利能力。

2. 固定资产营运能力分析

反映企业固定资产营运能力的指标是固定资产周转率(次数)。固定资产周转率(次数)是指企业营业收入与固定资产平均额的比率。它反映企业固定资产周转情况,可以用于衡量固定资产利用效率。其计算公式为:

$$固定资产周转率(次数) = 营业收入 \div 平均固定资产$$
$$平均固定资产 = (期初固定资产 + 期末固定资产) \div 2$$

固定资产周转率(次数)高(即一定时期内固定资产周转次数多),说明企业固定资产投资得当,结构合理,利用效率高;反之,则表明企业固定资产利用效率不高,提供的生产成果不多,企业的营运能力不强。

3. 总资产营运能力分析

反映企业总资产营运能力的指标是总资产周转率(次数)。总资产周转率(次数)是指企业营业收入与企业资产平均总额的比率。其计算公式为:

$$总资产周转率(次数)=营业收入÷平均资产总额$$

如果企业各期资产总额比较稳定,波动不大,则:

$$平均资产总额=(期初资产总额+期末资产总额)÷2$$

### (三)盈利能力分析

不论是投资人、债权人还是经理人员,都很重视和关心企业的盈利能力。盈利能力是企业获取利润、实现资金增值的能力。因此,盈利能力指标主要通过收入与利润之间的关系、资产与利润之间的关系来反映。企业进行盈利能力分析的指标主要有营业毛利率、营业净利率、总资产净利率和净资产收益率。

1. 营业毛利率

营业毛利率是指营业毛利与营业收入之比。其计算公式如下:

$$营业毛利率=营业毛利÷营业收入×100\%$$

$$营业毛利=营业收入-营业成本$$

营业毛利率反映产品每1元营业收入所包含的毛利润是多少,即营业收入扣除营业成本后还有多少剩余可用于弥补各期费用和形成利润。产品的营业毛利率越高,表明其盈利能力越强。企业将营业毛利率与行业水平进行比较,可以反映其产品的市场竞争地位。营业毛利率高于行业水平的企业,实现一定的收入的同时占用了较少的成本,其在资源、技术或劳动生产率方面具有竞争优势;而营业毛利率低于行业水平的企业,则其在行业中处于竞争劣势。此外,我们将不同行业的营业毛利率进行横向比较,也可以说明行业间盈利能力的差异。

2. 营业净利率

营业净利率是指净利润与营业收入之比。其计算公式为:

$$营业净利率=净利润÷营业收入×100\%$$

营业净利率反映每1元营业收入最终赚取了多少利润。它反映了产品最终的盈利能力。在利润表上,营业收入扣除营业成本、期间费用、税金及附加等项目后,最终得到净利润。因此,企业将营业净利率按利润的扣除项目进行分解,可以识别影响营业净利率的主要因素。

3. 总资产净利率

总资产净利率是指净利润与平均总资产的比率。它反映每1元资产创造的净利润。其计算公式为:

$$总资产净利率=净利润÷平均总资产×100\%$$

总资产净利率衡量的是企业资产的盈利能力。总资产净利率越高,表明企业资产的利用效果越好。影响总资产净利率的因素是营业净利率和总资产周转率。总资产净利率的计算公式可分解为:

$$总资产净利率 = \frac{净利润}{平均总资产} \times 100\%$$

$$= \frac{净利润}{营业收入} \times \frac{营业收入}{平均总资产} \times 100\%$$

$$= 营业净利率 \times 总资产周转率 \times 100\%$$

因此,企业可以通过提高营业净利率、加速资产周转来提高总资产净利率。

4. 净资产收益率

净资产收益率又称权益净利率或权益报酬率,是指净利润与平均所有者权益的比值。它表示每 1 元权益资本所赚取的净利润,反映权益资本经营的盈利能力。其计算公式为:

$$净资产收益率 = 净利润 \div 平均所有者权益 \times 100\%$$

该指标是企业盈利能力指标的核心,也是杜邦财务指标体系的核心,更是投资者关心的重点。一般来说,净资产收益率越高,所有者和债权人的利益保障程度越高。如果企业的净资产收益率在一段时期内持续增长,说明权益资本盈利能力稳定上升。但净资产收益率不是一个越高越好的概念,分析时要注意企业的财务风险。净资产收益率的计算公式可分解为:

$$净资产收益率 = \frac{净利润}{平均净资产} \times 100\%$$

$$= \frac{净利润}{平均总资产} \times \frac{平均总资产}{平均净资产} \times 100\%$$

$$= 资产净利率 \times 权益乘数 \times 100\%$$

通过对净资产收益率的分解,我们可以发现,改善资产盈利能力和增加企业负债都可以度提高净资产收益率。如果企业不改善资产盈利能力,单纯通过加大举债力度来提高权益乘数,进而提高净资产收益率的做法十分危险。因为,企业负债经营的前提是有足够的盈利能力来保障偿还债务本息,企业单纯地增加负债,对净资产收益率的改善只具有短期效应,最终将因盈利能力无法涵盖增加的财务风险而使企业面临财务困境。因此,只有企业净资产收益率上升的同时财务风险没有明显加大,才能说明企业财务状况良好。

## 二、岗位任务

根据 A 企业的资产负债表(见表 6-3)和利润表(见表 6-1)创建一张财务比率分析表。要求:各个指标数据能自动生成(如表 6-4 所示,表中财务比率项目可根据企业需要增减)。

表 6-3　　　　　　　　　　　　　　资产负债表

编制单位:A 企业　　　　　2019 年 1 月 31 日　　　　　　　　　会企 01 表　单位:元

| 资产 | 行次 | 期初余额 | 期末余额 | 负债和所有者权益(或股东权益) | 行次 | 期初余额 | 期末余额 |
|---|---|---|---|---|---|---|---|
| 流动资产: | | | | 流动负债: | | | |
| 货币资金 | 1 | 511 554.00 | 491 644.00 | 短期借款 | 35 | 100 000.00 | 100 000.00 |
| 交易性金融资产 | 2 | | | 交易性金融负债 | 36 | | |
| 衍生金融资产 | 3 | | | 衍生金融负债 | 37 | | |

(续表)

| 资　产 | 行次 | 期初余额 | 期末余额 | 负债和所有者权益（或股东权益） | 行次 | 期初余额 | 期末余额 |
|---|---|---|---|---|---|---|---|
| 应收票据 | 4 | | | 应付票据 | 38 | 50 000.00 | 50 000.00 |
| 应收账款 | 5 | 646 855.00 | 646 855.00 | 应付账款 | 39 | 1 461 292.00 | 1 461 292.00 |
| 应收款项融资 | 6 | | | 预收款项 | 40 | 54 000.00 | 54 000.00 |
| 预付款项 | 7 | | | 合同负债 | 41 | | |
| 其他应收款 | 8 | 94 700.00 | 94 700.00 | 应付职工薪酬 | 42 | 18 000.00 | 1 500.00 |
| 存货 | 9 | 2 269 849.00 | 2 268 849.00 | 应交税费 | 43 | 153 356.00 | 154 396.00 |
| 合同资产 | 10 | | | 其他应付款 | 44 | 6 800.00 | 6 800.00 |
| 持有待售资产 | 11 | | | 持有待售负债 | 45 | | |
| 一年内到期的非流动资产 | 12 | | | 一年内到期的非流动负债 | 46 | | |
| 其他流动资产 | 13 | | | 其他流动负债 | 47 | | |
| 流动资产合计 | 14 | 3 522 958.00 | 3 502 048.00 | 流动负债合计 | 48 | 1 843 448.00 | 1 827 988.00 |
| 非流动资产： | | | | 非流动负债： | | | |
| 债权投资 | 15 | | | 长期借款 | 49 | | |
| 其他债权投资 | 16 | | | 应付债券 | 50 | 1 200 000.00 | 1 200 000.00 |
| 长期应收款 | 17 | | | 其中：优先股 | 51 | | |
| 长期股权投资 | 18 | 300 000.00 | 300 000.00 | 永续债 | 52 | 1 200 000.00 | 1 200 000.00 |
| 其他权益工具投资 | 19 | | | 租赁负债 | 53 | | |
| 其他非流动金融资产 | 20 | | | 长期应付款 | 54 | | |
| 投资性房地产 | 21 | | | 预计负债 | 55 | | |
| 固定资产 | 22 | 17 928 101.00 | 17 928 101.00 | 递延收益 | 56 | | |
| 在建工程 | 23 | | | 递延所得税负债 | 57 | | |
| 生产性生物资产 | 24 | | | 其他非流动负债 | 58 | | |
| 油气资产 | 25 | | | 非流动负债合计 | 59 | 1 200 000.00 | 1 200 000.00 |
| 使用权资产 | 26 | | | 负债合计 | 60 | 3 043 448.00 | 3 027 988.00 |
| 无形资产 | 27 | 1 120 000.00 | 1 132 000.00 | 所有者权益（或股东权益）： | | | |
| 开发支出 | 28 | | | 实收资本（或股本） | 61 | 18 210 000.00 | 18 210 000.00 |
| 商誉 | 29 | | | 其他权益工具 | 62 | | |
| 长期待摊费用 | 30 | 90 045.00 | 90 045.00 | 其中：优先股 | 63 | | |
| 递延所得税资产 | 31 | | | 永续债 | 64 | | |
| 其他非流动资产 | 32 | | | 资本公积 | 65 | 120 000.00 | 120 000.00 |
| 非流动资产合计 | 33 | 19 438 146.00 | 19 450 146.00 | 减：库存股 | 66 | | |

（续表）

| 资　　产 | 行次 | 期初余额 | 期末余额 | 负债和所有者权益（或股东权益） | 行次 | 期初余额 | 期末余额 |
|---|---|---|---|---|---|---|---|
| | | | | 其他综合收益 | 67 | | |
| | | | | 专项储备 | 68 | | |
| | | | | 盈余公积 | 69 | 579 655.63 | 579 655.63 |
| | | | | 未分配利润 | 70 | 1 008 000.37 | 1 014 550.37 |
| | | | | 所有者权益（或股东权益）合计 | 71 | 19 917 656.00 | 19 924 206.00 |
| 资产总计 | 34 | 22 961 104.00 | 22 952 194.00 | 负债和所有者权益（或股东权益）总计 | 72 | 22 961 104.00 | 22 952 194.00 |

**表 6-4　　财务比率分析表**

| 项目 | 2018 年 | 2019 年 |
|---|---|---|
| 偿债能力分析 | | |
| 流动比率 | 1.911 069 908 | 1.915 794 |
| 速动比率 | 0.679 763 682 | 0.674 621 |
| 资产负债率 | 0.132 547 982 | 0.131 926 |

## 三、操作步骤

操作步骤如下：

(1) 新建标题为“财务比率分析表”的工作表，在相应的单元格中输入相关财务指标名称，如图 6-6 所示。

| 财务比率分析表 | | |
|---|---|---|
| 项目 | 2018年 | 2019年 |
| 偿债能力分析 | | |
| 流动比率 | | |
| 速动比率 | | |
| 资产负债率 | | |
| 产权比率 | | |
| 权益乘数 | | |
| 利息保障倍数 | | |
| 营业能力分析 | | |
| 应收账款周转率 | | |
| 存货周转率 | | |
| 固定资产周转率 | | |
| 总资产周转率 | | |
| 盈力能力分析 | | |
| 营业毛利率 | | |
| 营业净利率 | | |
| 总资产净利率 | | |
| 净资产收益率 | | |

**图 6-6　财务比率分析表(空表)**

(2) 进行偿债能力分析。

在单元格 B4 的公式编辑栏内输入公式"＝资产负债表！C18/资产负债表！G18"，得出 2018 年的流动比率（财务指标的计算在选取数据时，以本任务"知识要点"中的公式为准，表格位置改变可能会影响公式中单元格的选择）。

在单元格 C4 的公式编辑栏内输入公式"＝资产负债表！D18/资产负债表！H18"，得出 2019 年的流动比率。

在单元格 B5 的公式编辑栏内输入公式"＝（资产负债表！C18－资产负债表！C13）/资产负债表！G18"，得出 2018 年的速动比率。

在单元格 C5 的公式编辑栏内输入公式"＝（资产负债表！D18－资产负债表！D13）/资产负债表！H18"，得出 2019 年的速动比率。

在单元格 B6 的公式编辑栏内输入公式"＝资产负债表！G31/资产负债表！C44"，得出 2018 年的资产负债率。

在单元格 C6 的公式编辑栏内输入公式"＝资产负债表！H31/资产负债表！D44"，得出 2019 年的资产负债率。

其他的财务比率按照前述的公式一一输入，即可得出相应的结果，在此不赘述。

## 模块测试

参考答案

根据 A 企业的资产负债表（见表 6-5）和利润表（见表 6-6），创建一张财务数据指标分析表。

表 6-5　　　　　　　　　　　　资产负债表　　　　　　　　　　　　会企 01 表
编制单位：A 企业　　　　　　　　2020 年 1 月 31 日　　　　　　　　单位：元

| 资产 | 行次 | 期初余额 | 期末余额 | 负债和所有者权益（或股东权益） | 行次 | 期初余额 | 期末余额 |
|---|---|---|---|---|---|---|---|
| 流动资产： | | | | 流动负债： | | | |
| 货币资金 | 1 | 255 777 | 245 822 | 短期借款 | 35 | 50 000 | 50 000 |
| 交易性金融资产 | 2 | | | 交易性金融负债 | 36 | | |
| 衍生金融资产 | 3 | | | 衍生金融负债 | 37 | | |
| 应收票据 | 4 | | | 应付票据 | 38 | 25 000 | 25 000 |
| 应收账款 | 5 | 323 427 | 323 427 | 应付账款 | 39 | 730 647 | 733 922 |
| 应收款项融资 | 6 | | | 预收款项 | 40 | 27 000 | 27 000 |
| 预付款项 | 7 | | | 合同负债 | 41 | | |
| 其他应收款 | 8 | 47 350 | 47 350 | 应付职工薪酬 | 42 | 9 000 | 750 |
| 存货 | 9 | 1 134 925 | 1 134 425 | 应交税费 | 43 | 76 678 | 77 198 |
| 合同资产 | 10 | | | 其他应付款 | 44 | 3 400 | 3 400 |
| 持有待售资产 | 11 | | | 持有待售负债 | 45 | | |

(续表)

| 资产 | 行次 | 期初余额 | 期末余额 | 负债和所有者权益（或股东权益） | 行次 | 期初余额 | 期末余额 |
|---|---|---|---|---|---|---|---|
| 一年内到期的非流动资产 | 12 | | | 一年内到期的非流动负债 | 46 | | |
| 其他流动资产 | 13 | | | 其他流动负债 | 47 | | |
| 流动资产合计 | 14 | 1 761 479 | 1 751 024 | 流动负债合计 | 48 | 921 725 | 917 270 |
| 非流动资产： | | | | 非流动负债： | | | |
| 债权投资 | 15 | | | 长期借款 | 49 | | |
| 其他债权投资 | 16 | | | 应付债券 | 50 | 600 000 | 600 000 |
| 长期应收款 | 17 | | | 其中：优先股 | 51 | | |
| 长期股权投资 | 18 | 150 000 | 150 000 | 永续债 | 52 | 600 000 | 600 000 |
| 其他权益工具投资 | 19 | | | 租赁负债 | 53 | | |
| 其他非流动金融资产 | 20 | | | 长期应付款 | 54 | | |
| 投资性房地产 | 21 | | | 预计负债 | 55 | | |
| 固定资产 | 22 | 8 964 050 | 8 964 050 | 递延收益 | 56 | | |
| 在建工程 | 23 | | | 递延所得税负债 | 57 | | |
| 生产性生物资产 | 24 | | | 其他非流动负债 | 58 | | |
| 油气资产 | 25 | | | 非流动负债合计 | 59 | 600 000 | 600 000 |
| 使用权资产 | 26 | | | 负债合计 | 60 | 1 521 725 | 1 517 270 |
| 无形资产 | 27 | 560 000 | 566 000 | 所有者权益（或股东权益）： | | | |
| 开发支出 | 28 | | | 实收资本（或股本） | 61 | 9 105 000 | 9 105 000 |
| 商誉 | 29 | | | 其他权益工具 | 62 | | |
| 长期待摊费用 | 30 | 45 023 | 45 023 | 其中：优先股 | 63 | | |
| 递延所得税资产 | 31 | | | 永续债 | 64 | | |
| 其他非流动资产 | 32 | | | 资本公积 | 65 | 60 000 | 60 000 |
| 非流动资产合计 | 33 | 9 719 073 | 9 725 073 | 减：库存股 | 66 | | |
| | | | | 其他综合收益 | 67 | | |
| | | | | 专项储备 | 68 | | |
| | | | | 盈余公积 | 69 | 289 827 | 289 827 |
| | | | | 未分配利润 | 70 | 504 000 | 504 000 |
| | | | | 所有者权益（或股东权益）合计 | 71 | 9 958 827 | 9 958 827 |
| 资产总计 | 34 | 11 480 552 | 11 476 097 | 负债和所有者权益（或股东权益）总计 | 72 | 11 480 552 | 11 476 097 |

表 6-6　　　　　　　　　　　利　润　表　　　　　　　　　　会企 02 表

编报单位：A 企业　　　　　　　2020 年 1 月　　　　　　　　　　单位：元

| 项　目 | 行次 | 本月金额 | 本年金额 |
|---|---|---|---|
| 一、营业收入 | 1 | 5 000 000 | 5 000 000 |
| 　减：营业成本 | 2 | 3 250 000 | 3 250 000 |
| 　　　税金及附加 | 3 | | |
| 　　　销售费用 | 4 | | |
| 　　　管理费用 | 5 | 1 000 000 | 1 000 000 |
| 　　　研发费用 | 6 | | |
| 　　　财务费用 | 7 | | |
| 　　　　其中：利息费用 | 8 | | |
| 　　　　　　　利息收入 | 9 | | |
| 　加：其他收益 | 10 | | |
| 　　　投资收益（损失以"—"号填列） | 11 | | |
| 　　　　其中：对联营企业和合营企业的投资收益 | 12 | | |
| 　　　以摊余成本计量的金融资产最终确认收益（损失以"—"号填列） | 13 | | |
| 　　　净敞口套期收益（损失以"—"号填列） | 14 | | |
| 　　　公允价值变动收益（损失以"—"号填列） | 15 | | |
| 　　　信用减值损失（损失以"—"号填列） | 16 | | |
| 　　　资产减值损失（损失以"—"号填列） | 17 | | |
| 　　　资产处置收益（损失以"—"号填列） | 18 | | |
| 二、营业利润（亏损以"—"号填列） | 19 | 750 000 | 750 000 |
| 　加：营业外收入 | 20 | | |
| 　减：营业外支出 | 21 | | |
| 三、利润总额（亏损总额以"—"号填列） | 22 | 750 000 | 750 000 |
| 　减：所得税费用 | 23 | 187 500 | 187 500 |
| 四、净利润（净亏损以"—"号填列） | 24 | 562 500 | 562 500 |
| 　（一）持续经营净利润（净亏损以"—"号填列） | 25 | | |
| 　（二）终止经营净利润（净亏损以"—"号填列） | 26 | | |
| 五、其他综合收益的税后净额 | 27 | | |
| 　（一）不能重分类进损益的其他综合收益 | 28 | | |
| 　　1.重新计量设定受益计划变动额 | 29 | | |
| 　　2.权益法下不能转损益的其他综合收益 | 30 | | |

(续表)

| 项　　目 | 行次 | 本月金额 | 本年金额 |
|---|---|---|---|
| 3. 其他权益工具投资公允价值变动 | 31 | | |
| 4. 企业自身信用风险公允价值变动 | 32 | | |
| …… | | | |
| （二）将重分类进损益的其他综合收益 | 33 | | |
| 1. 权益法下可转损益的其他综合收益 | 34 | | |
| 2. 其他债权投资公允价值变动 | 35 | | |
| 3. 金融资产重分类计入其他综合收益的金额 | 36 | | |
| 4. 其他债权投资信用减值准备 | 37 | | |
| 5. 现金流量套期储备 | 38 | | |
| 6. 外币财务报表折算差额 | 39 | | |
| …… | | | |
| 六、综合收益总额 | 40 | | |
| 七、每股收益： | 41 | | |
| （一）基本每股收益 | 42 | | |
| （二）稀释每股收益 | 43 | | |

要求：各指标数据能自动生成。

# 主要参考文献

1. 伊娜.Excel 在会计中的应用[M].北京:高等教育出版社,2014.
2. 赵宏强.Excel 在财务会计中的应用[M].北京:高等教育出版社,2016.
3. 喻竹,孙一玲,孔祥威,李洁.Excel 在会计中的应用(Excel 2013 版)[M].北京:高等教育出版社,2016.
4. 孙一玲,李煦,刘鹏,李婉琼.Excel 在财务中的应用[M].上海:立信会计出版社,2020.